Partout où je passe, les mêmes erreurs

Éditions Eyrolles
61, bd Saint-Germain
75240 Paris Cedex 05
www.editions-eyrolles.com

Mise en pages : Soft Office

ISBN : 978-2-416-00022-5

Arnaud Marion

Préface de Nicolas Dufourcq

Partout où je passe, les mêmes erreurs

Les conseils d'un serial redresseur d'entreprises pour réussir sa gestion de crise et se transformer

Éditions
EYROLLES

Sommaire

Avertissement

Ce livre a été écrit entre décembre 2019 et janvier 2020, hors contexte de la crise du Covid-19 qui a bouleversé ensuite le monde au point d'en arrêter son cours, en partant de la Chine, en allant vers l'Europe puis maintenant les États-Unis. Personne n'aurait pu imaginer que l'économie mondiale se mettrait à l'arrêt pendant trois mois, continent après continent.

Ce livre est une synthèse de ce que j'ai vécu, appris, conceptualisé, éprouvé au cours d'une trentaine d'années de vie professionnelle. Il s'inscrivait dans le cadre d'un de mes projets qui voit le jour en ce printemps 2020 : la création de l'IHEGC (Institut des Hautes Études en Gestion de Crise) pour former les chefs d'entreprise à la gestion des crises et des transformations, mais aussi les acteurs du changement que chaque entreprise doit identifier. L'équation de la crise est malheureusement simple : à part les crises accidentelles ou systémiques, les crises naissent quand une entreprise ne s'est pas transformée ; c'est ce qui provoque les restructurations. Ce livre se veut être une contribution à la nécessité urgente de transformer les modèles économiques dans un monde qui bouge vite. Transformations digitale, technologique, climatique. Design Thinking, expérience utilisateur, RSE et élargissement du champ de conscience doivent plus que jamais s'inviter au cœur de la transformation des entreprises.

Je ne pouvais bien évidemment pas imaginer que la gestion de crise et des transformations serait à ce point à la « une » de l'actualité avec une crise d'une ampleur équivalente à une guerre mondiale similaire à la crise de 1929. Pour être franc, quand j'ai commencé à évoquer cet ouvrage autour de moi en ce début d'année, je voyais une indulgence amicale dans les encouragements que je recevais pour un ouvrage certainement utile, mais vraisemblablement confidentiel et technique. D'autant que le monde pensait aller bien, la France aussi malgré la récurrence de grèves et de manifestations, la Bourse avait retrouvé ses plus hauts niveaux depuis 2007, le chômage était à un niveau historiquement bas... J'expliquais alors que l'évolution rapide du monde obligeait à un bouleversement des habitudes des chefs d'entreprise et à une transformation radicale des modèles économiques.

Quand cette crise a atteint la France dans son fonctionnement quotidien, à partir de la mi-mars, j'étais alors en pleine relecture et correction de cet ouvrage. J'ai pris le parti de ne surtout pas le reprendre à la lueur de cette crise pour ne pas le dénaturer, considérant qu'il ne faut pas réécrire un ouvrage qui se veut être générique, méthodologique, pratique, ontologique, sous le prisme de l'émotion et d'une crise globale et mondiale par définition exceptionnelle. Il est intéressant d'ailleurs de relire de façon « historique » la préface de Nicolas Dufourcq (*cf. p. 15*) et mon introduction (*cf. p. 19*) qui montre comment nous percevions la réalité économique en janvier 2020... Intéressant également de voir combien la « *Black Swan Theory* » de Nassim Nicholas Taleb, professeur à l'université de New York, qui décrit l'impact d'événements imprévisibles, n'a jamais été aussi concrète et actuelle.

À part quelques références mineures ici ou là, j'ai fait le choix, en mars 2020, d'écrire un neuvième chapitre dédié à cette crise du Covid-19, alors que nous sommes en plein confinement et que pour ma part je me trouve à Londres (où je réside depuis près de six ans avec ma famille), et travaille en continu avec mes clients *via* des plateformes digitales collaboratives.

Plus que jamais cette crise sanitaire montre à quel point une crise est soudaine et surprend par son ampleur et son immédiateté. Elle nous plonge dans ce que le US Army War College (connu sous le nom de l'Académie militaire de West Point) appelle le VUCA, acronyme de : *Vulnerability, Uncertainty, Complexity and Ambiguity*.

Nous avons fait le choix, avec mon éditeur, de précipiter la parution de la version numérique, pour permettre aux chefs d'entreprise jetés dans ce chaos incroyable de disposer d'un ouvrage de référence qui leur permette d'adopter les bonnes attitudes et d'avoir les bons réflexes dans cette situation. Non par opportunisme (car l'ouvrage était écrit et fini), mais davantage par souci de diffuser une pensée utile.

Cette crise va nous montrer qu'il faut savoir allier comme disait Antonio Gramsci « le pessimisme de l'intelligence avec l'optimisme de la volonté[1] ».

23 mars 2020

---

1. Lettre écrite à son frère Carlo le 19 décembre 1929. *Cahiers de prison*, Gallimard, 1996.

Un véritable « Discours de la méthode »

Préface par Nicolas Dufourcq
Directeur général de Bpifrance (banque publique d'investissement)

En 2014, dans une étude publiée en partenariat avec le Centre technique des industries manufacturières (CETIM)[1], Bpifrance s'était intéressée à la manière dont les PME et ETI industrielles avaient réagi à la crise de 2008-2009 qui avait durement touché le secteur manufacturier. Derrière le constat global de l'ampleur de la crise touchant l'industrie française – à l'époque, le chiffre d'affaires de l'industrie manufacturière française avait tout juste retrouvé son niveau d'avril 2008, en recul d'environ 15 % du niveau qu'il aurait dû atteindre si la crise n'était pas intervenue ; de même, le taux de marge brute des PME manufacturières (part de l'EBE dans la valeur ajoutée) s'élevait à 19,8 % en 2013 contre 25 % en 2007 –, l'étude avait pour mérite de mettre en évidence une réalité beaucoup plus nuancée : des PME et ETI manufacturières présentes dans l'ensemble des filières industrielles ont adopté une approche offensive et stratégique non seulement pour faire face à la crise, mais surtout pour y repérer les opportunités qui leur ont permis de retrouver le chemin de la croissance rapidement après le choc conjoncturel de 2008-2009.

Sans, bien évidemment, masquer le fait que la crise économique de 2008-2009 ait eu un impact profond et, malheureusement,

1. *PME et ETI manufacturières. Stratégies de rebond face à la crise*, octobre 2014 (https://www.bpifrance-lelab.fr/Analyses-Reflexions/Les-Travaux-du-Lab/PME-et-ETI-manufacturieres-strategies-de-rebond-face-a-la-crise).

parfois dramatique sur le tissu industriel français, cette étude avait conforté quelques-unes de mes convictions en la matière.

Tout d'abord, la crise peut être salutaire. Ce choc interne ou externe à l'entreprise est à l'origine du processus d'adaptation de l'entreprise pour sa survie. Pour faire face à cette nouvelle donne (changement d'actionnariat, arrivée d'un nouveau dirigeant, transmission, difficultés économiques et financières, etc.), les entreprises doivent passer d'un fonctionnement *business as usual,* ancré dans une sorte d'éternel présent, à une démarche stratégique, structurée et visant le moyen terme.

Ensuite, il me semble que dans cette démarche, le rôle des dirigeants est clé. Ce sont eux qui donnent l'impulsion, eux qui sont à la fois l'ancre et la boussole de l'entreprise et de ses collaborateurs. En s'appuyant sur les valeurs de l'entreprise et sur la connaissance du potentiel de leurs collaborateurs, les dirigeants peuvent et doivent projeter l'entreprise au-delà les turbulences du moment critique. Cette projection a d'ailleurs un sens quasi cinématographique : c'est au dirigeant de rendre visible à tous l'image de l'entreprise telle qu'elle devra être après la crise.

À cet égard, les nouvelles générations de dirigeants sont mieux armées que leurs aînés : leur culture des affaires, la maîtrise des techniques et référentiels managériaux ou encore leur ouverture sur l'extérieur et leur capacité à l'échange avec l'ensemble de leurs parties prenantes constituent quelques-uns des atouts utiles pour guider leur navire à travers la tempête.

Enfin, et surtout, il faut être conscient qu'il n'existe pas de remède unique, de recette magique pour surmonter une crise. Sans doute parce que la crise « en soi » n'existe pas. Ne sont tangibles que les manifestations de la crise, ses symptômes, qui naissent et se développent sur les fragilités des entreprises : la pénurie structurelle de compétences et de personnels formés, une relation aux donneurs d'ordres trop asymétrique et fondée sur la domination, la transformation des modèles d'affaires, des organisations et du management pour faire face à des changements permanents tel que la diffusion du numérique ou la nécessaire prise en compte des enjeux environnementaux, etc. Dès lors, chaque dirigeant, chaque entreprise devra élaborer sa propre stratégie et suivra sa propre voie de rebond (un peu à la manière de la démarche que suit le patient qui s'engage dans une psychanalyse).

À la lumière des cas concrets de réussite, il est cependant marquant de noter que trois ingrédients, combinés de façon diverse et chaque fois singulière, sont souvent présents dans les solutions mises en place pour sortir de la crise : l'internationalisation, l'innovation et les alliances. Sans doute est-ce parce que ces facteurs impliquent, chacun à leur manière, une profonde remise en cause de la manière dont fonctionnait l'entreprise jusque-là.

Faire face à la crise demande des efforts. D'immenses efforts même. Pour des résultats qui ne se révéleront favorables que dans certains cas. Une chose est sûre néanmoins : l'expérience que vous aurez ainsi acquise, vous, entrepreneurs, qui avez décidé de prendre les choses à bras-le-corps et construire stratégie et plan d'actions réfléchis plutôt que de subir votre environnement, aura une valeur inestimable.

En tout état de cause, les pages et les chapitres qui suivent sont pour vous et vos collaborateurs un véritable « Discours de la méthode » de réponse efficace à la crise !

Janvier 2020

Introduction

Pourquoi consacrer un livre complet à la notion de « crise » alors que nous sommes entourés d'idées nouvelles, de start-up innovantes, que notre monde bouge, que la recherche fait des progrès exponentiels, que les capitalisations boursières progressent à des niveaux jamais imaginés ? Parce que les crises font partie d'un cycle lui-même fondateur du renouveau, et ce à l'instar de l'anacyclose exposée par Platon, développée par Polybe et reprise par Machiavel.

Comme disait le sociologue italien Antonio Gramsci, « la crise consiste dans le fait que le vieux monde se meurt et le nouveau monde tarde à apparaître[1] ». Les crises succèdent généralement à des périodes de croissance, de surchauffe, de progrès et sont souvent le résultat de mauvaises anticipations par les agents économiques. Les crises existent précisément parce que deux mondes se superposent, que l'on doit passer d'un modèle économique ancien, non pérenne et parfois paradoxalement très rentable (par exemple, les annuaires téléphoniques papier), à un modèle innovant, à créer, à développer, et parfois moins rentable. La crise exprime une « tectonique », parfois entre deux mondes, souvent entre des systèmes dont l'un ne peut plus survivre ou qui n'a plus sa raison d'être.

La sémantique s'empare alors de vocables opposant ce qui est nouveau à ce qui est ancien : la *nouvelle économie* fait son apparition, par opposition à une économie qui, elle, serait *ancienne*. Tout ce qui est nouveau se valorise alors par opposition à tout ce qui est ancien et se dévalorise.

Il y a aussi les grandes crises mondiales, ces crises systémiques qui sont redoutées, et qui touchent les économies mondiales, qui frappent sans prévenir et mettent en péril une chaîne de valeur

1. In *Cahiers de prison*, *op. cit.*

et d'échanges au niveau mondial. Et les crises de nature accidentelles, géopolitiques, réglementaires, sanitaires qui déstabilisent du jour au lendemain sans prévenir en fragilisant de façon violente une situation établie, une entreprise, une marque, les salariés, un dirigeant, un actionnaire. Le monde actuel est violent. Une entreprise, un secteur, une filière, une région, un pays, un continent peuvent être frappés.

La crise est un mot qui terrorise, qui angoisse, qui exprime souvent une incompréhension, une paralysie, une incapacité à gérer, et pourtant notre monde vit au rythme des crises. Quand tout va bien, on pense à la prochaine crise ; quand on est confronté à la crise, on pense à en sortir.

Quand les crises naissent, le principe de réalité l'emporte parce que la situation n'est plus tenable. C'est ainsi que l'impensable a lieu et ramène tout le corps social, économique, politique parfois, à une réalité douloureuse mettant tout le monde face à une réalité déniée jusque-là.

« *Wei ji* » est la traduction chinoise du mot « crise ». Deux idéogrammes en apparence antinomiques composent ce mot : l'un signifie « danger », l'autre « opportunité ». Être confronté à une crise, ce n'est pas seulement vivre un danger ou un problème, c'est devoir se transformer, se réinventer, survivre. Précisément parce que « l'ancien n'est plus possible » et parce que, comme disait Friedrich Nietzsche, « ce qui ne me tue pas me rend plus fort ».

C'est en ce sens qu'être confronté à une crise représente une opportunité de faire ce qui n'avait pas été fait jusqu'à présent, souvent de faire appel à l'intelligence collective. Une crise se gère, car une crise ne se résout pas d'elle-même. Et il faut la surmonter le plus vite possible car « à force de sacrifier l'essentiel à l'urgence, on finit par oublier l'urgence de l'essentiel », comme le disait Edgar Morin[1].

1. Edgar Morin, *La Méthode, 6. Éthique,* Le Seuil, coll. « Points », 2004.

Gérer une crise est déjà en soi une étape importante car le propre des personnes ou des organisations en crise est souvent le déni de la crise et de la situation.

L'étymologie nous montre que la crise n'est pas qu'un événement, elle contient en elle une notion de décision liée au futur. Bien que le mot « crise » soit utilisé, de nos jours, pour désigner une période de difficultés, son sens étymologique signifie « faire un choix » et « décider ». La crise est une situation où les principes sur lesquels repose une activité sont remis en cause. De nos jours, le mot « crise » couvre globalement les sens de « perturbation », et par là angoisse, attaque, voire récession ou cataclysme, sans pour autant inclure les choix ou les décisions rattachés qui permettraient d'annihiler les causes de ces perturbations.

En latin, *crisis* signifie « assaut », et en grec κρισις signifie « séparer ». Les termes « critique », « certitude », « discernement », « critère », « crible », « discrimination » ou encore « certification » proviennent tous du latin *cernere*, « décider », « passer au crible ». En anglais, la traduction française des mots *depression* ou *crash* est le mot « crise » ; d'ailleurs, la crise de 1929 est nommée par John K. Galbraith « *The Great Crash* ».

La crise est un événement inattendu qui met en péril ou en cause la réputation ou l'existence d'une entreprise, d'une organisation ou de ses dirigeants. Elle se caractérise par son ampleur, sa soudaineté, son immédiateté et sa nécessité à agir. Elle peut être externe ou interne, mais elle est un facteur important de déstabilisation, de dérèglement de l'organisation existante. Elle entraîne souvent une saturation liée à la capacité d'analyser, agir et de communiquer.

Toutes les crises ne sont pas logiques ou prévisibles, car leur nature diffère d'un exemple à un autre, et beaucoup d'entre elles sont de nature accidentelle. Souvent ce sont des événements non liés entre eux qui créent une crise, car l'accident originel ne peut justement pas être surmonté à cause des faiblesses structurelles ou sous-jacentes de l'entreprise.

La crise terrorise les dirigeants d'entreprise, car elle vient bouleverser un ordre établi et peut avoir des conséquences dramatiques pour une entreprise, ses salariés ou ses actionnaires. La gestion de crise est le fait de se saisir du problème et de gérer activement une crise avec une approche globale, que ce soit sur le plan de la résolution du problème apparu, que de la pérennité ou de la communication interne ou externe. La gestion d'une crise est par nature opérationnelle et active et vise à identifier, comprendre, analyser la crise et à en atténuer les effets pour mieux en sortir et en tirer les conséquences.

La crise n'est pas une fin, c'est souvent une rupture qui va permettre de s'en sortir, c'est-à-dire un changement radical salvateur. On parle souvent de disruption aujourd'hui, le père du concept étant le publicitaire Jean-Marie Dru (auteur de *New: 15 approches disruptives de l'innovation*[1] et qui a d'ailleurs déposé la marque « disruption » au nom de l'agence TBWA), qui voyait derrière ce concept davantage une « méthodologie créative » plutôt qu'une rupture ou une fracture. La directrice de la publication de *L'Obs*, Dominique Nora, avait défini ainsi la disruption : « une méthodologie créative tournée vers la création[2] ».

La rupture illustre parfaitement que ce qui existait ne peut plus durer et que quelque chose de nouveau doit naître. Quoi qu'il en soit, il est rare effectivement qu'une crise n'ait pas de fondamentaux et se résolve sans transformation. Celle-ci est l'action de faire évoluer une organisation ou une entreprise pour que celle-ci puisse atteindre de nouveau des paramètres en phase avec la concurrence, les changements d'habitudes, les nouvelles préoccupations éthiques, sociales ou environnementales.

La transformation fait justement partie des enseignements de la crise : la crise naît quand la transformation du modèle économique

1. Pearson, 2016.
2. Dominique Nora, « Le concept de disruption expliqué par son créateur », *L'Obs*, 22 janvier 2016.

n'a pas eu lieu à temps. C'est ce qui provoque une crise qui va nécessiter une restructuration.

Ce livre est avant tout un concentré d'expériences opérationnelles qui résume plus de trente ans de vie professionnelle à gérer des crises, des transformations, des difficultés et des changements au contact des chefs d'entreprise sur la base des plus de 300 dossiers que j'ai eu à traiter et des 45 mandats de président, directeur général ou de *Chief Restructuring Officer* que j'ai exercés.

Ce livre s'adresse aux dirigeants d'entreprise quelle que soit la taille de celle-ci, aux membres des comités de direction, aux administrateurs et membres de comités d'audit, aux managers de transition, aux spécialistes de la transformation, aux cadres qui aspirent à vouloir devenir dirigeants, aux dirigeants des filiales françaises de grands groupes étrangers, aux consultants financiers et en stratégie, aux avocats, et à tous ceux qui sont intrigués par ces événements et par les méthodes de résolution.

La seule prétention de ce livre est de partager du vécu opérationnel, d'émailler les principes d'exemples pour apporter une vision opérationnelle de la gestion des crises et des transformations.

Ce livre donne des points de repère méthodologiques à travers soixante-cinq séquences, une cinquantaine d'exemples dont vingt-cinq témoignages de grands professionnels qui ont été confrontés à une crise et se sont évertués à la résoudre, pour armer ceux qui doivent gérer des crises et des transformations et les aider à résoudre les différentes problématiques à travers des principes simples mais stricts.

Il aide aussi à comprendre que les crises frappent tout le monde sans exception, et qu'une crise est aussi une opportunité car elle comporte en elle sa propre énergie pour s'en sortir et pour imaginer quelque chose de nouveau.

20 janvier 2020

Chapitre 1

Reconnaître et accepter la crise

C'est une caractéristique de beaucoup de crises de naître sans que les responsables ne soient conscients que leur organisation est en situation de crise. Pour beaucoup de dirigeants, il est difficile, voire impossible, d'admettre qu'ils sont en crise. Ils préfèrent utiliser des euphémismes pour décrire la situation dans laquelle ils sont: « Ce n'est rien », « Ça va s'arranger », « Ça va repartir », « C'est passager »...

À tous niveaux, dès qu'il y a une crise, que ce soit dans le monde économique ou le monde politique, d'ailleurs, le déni l'emporte sur la réalité de la crise, avec l'espoir inconscient que la crise s'arrêtera d'elle-même car justement « ce n'est rien ».

Admettre être en crise est vécu dans notre société aux racines judéo-chrétiennes comme une faute, un aveu d'échec. Les Français ont, de surcroît, cette particularité de préférer les échecs aux réussites souvent jalousées (je ne compte plus ceux qui préfèrent tabler sur un échec que sur une réussite à chacun de mes nouveaux mandats...). Être dans le déni apporte par conséquent un confort apparent et une rassurance pour justement ne pas se sentir dans une logique d'échec, pour garder l'illusion de ne pas être en crise, et donc finalement de n'être... ni coupable ni responsable.

Chose intéressante, je me suis rendu compte que la majeure partie des appels « urgents » que je recevais sur un dossier (quelle que soit sa taille) se concentrait entre le vendredi 17 heures et le dimanche soir, comme si la fin de la semaine devenait une sorte de mur infranchissable après une maïeutique au cours de la semaine écoulée qui deviendrait insupportable...

Ne pas reconnaître que l'on est en crise fait perdre du temps, de l'énergie et de l'argent à l'entreprise, et c'est souvent le péché originel commis par le dirigeant (qui perd à cette occasion sa crédibilité vis-à-vis de son entourage).

En matière de crise, le principe de réalité doit l'emporter le plus vite possible sur la chimère d'une situation idéalisée, notamment pour éviter les fantasmes beaucoup plus sombres de ses collaborateurs.

1. Admettre la crise et ne pas être dans le déni

Le déni est cette attitude de refuser la réalité car elle est vécue comme inacceptable, ou même menaçante. En psychanalyse, le déni est un mécanisme de défense pour traiter les conflits et le rapport avec le monde extérieur. Il y a déni de la crise comme il y a déni de grossesse. C'est l'évidence qui est niée, et la réalité qui n'est pas acceptée.

Le déni est dangereux car il fait perdre un temps précieux pour soi, et souvent il en fait gagner aux concurrents, éventuellement à ceux qui vous veulent du mal, ce qui en fait un amplificateur de la crise. Tant que l'on n'a pas accepté le fait que l'on est en crise, rien n'est fait ni structuré pour gérer la situation, et chaque heure qui passe est un affaiblissement.

La question du déni pose la question de la détérioration du modèle économique, ou encore celle d'un emballement. Dans les crises médiatiques, les retards pour répondre à une polémique font enfler le problème, même mineur ou accessoire, car on laisse aux autres le soin de commenter et de dire ou d'écrire des choses inexactes. Une contrevérité répétée deux fois dans la presse devient une vérité…

Quand on veut faire un droit de réponse dans la presse, on a quelques heures (de l'ordre d'une demi-journée) pour agir et éviter la bulle avec la vitesse des réseaux sociaux, sachant que beaucoup d'articles parus sont repris tels quels par les agences de presse qui les diffusent à grande échelle.

Le déni est dangereux car il est un affaiblissement externe et interne : externe car il y a les critiques, les rumeurs voire le discrédit, interne car personne n'est mobilisé ou organisé pour résoudre les difficultés. Le déni est le propre de tous ceux qui sont confrontés à une crise : c'est un (mauvais) réflexe et on a vu combien il touchait tout le monde.

Il est souvent le propre des entreprises familiales, historiques, avec des dirigeants très impliqués avec une forte personnalité, souvent dans des groupes éponymes : car admettre la crise, c'est admettre une erreur ou une culpabilité, mais c'est aussi atteindre un nom de famille, une honorabilité, un statut social au sein d'une ville ou d'une région, en somme une histoire créatrice.

Le jour où l'on sort du déni est… le premier jour de la sortie de crise.

Accepter la crise, c'est la combattre ; la dénier, c'est la subir.

Accepter la crise, c'est se mobiliser contre la crise.

Accepter la crise, c'est s'organiser, prendre les bonnes mesures conservatoires, les bonnes décisions.

Accepter la crise, c'est faire preuve de réalisme auprès de ses équipes.

Accepter la crise, c'est se donner les moyens de sauver une situation.

Accepter la crise, c'est accepter le fait que la situation va changer et doit changer, et que plus rien ne sera comme avant.

Sortir du déni est salvateur, mais c'est une démarche souvent intellectuelle, une maïeutique, une démarche souvent psychologique, qui « coûte » beaucoup à celui qui dirige et se sent responsable, mais qui est le début de sa survie et la pierre angulaire de sa sortie de crise.

Ne pas être dans le déni implique de mettre des mots sur ce qui se passe, et de le partager en interne avec son équipe, à tout niveau, avec ses actionnaires, avec son conseil d'administration, avec ses syndicats, avec ses salariés.

Plus vite cette démarche sera faite, plus vite le bon combat sera choisi, et le combat à mener est celui de la crise, pas le combat interne, contre ceux qui ont compris que l'on était en crise, ni… le combat sémantique destiné à dissimuler une réalité.

Il ne faut jamais minimiser la crise : la crise est là, elle n'est pas mineure, elle doit être acceptée comme telle. Minimiser la crise revient pour le dirigeant à se discréditer auprès de ses équipes.

2. Sortir de la culpabilité

Être en crise ou en difficulté crée immédiatement un sentiment de faute, d'échec, de honte, et de culpabilité. On est dans l'humain et l'émotionnel. Quand il s'agit d'une entreprise familiale et que c'est la deuxième ou troisième génération qui fait face aux difficultés, il y a le sentiment du gâchis d'un héritage familial, de la fin d'une chaîne dynastique tracée pour le succès et où, tout d'un coup, le dirigeant familial héritier d'une grandeur passée (en vérité d'un lourd fardeau) devient celui de la « génération qui ruine ».

Accompagner un dirigeant confronté à une crise nécessite systématiquement de le déculpabiliser, car ce sentiment annihile en fait tout espoir de redressement, il paralyse l'action car le dirigeant veut se raccrocher aux recettes qui marchaient « avant » alors que le problème a lieu maintenant dans le monde de demain.

La culpabilité est un mauvais débat, et celui-ci appartient déjà au passé et est stérile pour résoudre la crise. La culpabilité affaiblit à la fois l'entreprise et son action. Le préalable est de sortir de cette culpabilité, souvent en accompagnant le chef d'entreprise, en lui faisant comprendre que cela arrive aussi aux autres, que les tribunaux de commerce sont faits pour cela, que la situation est redressable, mais qu'il va falloir prendre des décisions qui apparaîtront comme autant de sacrifices… idéologiques.

La responsabilité est intrinsèque au rôle du dirigeant, mais elle ne s'exprime pas en « bien » ou en « mal ». Elle prend une dimension beaucoup plus large avec un arrière-plan judiciaire quand il y a une procédure collective. Ces sentiments sont les résurgences de ce sentiment de disgrâce pour le failli, pour celui qui est à l'origine de la crise…

Le failli était celui qui n'avait pu faire face à ses engagements. Il était donc déshonoré, comme le parfumeur Birotteau pourtant victime d'un escroc dans les *Scènes de la vie parisienne*, ou encore Eugénie Grandet qui se charge de payer les dettes de son oncle Guillaume, dans *La Comédie humaine* de Balzac.

Ces sentiments provoquent en fait souvent le déni de crise, car tant que l'on n'admet pas être en crise, on ne se sent ni responsable ni coupable. Avouer que l'on n'a pas réussi, en l'admettant par un « dépôt de bilan » comme on le dit de façon populaire (sans que personne ne sache à quoi cela fait référence dans la pratique), reste un traumatisme important et un marqueur d'échec.

LA RÉCOMPENSE DE L'ÉCHEC À L'ÉPREUVE DE L'ENTREPREUNARIAT

Par Delphine Caramalli
Avocate à la Cour - Partner Clifford Chance (Europe) LLP

Le métier d'avocat spécialisé en droit des entreprises en difficulté offre l'immense privilège d'accompagner les dirigeants dans une période problématique de la vie de leur entreprise, période pendant laquelle le patron doit continuer de fédérer les équipes et d'alimenter le carnet de commandes tout en cherchant des solutions salvatrices pour l'avenir de l'entreprise et de ses salariés.

Cette mobilisation crée des liens entre le dirigeant et son conseil qui sont d'une nature très particulière puisqu'ils s'inscrivent dans un contexte de vulnérabilité et de combativité à la fois, où réactivité et hauteur de vue doivent systématiquement coexister.

Au cours de ces vingt années d'exercice professionnel, j'ai pu constater que les dirigeants qui ont été confrontés à des situations de crise sont ressortis plus forts et plus affûtés de leurs expériences éprouvantes.

Leur énergie entrepreneuriale, leur audace et leur créativité sont ponctuellement déstabilisées pour être, dans un second temps, renforcées par une meilleure compréhension et anticipation des situations, mais aussi par une forme d'empathie qui se traduit au travers notamment d'un dialogue social plus apaisé.

Gérer une défaillance renforce aussi le leadership. Des décisions doivent être prises dans un climat de tension, étant précisé qu'indépendamment de leur nature, les décisions de la direction sont perçues comme parfois radicales, souvent injustes, toujours insuffisantes mais ne suscitent jamais l'indifférence.

Bien entendu, il relève de la responsabilité collective d'organiser le bon dispositif pour accompagner les dirigeants dans cette épreuve. L'arsenal juridique en vigueur qui favorise les mesures préventives (mandat *ad hoc* et conciliation), qui aménage les règles de responsabilité du dirigeant, et qui limite les fichages Banque de France (en cas de déclarations de cessation des paiements successives) sont autant de dispositions favorables au dirigeant entrepreneur.

« Le "droit à une seconde chance" ne devrait pas être considéré comme une tolérance mais davantage comme une récompense. »

Pour autant, les règles en vigueur restent insuffisantes car elles n'offrent aucun remède à la solitude du dirigeant face à ses difficultés. Or celle-ci est bien réelle et le sentiment d'opprobre malheureusement toujours intact.

En effet, si on peut se féliciter des réformes législatives successives qui ont fait du rebond un droit, on pourrait aussi s'interroger sur l'opportunité d'aller plus loin dans la démarche et peut-être de faire du rebond une consécration.

Dès lors que le chef d'entreprise n'a pas failli dans son devoir de loyauté et que l'intérêt social a toujours été au centre de ses préoccupations, tout doit inciter un entrepreneur à tenter une nouvelle fois l'aventure en développant de nouveaux projets et en créant de nouveaux emplois. Il s'agit de talents qui doivent pouvoir être déployés à tout instant sans règles restrictives qui inhibent l'énergie créatrice.

En ce sens, le « droit à une seconde chance » ne devrait pas être considéré comme une tolérance mais davantage comme une récompense.

3. Lutter contre les vents contraires

Non seulement, la crise a cette dimension à la fois dans le temps et dans l'espace qui prend le dessus sur les événements, mais elle est aussi plus forte que celui ou celle qu'elle touche. Le jour où elle se déclenche, elle n'appartient plus à l'entreprise concernée ; ce sont alors le débat public qui s'en charge ou bien les banques, les fournisseurs, les pouvoirs publics, les syndicats, et surtout… les commentateurs de tout genre.

Les impacts de la publicité de la crise sont très souvent plus importants que la crise elle-même, surtout si elle n'est pas prise en main. La rumeur se propage aujourd'hui à la vitesse d'Internet et des publications en tout genre, mêlant souvent le faux au vrai, et créant un climat de psychose, de lynchage, de clivage aussi (interne ou externe).

Les réactions en chaîne sont catastrophiques, car au petit matin quand les fournisseurs d'une entreprise lisent le journal régional, ils se précipitent pour encaisser leurs factures en souffrance et souvent ne plus livrer l'entreprise sauf contre paiement comptant : c'est ainsi que l'entreprise peut chuter très rapidement, uniquement par une explosion de son BFR (Besoin en Fonds de Roulement).

Et c'est parce que la crise ne nous appartient plus qu'il y a nécessité à agir.

La crise, par nature clivante, est souvent l'occasion de camps dressés les uns contre les autres : les Anciens contre les Modernes, l'ancienne économie contre la nouvelle, les syndicats contre la direction, les politiques contre les dirigeants devenus ainsi publiquement coupables de la situation, les concurrents contre l'entreprise en dressant tout l'écosystème alimentés par des « Je vous l'avais dit », « C'était prévisible », « Depuis le temps… », « Ce n'était pas ce qu'il fallait faire »…

Le caractère public d'une crise s'affirme et devient inéluctable quand il y a un impact sur l'emploi, ou bien une procédure collective, ou bien des demandes d'aides auprès des décideurs politiques. On devient comptable des conséquences sur l'économie et sur l'emploi. Gérer la crise, c'est à la fois maîtriser ce qui se passe dans l'entreprise, et ce qui se dit ailleurs.

Quand j'ai été appelé en mai 2018 pour gérer la crise du Vélib' à Paris, il fallait non seulement s'atteler à résoudre le problème industriel, mais aussi à contenir le client mécontent (le SAVM – Syndicat Autolib' Vélib' Métropole – et la Ville de Paris), la communauté des utilisateurs habituels qui en avaient fait leur mode de transport pendulaire et… tous les détracteurs qui s'exprimaient allègrement dans la presse.

Accepter la crise, c'est donc aussi et avant tout se donner la possibilité de rétablir la vérité.

4. Ne pas devenir l'otage d'une situation

Pourquoi faut-il gérer les crises ? C'est certainement la première question que l'on m'a posée quand j'ai décidé en 2001 de me spécialiser dans la gestion opérationnelle de crise. On me faisait alors remarquer que les crises étaient rares et que je n'aurais certainement pas beaucoup de travail…

On subit une crise, on ne choisit pas qu'elle ait lieu là, maintenant, ni même qu'elle existe. La crise pouvant être multiforme, personne ne peut en être à l'abri, comme on l'a vu début 2020 avec le « coronavirus » qui a eu des conséquences en cascade sur des pans entiers de l'économie.

Une crise nous rend otages d'une situation, passifs en quelque sorte : il y a une règle dans les prises d'otages, il faut qu'il y ait un négociateur, ce qui signifie qu'il est impossible de faire face seul à une crise. Il faut se sortir de cette prise d'otages. Et donc reprendre l'initiative, gérer opérationnellement, affronter plutôt que de se cacher et subir.

C'est là où le collectif et l'intelligence collective doivent prendre le dessus. C'est le moment où la transformation devient une solution créatrice.

Être face à une crise, ce n'est pas se dire que demain ça va s'arranger (tout seul). C'est la pire des choses, car cela veut dire que l'on ne va pas analyser et comprendre ce qui s'est passé. Cela veut surtout dire que rien ne sera fait pour changer la situation qui a mené à la crise. Ce signal est désastreux pour les équipes internes et souvent celles qui sont confrontées à des dysfonctionnements visibles et évidents pour elles.

Il faut cesser de croire que le futur répète les cycles passés, car le monde change… Et il est affolant de voir combien les dirigeants souvent considèrent que le meilleur remède à la crise sera le retour d'un cycle plus favorable.

C'est également un fait notable de constater que la conscience d'une crise est généralement plus grande au niveau du terrain plutôt qu'au niveau du management lui-même, certainement parce que celles-ci ont davantage de recul ou bien sont davantage au contact des problèmes opérationnels qui sont le reflet d'une machine grippée.

LE PHÉNOMÈNE DE L'EMMUREMENT

Par Saam Golshani
Avocat à la Cour, partner *chez White & Case*

Un des éléments les plus frappants des situations de crise et donc de leur gestion est ce que j'appelle le « phénomène d'emmurement ».

Ce terme d'emmurement, qui est une traduction personnelle et très libre du terme anglais *entreched*, qui signifie littéralement « retranché » au sens militaire du terme, décrit cette situation de crise où les protagonistes sont figés dans leur position de négociation ou leur système de pensée depuis si longtemps ou avec une telle intensité que leurs décisions ne sont plus dictées par une quelconque rationalité, mais simplement par la préexistence d'une position de principe.

Ce biais irrationnel dans l'approche de la situation de crise devient le fil conducteur de leur prise de décision les conduisant immanquablement à prendre des décisions strictement contraires à la préservation de leurs intérêts.

Une des illustrations les plus frappantes de cette situation est mon expérience dans un dossier de restructuration d'une société cotée commercialisant des boissons alcoolisées qui avait défrayé la chronique judiciaire en son temps par l'utilisation tous azimuts de procédures de sauvegarde devant des juridictions consulaires complaisantes pour permettre à ce groupe de ne pas rembourser une dette obligataire très importante à des investisseurs internationaux.

L'utilisation de toutes les ficelles possibles et imaginables des règles de procédures collectives avait transformé ce dossier en symbole d'une certaine défiance des investisseurs vis-à-vis du système français vu uniquement comme un instrument de préservation des intérêts des actionnaires au détriment de celui des créanciers ou encore de la société elle-même.

Ainsi, après plusieurs années de procédures devant divers tribunaux de commerce, ce groupe s'était finalement retrouvé en redressement judiciaire, et l'un des deux dirigeants restants, malgré la mauvaise réputation que ces multiples procédures lui avaient donné auprès des investisseurs internationaux, avait décidé avec l'aide de son administrateur judiciaire de trouver enfin une solution amiable pour mettre fin à cette guérilla judiciaire et sauver la société littéralement asphyxiée après plus de quatre années de procédures collectives ayant fait le bonheur des chroniqueurs judiciaires et la fortune des conseils divers et variés.

À ce stade de ce récit, d'aucuns pourraient se poser la question de la pertinence de mon propos puisque ce chef d'entreprise, convaincu par son administrateur judiciaire, avait décidé d'enterrer la hache de guerre et de sauver la société au travers d'une négociation avec ses créanciers obligataires perçus jusqu'ici comme l'ennemi absolu.

D'ailleurs, après bien des péripéties et au terme d'une négociation menée au forceps, un accord avait fini par être trouvé sous l'égide de l'administrateur judiciaire puis avait fait l'objet d'une présentation formelle dans un document appelé « *consent solicitation* », l'émission d'obligation étant soumise au droit de l'État de New York, qui devait être présenté au vote des créanciers obligataires et obtenir leur accord.

C'est à ce moment très précis de ce dossier que j'ai été, pour la première fois, témoin de manière si frappante de ce phénomène d'emmurement. Je m'explique : voici un chef d'entreprise qui, après plus de quatre années de combats judiciaires coûteux et inutiles avait compris que l'intérêt de la société dont il était l'un des dirigeants et actionnaires était de trouver un accord avec ses créanciers pour sortir enfin d'une succession de procédures collectives et retrouver le chemin de la croissance. À telle enseigne qu'il avait pris la décision de se séparer de son associé, d'écouter les conseils de l'administrateur judiciaire qui lui avait été imposé par le tribunal de commerce et de ravaler sa rancœur pour s'asseoir à la table des discussions et trouver ledit accord.

Ce même accord lui avait été présenté en fin de journée et il avait décidé sans explications de le jeter à la poubelle…

Avocat ayant participé à l'ensemble des discussions aux côtés du dirigeant que je ne connaissais pas avant ce dossier, j'ai reçu à 21 heures un appel dudit administrateur judiciaire me demandant, je cite : « de faire un miracle car on n'allait pas y arriver… ». Le dirigeant n'étant pas à Paris et le document de « *consent solicitation* » devant être posté auprès des créanciers à l'ouverture des marchés à New York le lendemain, je n'avais pas matériellement le temps de me déplacer pour m'asseoir avec le dirigeant. J'ai donc décidé de l'appeler à 21 h 30 pour raccrocher à 4 h 30 du matin, soit sept heures plus tard, et j'ai obtenu son accord.

« L'intelligence situationnelle et l'empathie sont indispensables pour tous ceux dont le métier au quotidien est de gérer des situations de crise. »

Que s'est-il passé pendant ces sept heures de dialogue uniquement interrompues par des pauses de ravitaillement, y compris en vodka, domaine d'activité de la société oblige. Eh bien, une parenthèse de vie. La technicité du dossier, les détails d'une documentation juridique complexe, les subtilités du droit de l'État de New York se sont alors effacés au profit d'une longue conversation sur la vie de ce chef d'entreprise : sa jeunesse passée en Europe de l'Est avant la chute du Mur ; sa carrière de sportif de haut niveau qui l'avait amené à voyager de l'autre côté du « Rideau de fer » et à prendre conscience de décalages entre l'Est et l'Ouest, alors même qu'il était un citoyen privilégié de son pays ; sa découverte d'une société où la consommation avait été érigée en mode de vie lui avait donné l'idée de lancer une activité de distillerie et avait initié son départ et son installation en France, son apprentissage d'une langue et d'une culture qu'il n'avait connues qu'au travers du prisme du communisme et enfin sa réussite sociale et familiale.

C'est lors de cette nuit que le jeune associé n'ayant pas encore 40 ans que j'étais s'est rendu rendu compte à quel point la maîtrise de la technique était illusoire, dans la gestion des crises, sans curiosité et empathie pour les acteurs de cette crise.

Par chance, pour ne pas dire par miracle, j'avais réussi, malgré la distance et le téléphone, à nouer en une nuit un contact avec ce chef d'entreprise pour le sortir de son emmurement et l'amener à signer un accord qu'il avait lui-même négocié et qui lui a permis de sauver non seulement sa société, mais aussi sa propre situation tant sur le plan financier que familial.

Mais en réalité, ce contact, j'aurais dû le nouer bien avant, dès le début du dossier pour préempter l'emmurement et éviter ce qui aurait pu être un refus d'obstacle mortifère pour l'entreprise et pour son dirigeant.

L'intelligence situationnelle et l'empathie combinées bien sûr à une vision technique et stratégique des rapports de force sont ainsi les instruments indispensables pour tous ceux dont le métier au quotidien est de gérer des situations de crise, par nature exceptionnelles pour ceux qui les vivent.

5. Prendre conscience des dimensions de la crise

La crise peut revêtir plusieurs dimensions qui interagissent entre elles pour créer un système complexe qui va nécessiter un processus d'analyse, de gestion de la crise, de sortie de crise et de retour d'expérience.

Les crises peuvent être internes, ce qui est classique, mais elles peuvent aussi être exogènes, étrangères à l'entreprise, mais finalement avoir un impact fort sur l'activité.

On a vu dans un passé récent que les commerçants parisiens ont souffert successivement de la crise russe (avec ses ressortissants qui ne voyagent plus vers la France), des attentats de 2015 (qui ont conduit de nombreux touristes à ne plus venir et de nombreux ressortissants étrangers du Moyen-Orient à préférer Londres à Paris), des manifestations des Gilets jaunes chaque semaine plusieurs mois durant en 2018 et 2019, des grèves paralysantes de décembre 2019 et janvier 2020, et en mars-avril 2020 des conséquences sur leur activité des mesures préventives liées à l'épidémie du coronavirus.

Souvent la crise interne naît d'une crise externe. Ce qui signifie que personne ne peut être épargné ; tout dirigeant sera un jour confronté à une crise. On a vu en quelques semaines les géants du luxe vaciller car l'Asie, fortement touchée par l'épidémie de coronavirus, représente un tiers de leur chiffre d'affaires, les compagnies aériennes confrontées à une chute des déplacements, les compagnies maritimes à une chute des échanges liée à une réduction drastique de la production en Chine, les groupes mondiaux de « *travel retail* » se fragiliser, les sociétés avec des activités liées au pétrole perdre la moitié de leur valeur en raison de la chute des cours du pétrole.

Notre monde s'étant globalisé, les risques systémiques sont très élevés et les réactions en chaîne surprenantes par leur rapidité et leur contagion.

Au-delà des crises classiques (accidentelles, financières, judiciaires, techniques, sanitaires), les crises peuvent être médiatiques, réputationnelles, éthiques, institutionnelles, sociales, économiques, politiques, sociétales.

Les emballements sont importants de nos jours, avec la force des relais numériques alimentés souvent déclenchés par des trolls anonymes, et sous couvert d'éthique (ou de nouvelle éthique naissant sans préavis). Ce qui était acceptable hier devient insupportable aujourd'hui. Les 12 grammes d'aluminium d'une capsule Nespresso deviennent sans préavis plus importants que les 3 grammes de café, la constance du goût d'un yaourt s'obtient par le sacrifice de la biodiversité, la présence dans une garde-robe d'une veste Canada Goose devient un crime de lèse-majesté (le Premier ministre Justin Trudeau en a même fait les frais). Hier on allait voir un film pour sa qualité, aujourd'hui on juge l'auteur. Hier on éditait des œuvres, aujourd'hui on s'autocensure, comme on l'a vu avec Gallimard et les œuvres de Matzneff, ou Hachette et les mémoires de Woody Allen. Criteo, qui a vu du jour au lendemain son modèle économique ébranlé, est devenu un colosse aux pieds d'argile quand Apple a décidé de changer les règles sur les cookies avec l'arrivée de son IOS 11.2 en octobre 2017.

Cela veut dire aussi que les crises ne sont plus les mêmes, qu'elles deviennent globales et souvent complexes, la dimension interne étant souvent supplantée par la dimension externe.

Gérer une crise, c'est avoir conscience de la probabilité des réactions en chaîne et des interactions entre différents paramètres : la crise arrive, par exemple, sur le plan sanitaire, provoque un arrêt de production, qui peut générer du chômage technique, entraîner un problème de réputation vis-à-vis des clients, des problèmes de trésorerie parce qu'il n'est pas possible de facturer, etc.

Toutes les dimensions de la crise sont interdépendantes et s'alimentent entre elles. Les crises deviennent planétaires à la manière de la Grande Dépression de 1929, de la crise financière de 2008 et de la crise du coronavirus de 2020 qui, pour la première fois, a atteint non pas comme en 2008 les flux financiers, mais bien les flux d'exploitation entre les pays.

Gérer une crise, c'est avoir à la fois une vision globale de ce qui se passe et une vision séquentielle des actions à mettre en œuvre pour trouver des solutions à la crise.

ONTOLOGIE DE LA CRISE

Par Valérie Ohannessian
Fondatrice de Phemia Conseil

« La crise est le moment où l'ancien ordre du monde s'estompe et où le nouveau doit s'imposer en dépit de toutes les résistances et de toutes les contradictions. Cette phase de transition est justement marquée par de nombreuses erreurs et de nombreux tourments », disait Antonio Gramsci[1].

La crise est une rupture essentielle. Plus qu'un simple choc, elle bouleverse notre rapport au temps et questionne notre raison d'être.

Une crise annonce la fin de quelque chose et le début d'un ordre nouveau. C'est une transition plus ou moins longue, marquée par une déconstruction et une reconstruction. Il y a toujours un « avant » et un « après » la crise. C'est un moment de rupture qui révèle un déséquilibre souvent préexistant, silencieux, sournois, qu'on ne voit pas ou que l'on veut ignorer. Par paresse, par aveuglement, par manque de courage. Il n'y a pas de crise sans sentiment de culpabilité. En 2008, la crise dite des *subprimes* éclate au mois d'octobre alors que les indices boursiers mondiaux sont déjà en chute de 30 % depuis le début de l'année, rappelant l'adage, bien connu des financiers, selon lequel les arbres ne montent pas jusqu'au ciel. En réalité, aux États-Unis, les clignotants sont au

1. *Cahiers de prison, op. cit.*

rouge dans le secteur des prêts hypothécaires à risque depuis l'été 2007. La crise, c'est un rapport vicié au temps, qui enferme dans un présent qu'on pense éternel. La crise, c'est la vengeance de l'avenir et la disqualification du passé.

En période de crise, la dislocation du temps fait qu'on ne peut plus rien reproduire. En 2008, les autorités monétaires réagissent avec le *mix policy* habituel, fait de politique budgétaire (plan de relance, recapitalisation des banques les plus fragiles...) et de politique monétaire (baisse des taux d'intérêt des banques centrales, injections massives de liquidités). Mais le marqueur de la crise, c'est justement l'inefficience des prophylaxies traditionnelles. Des phénomènes plus puissants sont à l'œuvre, qui bouleversent aussi bien les schémas techniques établis que les conventions sociales. La crise déroute, désoriente, tue les repères. Elle crée une incertitude qui altère la perception du monde. Avec la crise, c'est moins la réalité qui change que le regard qu'on porte sur elle. Quelques jours avant sa faillite retentissante, Lehman Brothers est encore notée dans la catégorie « Investissement » par les trois plus grandes agences mondiales de notation. Du jour au lendemain, la vérité d'hier devient un mensonge du présent. La crise, c'est la fin des évidences, la fin des consensus, la fin de la « foi commune », la confiance.

La crise, c'est une rupture générale de confiance, qui casse la relation. Quand la quatrième plus grosse banque d'investissement américaine, Lehman Brothers, se déclare en faillite, le 15 septembre 2008, après que son cours de Bourse a perdu 93 % de sa valeur, les acteurs économiques et politiques sont littéralement pris de sidération. C'est un uppercut mondial qui sonne la fin de la croyance en des règles du jeu stabilisatrices et rassurantes, comme celle du « *too big to fail* », selon laquelle l'État américain soutiendrait la banque pour éviter une crise du système. Ce changement de pied provoque un mouvement de panique, celui qui suit la prise de conscience du désordre et génère des comportements d'affolement, en général autoréalisateurs. Ainsi la quête de liquidité provoque des ventes massives d'actifs, générant une chute vertigineuse de leur prix, jusqu'à la rupture de l'échange. La crise ne détruit pas que de la valeur. Elle casse aussi les relations entre les personnes sans lesquelles il n'y a pas de « commerce » possible. La défiance s'installe, les solidarités se disloquent, les égoïsmes se figent. La crise se traduit toujours, à un moment, par la mort du mouvement.

La difficulté de la gestion de crise, c'est de recréer une chronologie. Il s'agit de gérer et refonder dans le même temps, d'assumer le passé, de faire face au présent, tout en préparant l'avenir. En 2008, il faut urgemment rétablir la confiance, très vite renforcer la stabilité financière et organiser sur le long terme le nouveau cadre de prévention du risque systémique. La déclaration du G20, qui se réunit en novembre, s'inscrit dans cette démarche : analyse lucide de la situation (la plus grande crise économique et financière depuis la Grande Dépression des années 1930, due à la sous-estimation des risques par les investisseurs), mesures de déblocage de liquidités pour réanimer le crédit et annonce d'un rendez-vous six mois plus tard, avec la mise en place d'un collège des superviseurs réunissant les principaux régulateurs de la finance dans le monde. Gérer la crise, c'est écrire un nouveau récit. De ce point de vue, il n'est pas juste de considérer que le monde post-crise financière n'a pas changé. Celle-ci a remis en cause plus que des pratiques douteuses ou des comportements risqués. Elle a profondément questionné le capitalisme mondial, ses institutions et ses acteurs, sur leur essence et leur finalité. En ce sens, elle fut une crise ontologique. En a-t-on tiré tous les enseignements ? Non, bien sûr. Mais la transformation est à l'œuvre.

« La crise ne détruit pas que de la valeur. Elle casse aussi les relations entre les personnes sans lesquelles il n'y a pas de "commerce" possible. »

Gérer la crise, c'est (re)découvrir qui l'on est. Ce n'est donc pas un hasard si le secteur financier, notamment *via* les fonds d'investissement comme BlackRock, est à l'origine du mouvement qui a promu la « raison d'être » (*purpose*) et la « société à mission » comme nouvelles catégories du capitalisme responsable. La raison d'être, c'est un nouveau regard de l'entreprise sur elle-même, qui se redéfinit dans son rapport au monde. En affirmant que sa finalité est « d'être la meilleure entreprise pour le monde, et non pas la meilleure entreprise au monde », Larry Fink, président de BlackRock, pose les termes d'une nouvelle équation téléologique du capitalisme, qui ne s'oppose pas au profit mais considère que celui-ci ne peut exister durablement sans être guidé par une finalité qui le dépasse. Savoir ce que l'on est et devenir qui l'on doit être, c'est une exigence morale qui est en train de devenir une nécessité de marché pour l'entreprise et ses parties prenantes. L'aborder sous l'angle d'une simple formulation identitaire, c'est comme gérer une crise par la seule communication. Car il ne s'agit pas de reproduire des opinions mais de construire rationnellement un chemin de conscience.

Chapitre 2

Savoir gérer opérationnellement une crise

Gérer une crise opérationnellement nécessite de travailler simultanément et séquentiellement à différents niveaux, en équipe et dans un cadre structuré au sein d'une cellule de crise.

Rares sont les crises qui trouvent une solution sans s'attaquer à des causes plus structurelles nécessitant un plan d'action pour changer certains fondamentaux voire adopter un plan de transformation. Quoi qu'il en soit, pendant la crise, les affaires doivent continuer au risque de gripper une mécanique, de créer une crise dans la crise, et... de creuser l'écart avec ses concurrents à qui l'on donnerait un avantage compétitif.

Il y a différentes dimensions que l'on va détailler, car il est important d'avoir une vision stratégique, et de ne pas se contenter d'actions de court terme, partielles, qui ne s'attaquent pas aux causes racines du problème.

C'est une question de méthode avant tout, mais c'est surtout un moment important de vérité, et en cela une opportunité pour changer de cap. Si on ne profite pas d'une crise pour avoir une vision stratégique, on ne résoudra pas le problème et l'entreprise restera fragile et non pérenne.

La pérennité doit être le pendant d'une crise qui montre à un moment et dans certaines circonstances la fragilité d'un système, d'une organisation, d'un modèle économique. Cela signifie que toute crise comporte en soi le bienfait d'une réflexion sur sa solidité et sa pérennité, et donc sur son agilité à évoluer, à se remettre en question, à se transformer.

Cette agilité n'est pas réservée aux start-up de la technologie et du digital, elle est fondamentale dans le monde d'aujourd'hui, et on va voir qu'une entreprise, qu'une équipe sont capables de déployer une énergie incroyable en temps de crise pour survivre. C'est cette même énergie créative couplée à une intelligence collective qui doit aider une entreprise à se réformer et à se transformer en profondeur.

6. Gérer l'urgence

Le gestionnaire de la crise est avant tout un gestionnaire de l'urgence qui doit décider vite et agir tel un urgentiste du Samu avec un seul objectif: la survie de l'organisation ou de l'entreprise et l'extinction du risque létal, grâce à la compréhension immédiate des causes de la situation et des actions à mettre en œuvre.

L'urgence dicte les premières actions et leur spécificité. Être urgentiste, ce n'est pas être médecin de ville, c'est dérouler une médecine de crise, une médecine de catastrophe, et donc évaluer, émettre rapidement un diagnostic, établir une priorité dans les actions et prodiguer des premiers soins pour stabiliser et mettre hors d'état de danger.

Aller vite et bien et évaluer correctement la situation sont des qualités fondamentales requises dans ces moments tout en donnant le bon rythme, la bonne cadence.

Cela signifie qu'en cas de crise, pour une organisation, il faut comprendre ce qui se passe (c'est loin d'être une «lapalissade»), connaître les tenants et aboutissants (à qui profite le crime si c'est éventuellement le cas) et savoir ce que l'on peut faire pour endiguer la crise, la stopper, la contenir.

C'est également le moment où l'on s'organise pour gérer la crise.

Urgence signifie vitesse, mais ne suppose pas que cela soit désorganisé ou cacophonique, c'est justement l'inverse. Il faut diriger avec fermeté et assurance, distribuer les rôles, informer, être informé, gérer l'externe tout autant que l'interne, travailler en cohérence et faire travailler les uns avec les autres en cohérence, organiser une communication de crise fluide et à tout moment (un simple groupe WhatsApp fait des miracles dans le partage de l'information!).

Gérer l'urgence, ce n'est pas gérer la crise, c'est prendre les premières mesures immédiates pour permettre de stopper quelque chose qui nous échappe ou qui semble inéluctable. On stoppe l'hémorragie pour pouvoir commencer à soigner, on stabilise et on enraye le processus de destruction.

Agir en urgentiste, c'est évaluer une situation, ce qui doit permettre de faire les premiers arbitrages sur :

- le « qui fait quoi et avec qui » ;
- qui doit assister l'entreprise (un avocat ? un communicant de crise ? un expert technique ou industriel ?), ce qui renvoie à ce qui se passe réellement et pas en apparence ;
- ce que doit faire l'entreprise (déclaration de sinistre ? démarche judiciaire ? démarche juridique ?) ;
- qui doit être informé (conseil d'administration, actionnaire, le marché s'il s'agit d'une société cotée, la presse...) ;
- à qui parler et comment. À qui ne pas parler d'ailleurs aussi...
- l'information des instances représentatives du personnel ;
- l'information des salariés ;
- les premières décisions pour stopper la crise ;
- et, bien sûr, toujours avoir en tête la sécurité des personnes (priorité numéro un) et des biens (en second, et pas l'inverse) si la situation le justifie.

OPÉRATION « DELIBERATE FORCE » EN BOSNIE-HERZÉGOVINE

Par le général Michel Adrien (2S)
Pilote de chasse

Fin août 1995, la France est impliquée depuis de nombreux mois dans la crise serbe en Bosnie-Herzégovine. Le 30 août est déclenchée l'opération « Deliberate Force ». Il s'agit de bombarder les positions militaires serbes qui menacent les zones de sécurité contrôlées par l'ONU en Bosnie-Herzégovine.

Depuis la France, nous sommes en plein mois d'août et seules les vacances rythment les actualités. Pour ma part, j'ai repris le travail depuis quelques jours sur la base de Nancy et j'arrive à mon bureau comme chaque matin vers 7h30. Je commande alors l'escadron de chasse 3/3 Ardennes que nous venons de déclarer opérationnel, depuis quelques semaines, sur le nouvel avion de l'armée de l'air, le Mirage 2000D.

Je suis à peine assis à mon bureau que le téléphone sonne. « Allô ! Ici le général… » Petit temps de silence. Cet officier général, quatre étoiles, commande alors les forces aériennes de combat. Autant dire que je suis un peu surpris par son appel matinal.

« Oui, mon général.

– Adrien, vous partez dès que possible pour l'Italie avec quatre avions. Vous interviendrez sur la Bosnie la nuit prochaine. Voyez mon chef d'état-major pour les détails.

– Bien, mon général… » Il a déjà raccroché. La conversation a duré moins d'une minute. Je passe du temps de paix au conflit armé en quelques secondes. Il me reste quelques minutes pour rassembler mes esprits avant que les personnels de l'escadron n'arrivent et que je ne donne mes premières directives. Mon rythme cardiaque s'est à peine accéléré. Je suis formé pour cela depuis de nombreuses années.

En début d'après-midi, je me pose en Italie avec les quatre Mirage 2000D. Les mécaniciens arriveront un peu plus tard avec leurs matériels et les équipements nécessaires à la mise en œuvre des avions. Nous avons beaucoup de travail à faire pour nous préparer aux opérations de la nuit prochaine. C'est sans compter sur un événement qui va bouleverser mes plans.

Sur cette base de l'armée de l'air italienne, la France a déjà déployé des Mirage 2000 de défense aérienne et des Mirage 2000N pour l'attaque au sol depuis plusieurs semaines. Quand je me pose, des Mirage 2000N rentrent d'une mission de bombardement au-dessus de la Bosnie.

Il y a visiblement beaucoup d'agitation autour des appareils. Ce n'est pas normal. Je me dirige donc vers les équipages et j'apprends qu'un appareil a été abattu. Nous sommes sans nouvelles de l'équipage.

Il se trouve que je suis l'officier français le plus gradé. Il me revient donc de prendre en main une situation dont j'ignore tout sans oublier de préparer la mission que nous devons réaliser au cours de la nuit à venir. La situation est grave, mais je n'ai pas à ce moment précis le sentiment d'être face à une crise. Ce qui est sûr, c'est qu'il va falloir gérer les priorités. J'évacue la question de la préparation de la mission de la nuit prochaine en confiant sa réalisation à un des officiers pilotes qui m'accompagnent. Il sera mon bras armé et me rendra compte au fur et à mesure du déroulement de la préparation et des problèmes éventuels.

De mon côté, je réunis les responsables des différentes unités françaises présentes sur le site. Je veux comprendre de quoi il retourne. C'est sans doute une chance que je sois arrivé ce jour-là. En fait, mon regard extérieur sur la situation me fait prendre conscience qu'au-delà de la perte d'un équipage et de son appareil, les erreurs d'appréciation se sont multipliées. La question qui se pose dès lors à moi n'est pas de savoir à qui incombe telle ou telle responsabilité. Il s'agit de poser un diagnostic sur une situation à un instant donné pour éviter que les choses ne se dégradent encore plus, d'autant qu'avec la perte de cet équipage le moral des troupes n'est pas fameux. C'est au cours de cette réunion que je vais vite comprendre que je suis face à une crise et qu'il faut reprendre la situation en main sans tarder.

Tout le monde ne partage pas mon point de vue sur la profondeur de la crise. Je n'ai toutefois pas le temps de trop discuter car l'horloge tourne. De plus, le général de l'armée de l'air qui commande les forces françaises en Italie a décidé de débarquer avec des journalistes de TF1 qui veulent faire un reportage. Il exige ma présence à ses côtés. La crise s'amplifie.

Le gros avantage du milieu militaire est que, dans de telles circonstances, personne ne discute l'autorité du chef. Je termine donc ma réunion en distribuant un certain nombre de tâches qui me paraissent devoir être traitées immédiatement avec compte-rendu oral à la clé.

Je dois également poursuivre mes investigations pour déterminer la profondeur de la crise et vérifier jusqu'où s'étend la contamination. Je m'aperçois rapidement que certains personnels qui étaient présents sur cette base aérienne depuis plusieurs semaines avaient tout simplement oublié qu'ils étaient là pour intervenir militairement dans un conflit. Certains avaient fait venir leur famille à l'hôtel dans lequel nous étions logés. C'était un peu le prolongement des vacances.

« Dans ces moments difficiles, il faut envoyer des signaux clairs. »

Heureusement, les épouses des membres de l'équipage disparu ne sont pas présentes en Italie, cela aurait considérablement compliqué ma tâche. Je prends la décision de renvoyer sur-le-champ toutes ces familles en France avec leur mari. Dans ces moments difficiles, il faut envoyer des signaux clairs.

Il faut décider, décider vite et vérifier la mise en application des décisions. Les états d'âme sont remis à plus tard. Je rassemble autour de moi ceux qui me paraissent le plus fiable et le plus à même de m'aider. Il est très important de pouvoir s'appuyer sur une équipe digne de confiance, ayant compris les enjeux, apte à s'impliquer avec abnégation. Il se trouve que j'arrive avec une équipe que je connais bien. Ils vont m'aider.

Mon plan d'action se met en place dans les heures qui suivent avec une vision très court terme (il faut colmater l'hémorragie) car la mission continue, et une approche moyen terme (il faut déjà reconstruire). Pour le long terme, je verrai plus tard. Il faudra prendre le temps d'y réfléchir plus calmement, ce que je ferai en rédigeant un compte-rendu très détaillé dans les jours qui suivront.

Je dois également penser à la communication en interne à plusieurs niveaux, le local et mes autorités de tutelle, mais aussi vers l'extérieur. Cela tombe bien, le général et TF1 arrivent dans le même avion. J'ai le temps de discuter avec le général en aparté avant que les journalistes ne soient prêts pour l'interview. Mon épouse apprendra par le journal de 20 heures que je suis parti en Italie. Je n'avais pas eu le temps de l'en informer et la personne à qui j'avais confié cette tâche avait oublié.

Nous décollerons un peu plus tard dans la soirée, malgré une météo épouvantable au-dessus de l'Adriatique.

Il me semble après cette journée improbable que j'ai repris le contrôle d'une situation à laquelle je ne m'attendais absolument pas. Il faudra toutefois plusieurs semaines avant d'avoir traité tous les points du plan élaboré en quelques heures.

Le 14 décembre 1995 seront signés à Paris les accords de Dayton qui mettront fin au conflit.

7. Gérer la crise elle-même

Gérer la crise, c'est organiser un cadre précis, animé, contrôlé, rigoureux, avec un système d'informations ascendantes et descendantes, avec une méthodologie précise d'actions.

Être en mode « gestion de crise » implique de travailler à éteindre le risque létal après les premiers soins. Il s'agit de faire un diagnostic plus poussé, plus précis, mieux décrypté quant aux causes de la crise.

La gestion de la crise est avant tout l'organisation opérationnelle de la stratégie et des actions qui vont permettre de stopper la crise, de l'endiguer, de la résoudre.

Elle ne doit être confondue ni avec la gestion de l'entreprise ni avec la transformation de l'entreprise : c'est un mode commando, avec des actions et un cadre bien déterminé, une méthodologie militaire destinée précisément à défendre une organisation ou une entité sociale.

Savoir gérer une crise, c'est savoir gérer la confiance, et résoudre une crise, c'est savoir gagner la confiance. La confiance sera à tous les niveaux de la résolution de la crise, en interne avec ses collaborateurs, et en externe, quand l'environnement comprendra, deviendra neutre puis appuiera.

La gestion de la crise en tant que telle est une fonction globale de chef d'orchestre de ce qui permettra de résoudre les difficultés auxquelles l'entreprise ou l'organisation fait face : elle est fondamentale pour organiser (tel qu'on le verra un peu plus loin dans la méthodologie qui sera détaillée), décider, mettre en place la gestion du *Run*, du *Build*, de la transformation.

« Confiance » est le mot clé de la gestion de crise.

8. Gérer le *Run*

J'emprunte volontiers cette notion au monde de l'informatique et des logiciels qui distinguent le *Run* (l'exécution au sens opérationnel du terme) du *Build* (la construction ou reconstruction du système).

Pendant la crise, l'entreprise ne doit surtout pas s'arrêter, elle doit continuer à tourner, à travailler, à vendre, à produire. Et il ne faut pas non plus « oublier » de diriger l'entreprise... sous prétexte qu'on gère la crise.

C'est un constat dont il faut être conscient : le dirigeant confronté à la crise voit 80 % de sa bande passante absorbée par la gestion de crise, alors qu'il faut continuer à diriger la société sur le plan des affaires (pour ne justement pas l'affaiblir davantage), car chaque mois dégradé aura des répercussions fortes en « queue de comète » pendant de nombreux mois, et finalement contribuera à affaiblir encore plus l'entreprise que la crise elle-même.

Les restructurations qui se passent mal sont souvent celles où l'on va chercher un spécialiste d'un secteur pour redresser une entreprise en crise, ce qui est souvent une erreur, car le dirigeant va être contraint de se concentrer sur les problèmes financiers, juridiques, sociaux, plus que sur la stratégie et le développement de l'entreprise. On l'a vu dans le dossier Vivarte[1] où de grands spécialistes n'ont pas réussi là où Patrick Puy, qui est une des grandes références et figures du retournement en France, a réussi.

Il est donc primordial de conserver dans l'organisation un dirigeant qui va se concentrer uniquement sur les affaires courantes et

---

1. Vivarte (anciennement Groupe André) est un groupe spécialisé dans la distribution de prêt-à-porter et de chaussures, qui a connu une succession de restructurations à partir de 2010.

le *core business*, qui va faire tourner l'entreprise, car on ne peut pas risquer d'avoir une activité en déclin qui va s'ajouter au problème à traiter.

C'est une règle d'or : il faut gérer l'entreprise, la crise et la transformation simultanément.

Compte tenu de l'inertie du monde des affaires et du cycle de ventes et de production des entreprises, il n'est pas rare que les effets aient lieu en décalé par rapport à la crise, car on aura eu moins de temps pour prospecter, pour répondre aux appels d'offres, etc., et finalement on s'affaiblit pour le futur.

La gestion du *Run*, c'est cela : diriger et organiser l'entreprise pour qu'elle reste au niveau, pour qu'elle continue à vendre, à produire, à être dirigée, ce qui est un double challenge, car il faut savoir aller rassurer les clients sur ce qui s'est passé ou sur la pérennité de l'entreprise. Et il faut savoir aussi aller rassurer les fournisseurs, les partenaires habituels de l'entreprise.

9. Gérer le *Build*

Je ne crois pas qu'une crise puisse être uniquement accidentelle, qu'elle arrive, qu'elle se gère, puis que l'on sorte de la crise et que tout reprend son cours. Au contraire, la crise a généralement lieu parce qu'à un moment il y a eu un dysfonctionnement structurel. On est toujours dans cette confrontation chère à Gramsci que le nouveau ne peut pas naître, ce qui sous-entend réellement qu'il y a une évolution à opérer.

Et c'est là où la notion de *Build* intervient : c'est le fait de construire, ou reconstruire par opposition au *Run*, qui est de faire tourner opérationnellement le quotidien. C'est la notion d'évolution et de transformation de l'entreprise.

Cela ne veut pas dire qu'il n'y a pas de mixité entre les équipes de *Build* et de *Run*, mais cela veut dire qu'il y a des équipes ou des personnes dédiées sur chacun des sujets.

Ceux qui sont en charge du *Build* doivent reconstruire, transformer, car quand on est pris dans le quotidien et la crise, on est hiérarchiquement d'abord absorbé par les problèmes puis par le quotidien, et on s'occupe des dossiers de fond quand on a le temps. C'est donc l'ennemi d'une gestion de crise réussie.

Tout est ensuite question de gouvernance interne pour que les contraintes des équipes crise, *Run* et *Build* puissent être partagées et les actions coordonnées : c'est bien le rôle du gestionnaire de crise ou du CRO (*Chief Restructuring Officer*) qui peut être externe ou interne, mais doit être identifié. Le *Run* doit être confié au meilleur connaisseur des affaires courantes et de l'entreprise, et le *Build* au meilleur connaisseur de l'entreprise, de son marché, de son secteur.

Le volet « transformation d'une entreprise » vise à faire évoluer l'entreprise, à l'adapter aux évolutions de son secteur et à la rendre plus performante intrinsèquement mais aussi par rapport à ses concurrents. C'est bien en se comparant que l'on s'inscrit dans une transformation durable.

CHUTE DE POUSSÉE POUR LES MIRAGE 2000

Par le colonel (R) Pierre Jager
Officier mécanicien dans l'armée de l'air
puis expert opérationnel chez Thales

En 1995, lieutenant-colonel dans l'armée de l'air, j'avais la responsabilité de gérer et piloter sur le plan technique l'ensemble des flottes d'avions de chasse de l'armée de l'air, donc d'analyser et de traiter les problèmes techniques dans un contexte de sécurité des vols et d'efficience opérationnelle.

En 1995, un équipage de Mirage 2000 est confronté à une brutale chute de poussée lors d'un décollage qu'il parvient heureusement à interrompre sans autres dommages. Les premières investigations montrent que la cause de l'incident est la rupture d'une aube de turbine qui a entraîné celle de toute la turbine et donc provoqué la perte de puissance définitive pour l'avion. Si l'événement s'était produit juste après le décollage, donc en vol, il aurait conduit à la perte certaine de l'aéronef, voire de l'équipage.

Il s'agissait d'un incident grave nécessitant des investigations et mesures correctives dans les meilleurs délais car il y avait alors près de 200 Mirage 2000 en service dans l'armée de l'air qui assuraient l'ensemble des missions de dissuasion nucléaire et de défense aérienne du territoire.

Il y a eu alors une première phase à réaliser (phase réflexe) qui devait apporter une réponse à plusieurs questions.

La première : faut-il interdire de vol immédiatement tous les avions équipés d'un moteur du même type jusqu'à ce que l'on identifie la cause de l'incident et les mesures correctives indispensables ? Or, la décision d'interdire de vol, si elle paraît simple à prendre pour préserver la sécurité des équipages, doit absolument s'accompagner des conditions requises de remise en vol d'une flotte (l'exemple du 737 Max[1] est là pour nous le rappeler). Il s'agit d'une analyse de risque solide et argumentée et qui prend en compte la nécessité de continuer à assurer les missions régaliennes même si cela peut mettre en cause la sécurité, voire la vie, des équipages.

La deuxième question porte sur les moyens de discerner au plus tôt s'il s'agit d'un cas d'espèce ou d'une « maladie » pouvant toucher les matériels du même type, et dans ce cas, quels en sont les symptômes, quels contrôles préventifs et curatifs sont à appliquer.

La troisième question porte sur la faisabilité des contrôles dans le temps et des remises en état (fiabilité, coût, délai…) afin d'identifier au mieux et au plus tôt comment gérer la crise puis réaliser la sortie de crise.

On voit bien que les premières décisions, si elles requièrent une solide expertise technique depuis le constructeur jusqu'à l'utilisateur, relèvent pleinement d'une définition du risque acceptable, soit la réalisation de la mission même avec un risque important pour la sécurité des équipages dans le monde militaire.

Par ailleurs, il faut toujours garder à l'idée que les solutions simples et radicales pour résoudre des problèmes complexes sont très peu probables et qu'une bonne solution doit se construire dans le temps. Par conséquent, lancer une analyse des causes aussi exhaustive que possible et discerner quels sont les signaux faibles est essentiel au plus tôt.

Dans le cas de cet incident, les premières mesures qui s'imposaient étaient donc :

- l'envoi immédiat en expertise chez l'industriel constructeur de la turbine incriminée (la Snecma) pour analyser les causes de rupture de l'aube ;
- l'analyse, grâce à la traçabilité documentaire, de la vie de cette turbine ;

1. Le Boeing 737 Max est la quatrième génération d'avion 737 mis en service en 2017 et immobilisés en mars 2019 après deux crashs successifs.

- la réalisation d'un contrôle visuel avant le prochain vol des turbines des moteurs avionnés ou en volant, pour voir si l'on trouvait des criques (fissures) sur des aubes pouvant conduire à leur rupture, avant de décider ou non de l'interdiction de vol de tout ou partie des avions.

Le constructeur répond très vite qu'il s'agit d'une rupture en « fatigue thermique » (phénomène qui se développe en interne du métal, qui n'avait jamais été discerné jusqu'alors et dont l'initiation ne peut être détectée par un contrôle visuel…).

La situation est alors la pire que l'on pouvait envisager : sachant qu'aucun des contrôles visuels réalisés sur l'ensemble des moteurs n'a été positif et que ce type d'incident n'était pas prédictible avec les connaissances techniques de l'époque, il fallait décider quel type de contrôle était applicable pour sécuriser l'emploi des moteurs et avec quel moyens et procédés… Or le seul moyen fiable de contrôle alors validé par le constructeur est de type radiographique. Ce dernier aspect est important car il faut disposer de moyens et de compétences que seul alors l'industriel réparateur des moteurs (l'Atelier Industriel de l'Air AIA de Bordeaux) pouvait mettre en œuvre car lui disposait d'un outil radiographique de contrôle et des personnels aptes à l'interprétation des résultats. Il faut aussi mesurer l'ampleur de la tâche sachant que chaque moteur a une turbine équipée de quelques 80 aubes, à contrôler une à une… Par conséquent, la décision de maintenir ou d'arrêter les vols a dû être prise avec des éléments en partie subjectifs. La partie du parc des turbines moteur dont le vieillissement était supérieur à celui de la turbine incriminée a été interdite de vol avant qu'un contrôle radiographique des aubes de ses turbines ne soit effectué et le reste du parc des turbines moteur « plus jeunes » autorisé à voler mais avec un pas de contrôle adapté.

C'est à moi qu'il appartenait de donner l'autorisation de remettre en vol les moteurs après avoir validé le contrôle des aubes effectué par l'AIA… sachant que le parc des aubes de turbine en service était alors de 16 000 unités et… qu'il y n'avait que cinq interprétateurs radios compétents chez le réparateur !

Nous étions alors tous conscients, Snecma (constructeur), AIA (réparateur) et armée de l'air (maintenancier et utilisateur), que la situation ne pouvait pas se pérenniser et que quatre pistes étaient à mener simultanément :

- la recherche d'un moyen de contrôle objectif, fiable (pas d'interprétation humaine) et industriel pour permettre un contrôle à flux ;
- l'organisation de la suractivité liée à la crise chez les utilisateurs et l'adaptation au besoin opérationnel ;
- la compréhension des causes racines de la rupture, de la vitesse d'apparition puis d'évolution du phénomène afin d'établir le pas de contrôle adapté ;
- la recherche de la solution technique de sortie de crise à coût et délai acceptables...

La gestion de la crise : phase réfléchie

Cette crise était totalement dans mon domaine de responsabilité. Son ampleur et sa complexité avec des enjeux opérationnels critiques (dissuasion nucléaire et défense aérienne) et un impact direct sur la qualité de l'entraînement des équipages à la suite de la raréfaction des avions volables ont imposé une organisation dédiée à la crise : j'ai délégué à mon adjoint la gestion de l'ensemble des autres activités de mon périmètre sur les flottes de combat et à un de mes collaborateurs totalement digne de confiance le suivi fin de la qualité des contrôles dont je gardais la responsabilité légale et opérationnelle de validation pour remise en vol.

Sur ces bases, j'ai articulé mes efforts dans la recherche de solutions pérennes *via* des relations constantes avec le constructeur (Snecma) et le réparateur (AIA de Bordeaux) et le suivi sur le terrain des utilisateurs de la gestion de la suractivité des maintenanciers afin d'éviter que la charge de travail intense dans la durée ne soit créatrice d'« effets de bord » qui auraient pu conduire à de graves problèmes. En clair, je vérifiais en permanence que les décisions que je prenais étaient compatibles avec les capacités de ceux qui les exécutaient.

Cette dualité a été essentielle dans la manière dont j'ai mis la pression, d'une part, sur le monde industriel et de la recherche appliquée et, d'autre part, sur le monde technico-opérationnel au sein de l'armée de l'air pour tenir les objectifs opérationnels qui m'étaient demandés. Or, comme nous étions face à un problème de « fatigue thermique », inconnu jusqu'alors des bureaux d'étude, les tâtonnements étaient inévitables et au bout, il y avait le risque vital encouru par des équipages qui faisaient une absolue confiance à la fonction technique sous ma responsabilité.

Tout cela a donc reposé sur un esprit d'équipe basé sur la confiance, une totale transparence sur l'avancement de la solution vis-à-vis des opérationnels et sur une attention permanente aux signaux faibles (fatigue, stress, erreurs...) des personnels sur le terrain.

La sortie de crise

Elle fut longue (plusieurs mois) et a dépendu de plusieurs étapes clés :

- la définition d'un nouveau processus de contrôle des aubes de turbine par magnétoscopie, au lieu de la radiographie, qui a pu être entièrement automatisé et indépendant du facteur humain donnant une pleine confiance dans les résultats des contrôles et leur interprétation statistique ;
- un affinage (augmentation) du pas de contrôle devenant enfin cohérent des capacités des utilisateurs maintenanciers en ressources humaines ;
- la confirmation d'une redéfinition d'une aube de turbine plus robuste à la fatigue thermique et son industrialisation, puis son entrée en service qui ont mis fin au problème pour de nombreuses années.

Conclusion

Les objectifs étaient clairs : garantir l'exécution des missions quoi qu'il arrive, éviter tout nouvel incident ou accident, trouver une solution efficiente au plus tôt.

Ils ont été tenus par un souci permanent de maîtrise des risques, un management participatif qui s'appuyait sur les compétences et le souci de déléguer, une présence sur le terrain avec le sens de l'écoute et la volonté de donner du sens aux efforts demandés et enfin une vraie confiance dans la capacité de tous à surmonter ensemble la crise.

« *Res non verba* (Des actes, non des paroles...). »

Et peut-être le plus important : une fois la crise terminée, avoir su dire merci à tous les acteurs et leur avoir fait prendre conscience que ce résultat a été le fruit d'un travail en équipe où chacun a tenu un rôle clé à sa place... suivant la devise de la 11e escadre de chasse qui m'est toujours chère : *Res non verba* (Des actes, non des paroles...).

10. Créer une cellule de crise pour une vision 360°

Quand la crise survient, la première chose à faire pour le dirigeant est de monter immédiatement une cellule de crise pluridisciplinaire avec une « garde rapprochée » en laquelle il a confiance et dont il reconnaît les compétences (pluridisciplinaires ou spécialisées).

Cette cellule sera appelée à s'étoffer au fur et à mesure au gré des besoins. Le niveau hiérarchique est moins important que la compétence des personnes ou encore leur périmètre d'intervention. C'est aussi l'occasion de faire évoluer des collaborateurs, de les mettre en situation, en tension, de voir comment ils réagissent, et finalement quel potentiel ils ont. Il n'est pas rare, d'ailleurs, de voir des talents émerger, des personnalités se révéler, et des collaborateurs s'épanouir dans un contexte complexe.

Dans ce contexte, l'information est cruciale, tout autant que la fluidité des échanges et le partage des informations : la remontée des données, les informations pratiques, administratives, logistiques peuvent être cruciales dans la rapidité de la résolution d'une crise, pour éviter les allers-retours entre ce qui s'est dit dans un bureau et ce qui est possible.

Cette équipe sera par nature soumise à une stricte confidentialité (évitons cette définition du secret qui est *quelque chose qui se dit tout bas à tout le monde* !). Ce qui se dit dans cette cellule doit rester confidentiel et ne pas transpirer pour ne pas affaiblir la communication de l'entreprise et ses éléments de langage et, surtout, ne pas affoler avec des informations partielles par nature anxiogènes.

La vision à 360 degrés est cruciale pour que toutes les facettes d'un problème puissent être prises en compte ; en temps de crise, rien ne doit être négligé, et plus que jamais, une approche globale est nécessaire.

La règle est la même que dans un comité de direction : tous les participants doivent participer, entendre et écouter leurs collègues. Ils ne participent pas uniquement pour délivrer une information sur leur périmètre. Au contraire, ils doivent interagir ensemble pour garder une vision d'ensemble, s'écouter mutuellement et contribuer à l'élaboration d'une sortie de crise pérenne. Paradoxalement, d'ailleurs, ce sont ceux qui sont le moins en prise directement avec l'événement direct qui auront le plus de recul et donc les contributions les plus pertinentes.

Plus l'équipe sera cohérente, plus la résolution de la crise sera possible. Il doit donc y avoir sous l'impulsion du dirigeant, mais aussi des événements, une cohésion. Une équipe, ce n'est pas un groupe de personnes qui travaillent ensemble, c'est avant tout un groupe de personnes qui se font confiance.

Une bonne équipe est un gage de réussite de la résolution d'un problème, car la crise soude, en donnant un objectif commun, non équivoque, et un challenge à réussir. Il y a inconsciemment un défi, un jeu à cause d'un enjeu précisément. Sauver devient plus intéressant que gérer, chacun prend une place différente au sein de l'entreprise conscient de son apport marginal (au sens économique du terme) et collectif, de sa contribution et de son action. C'est dans ces moments que pas seulement les hommes se révèlent, mais surtout leurs talents, parfois cachés d'organisateurs, de dirigeants, de communicants, d'analystes.

Faire partie de cette équipe galvanise, donne une fierté que l'on n'avait pas dans la vie de tous les jours. Dans l'industrie, où il y a souvent beaucoup d'ingénieurs et de techniciens, on voit vraiment au sens propre les cadres se « retrousser les manches », être à la fois dans les hautes sphères pensantes et sur le terrain nuit et jour (sans exagération), week-end compris, pour appliquer les directives, faire en sorte que ça marche.

J'ai mené de nombreuses opérations de crise, des opérations commandos, dans des situations souvent désespérées, et chaque fois j'ai pu constituer des équipes compétentes, engagées, dédiées à leur entreprise, animées d'une rage de vaincre et de gagner (surtout par rapport à l'adversité de concurrents malveillants comme dans le dossier Doux[1]). Systématiquement j'y ai vu se révéler de grands talents (comme mon successeur chez Doux), de grandes compétences, et ces personnes ont été elles-mêmes transformées par cet exercice. Et ont fortement développé leurs compétences en prenant davantage de responsabilités. J'ai fait le même constat chez Smovengo (l'opérateur du Vélib' en Région parisienne). Et chaque fois, je prends le soin de créer une diversité générationnelle et hiérarchique au sein de l'équipe, et toujours avec succès.

1. Le groupe Doux était le premier exportateur français de volailles, basé à Chateaulin en Bretagne. Il avait été mis en redressement judiciaire le 1er juin 2012.

11. Faire analyser objectivement les causes de la crise

Gérer la crise sans comprendre pourquoi celle-ci est survenue est vain. Comprendre est primordial, ce qui nécessite d'analyser avec la limite que ce ne sont pas ceux qui agissent ou ont agi qui peuvent analyser sereinement, en toute objectivité et avec le recul nécessaire.

Je connais bien ce débat intervenant d'une entreprise à l'autre et d'un secteur à l'autre où j'ai systématiquement droit aux remarques des commentateurs les plus médisants qui vous assènent que « eux ils connaissent et pas vous », mais eux, précisément, ils sont allés dans le mur ! Il faut se méfier des commentateurs en tout genre qui ont toujours un intérêt caché.

Être expert d'un secteur ou connaisseur d'une entreprise ne légitime pas la pertinence dans l'analyse des causes, ni d'ailleurs dans la pertinence des actions mises en œuvre car gérer une crise ou une entreprise en crise, ce n'est pas gérer une entreprise. Souvent, d'ailleurs, c'est au contact des N-3 ou N-4, ou encore des élus du personnel que l'on trouve les analyses les plus pertinentes car elles ne sont pas teintées d'une tentative de réécriture de l'histoire.

Comme on est l'otage et donc pas le négociateur, il faut faire analyser par des tiers et des experts les causes, c'est-à-dire les vraies causes, et pas celles que l'on croit ou que l'on voudrait. J'appelle souvent cela le « péché originel » car c'est systématiquement un élément historique mal interprété (consciemment parfois, inconsciemment souvent) qui fait que l'on tombe en crise. On projette sur l'analyse des causes sa propre responsabilité que l'on veut fuir, et donc on tombe dans un révisionnisme malsain qui met souvent mal à l'aise l'entourage qui sait que ce n'est pas le cas, mais ne peut s'opposer au dirigeant. Cela explique d'ailleurs que les mauvais combats sont alors menés car on se trompe précisément de combat, et on ne s'attaque pas à la cause réelle.

Il y a un mélange fort de sentiments : le déni bien sûr, animé par un réflexe de vouloir « couvrir » sa propre histoire, sa propre période de gestion, par réflexe de culpabilité tout simplement. Il y a aussi le révisionnisme, qui lui est plus complexe et un travestissement de la réalité, une dissimulation à soi-même.

D'où la nécessité d'objectiver, d'être factuel, juste pour comprendre la réalité et mener les bonnes actions. Si on dit à son médecin qu'on a mal au bras, alors qu'on a mal à la jambe, il y a peu de chances qu'il vous soulage de votre mal.

C'est d'ailleurs pour cela, par référence encore à la médecine, qu'il faut avoir une vision globale, à la manière de la médecine énergétique chinoise.

Il est important de mettre les bons mots sur les maux de l'entreprise, d'assumer ce qui se passe, même si son produit est en cause, même si son organisation est en cause, même si sa stratégie est en cause. Ce qui compte, c'est d'échapper à la pensée unique souvent délivrée par les actionnaires-créateurs-dirigeants, ou par les dirigeants opérationnels.

C'est le moment où la vérité compte si l'on veut sortir de la crise. Ce n'est plus le moment de se rassurer sur ce qui était pertinent ou pas au moment où cela a été fait, c'est le moment d'avoir « la vérité des prix » et de faire les comptes si l'on veut s'en sortir. C'est une démarche beaucoup plus complexe qu'elle n'en a l'air, car c'est une remise en cause profonde, une atteinte à un amour propre, une atteinte à la confiance en soi.

La bonne analyse est cruciale tant pour la pérennité de l'entreprise que pour la résolution de la crise. Elle permet d'inventorier les problèmes, de les nommer, et donc d'organiser un vrai plan de bataille.

Souvent, on fait appel à des experts financiers et stratégiques externes, qui plus est dans le cadre de procédures collectives, où les administrateurs judiciaires ou conciliateurs vont rechercher une vérité sur une situation, expliquée par un tiers externe. Il est effectivement préférable qu'il n'y ait pas de lien de subordination entre le dirigeant et celui qui doit analyser pour que ce dernier puisse garder une liberté de parole et dire ce que l'on n'a pas envie d'entendre.

J'ai souvent l'habitude de dire dans mes interventions que je suis là pour faire le bonheur de mes mandants malgré eux et que ma liberté de parole est cruciale tout autant qu'elle est ma «marque de fabrique». Je ne suis pas là pour faire plaisir, mais bien pour gérer une situation difficile et complexe, voire périlleuse.

Dire la vérité, aussi dure soit-elle, n'est pas un procès en culpabilité, c'est au contraire le chemin qui mène vers la réussite. Sinon, pour reprendre le titre d'un livre du philosophe Martin Heidegger, ce sont des «chemins qui ne mènent nulle part».

Et on ne tue pas le messager…

12. Gérer et impliquer l'interne

Souvent crise rime avec communication qui rime avec médias. Et ce triptyque est subi et pousse souvent l'entreprise à communiquer, souvent d'ailleurs à tort ou à contretemps, le rythme de résolution de la crise n'étant pas celui des médias et vice versa.

Mais cette pression a un effet pervers, c'est que « l'interne » est oublié, et c'est désastreux dans une gestion de crise.

Il faut prioriser l'interne, tout en gardant la confidentialité, mais vos collaborateurs ne doivent pas découvrir dans la presse ce qui les concerne ! C'est une erreur courante malheureusement, mais le chef d'entreprise doit organiser la communication interne et parler (ou écrire) directement à ses salariés, ou selon la taille de l'entreprise par l'intermédiaire des managers, avant de parler à la presse. Sinon cela signifie que la communication passe avant l'entreprise elle-même.

Le déroulé idéal est :

- information des instances représentatives du personnel avec, selon la situation, des informations sous embargo ;
- information du personnel en usine (en salle de pause) ou dans les services ou encore par e-mail et affichage ou, selon la taille de l'entreprise, réunion générale ;
- information à la presse.

Cette séquence est d'abord respectueuse des salariés, du dialogue social, et donc de l'entreprise en tant que corps constitué qui va faire bloc face à la crise.

Négliger l'information interne, c'est courir le risque d'une crise dans la crise avec un désarroi interne, une rupture « entre la base et la direction », ou pire encore une opposition interne. Les collaborateurs ont besoin de comprendre, car c'est en comprenant que l'on accepte les solutions et... les changements (et donc leurs conséquences). Réformer, c'est accompagner le changement pour être compris.

La gestion d'une crise ou un plan de transformation nécessitent d'« embarquer » les collaborateurs, pour qu'ils en soient acteurs (c'est la notion anglo-saxonne d'*empowerment*).

Informer l'interne, c'est travailler avec l'interne. Et n'oublions pas qu'il y a trois facteurs de production en économie de marché : le capital, le travail et la confiance.

Plus vite l'entreprise est transparente avec l'interne et informe, meilleure sera la cohésion, et plus efficiente sera la gestion de crise.

Pour faire le lien avec la cellule de crise qui regroupe une garde rapprochée de confiance, l'interne doit également se diviser en différents cercles concentriques auprès desquels les membres de la cellule de crise vont pouvoir diffuser les messages, détailler les actions à mettre en œuvre et expliquer.

Tout part de l'interne, car une crise est avant tout interne même si elle s'exprime à l'extérieur. Il faut donc s'appuyer sur l'entreprise elle-même et sur ses forces vives. Je dis souvent que j'ai une approche très « feng shui » de la crise avec la résolution de la crise qui prend la force et l'énergie de la crise pour mieux la combattre.

Les équipes internes doivent donc être associées, impliquées, mises à contribution, à leur niveau.

13. Établir un chemin critique des actions

Cette notion empruntée à la gestion de projet prend tout son sens dans la résolution d'une crise et est essentielle. Techniquement, le chemin critique est la séquence de tâches qui doivent être accomplies pour résoudre les problèmes constatés et pour que la crise soit terminée à une date déterminée. Une tâche qui est sur le chemin critique et qui n'est pas accomplie compromet tout le projet. De façon plus pragmatique, il exprime la somme des connaissances sur la crise en question et la somme des solutions pour en sortir.

C'est donc un exercice fondamental, collectif, partagé et évolutif car chaque connaissance nouvelle (sur les causes ou sur les solutions) doit y être intégrée.

Établir un chemin critique permet de visualiser l'ensemble des problématiques et des tâches à accomplir avant un jalon, et donc de distribuer les tâches, de déterminer un arbre de contraintes permettant de modéliser, par exemple, une production, une résolution technique et de disposer d'un modèle (économique, industriel, financier) permettant lui-même de faire des simulations.

Quand on est confronté à une crise, il y a rarement une unicité de cause et une unicité de solutions, mais au contraire, il y a une multiplicité de dimensions qui interagissent entre elles. Il en est de même pour les solutions qui se superposent et doivent s'enchaîner de façon cohérente dans des séquences liées souvent à des contraintes externes (délai technique, délai d'approvisionnement, délai commercial, délai de conception...).

La même démarche s'applique à n'importe quel événement de crise, par exemple une crise sanitaire interne dans une industrie agroalimentaire qui va nécessiter des contrôles, parfois des mises aux normes ou des corrections, ou une désinfection, puis des certificats sanitaires ou d'exportation avant que les livraisons puissent recommencer.

Le management de l'entreprise, une fois le chemin critique établi, devra toujours comparer ce qui a été réalisé à ce chemin afin de disposer d'un thermomètre des avancées, et de déterminer éventuellement de nouvelles contraintes qui viendront compléter, enrichir ou modifier ledit chemin.

Chaque élément de résolution doit ensuite lui-même être décliné sous la forme de son propre chemin critique pour son développement ou sa mise au point et être représenté par un thermomètre «8D» qui indique les stades de développement.

En pratique, un chemin critique peut basiquement s'écrire et se visualiser sur un tableur Excel avec la dimension temporelle en abscisse et la superposition des tâches ou problèmes/dysfonctionnements en ordonnées.

Il est important d'y faire figurer la totalité des sujets pour avoir une vision exhaustive des contraintes et solutions : ce qui est visuel s'imagine dans le temps et frappe les esprits.

Lors de mon arrivée chez Smovengo, l'opérateur du Vélib' Métropole en région parisienne, l'entreprise était confrontée à une salve médiatique continue contre elle, largement relayée sur les réseaux sociaux. L'entreprise avait à faire face à une multiplicité de problèmes simultanés : la libération des emplacements par l'ancien opérateur, le déploiement des stations, leur électrification par Enedis, des problèmes mécaniques, mécatroniques, d'informatique embarquée, de communication entre le vélo, sa station et les serveurs, etc.

J'ai réuni l'ensemble de mon équipe, qui était totalement désabusée par rapport à cette situation qui échappait à tout le monde. Mon premier réflexe a alors été tout simplement de lister les problèmes (que je découvrais, donc il fallait que je parte de la base) en les classant et en les superposant, d'inventorier les actions en cours, pour essayer de dessiner un premier chemin critique des actions à mener dans le temps et mesurer ainsi les impacts supposés de chacune des actions indépendamment et de leurs interactions. C'est devenu la colonne vertébrale de mon action : je n'ai rien inventé, j'ai juste écouté et traduit ce que j'avais compris, en dirigeant la discussion vers les «*quick wins*» et vers ce qui avait le plus de chance de marcher le plus vite possible. C'est ce modèle qui m'a permis de modéliser très rapidement les données quantitatives attendues du maître d'ouvrage, et surtout de faire figurer les contraintes de toute nature (à commencer par les approvisionnements, mais aussi les ressources en atelier pour les réparations). J'étais arrivé le 28 mai 2018, et dès le début du mois de juin nous disposions d'une modélisation industrielle rudimentaire, qui a permis de prévoir de façon plus industrielle ce qui pouvait se passer si les actions réussissaient. Ce modèle, qui n'a cessé d'évoluer, est devenu un véritable outil prévisionnel pour la partie industrielle du projet, en se complexifiant pour obtenir la donnée la plus fiable possible : il sert encore de base aux prévisions de nombre de vélos sur le terrain et flux en atelier.

Le chemin critique permet de rassembler toutes les connaissances autour d'une seule visualisation très simple et de la partager entre les personnes sachantes.

14. Organiser un suivi quotidien des actions

Analyser, identifier, mettre dans un chemin critique sont des étapes primordiales, qui trouvent leur efficacité avec la mesure au quotidien des actions pour juger de leur efficacité et prendre quotidiennement les décisions nécessaires pour atteindre les objectifs, améliorer ou renforcer les dispositifs en place.

Deux types d'actions nécessaires doivent être mis en place : mesurer les résultats, les progrès et l'efficacité des dispositifs en place, et faire un point quotidien avec tous les acteurs de la cellule de crise.

La mesure se fait par rapport au chemin critique et chacune des sous-actions doit être analysée et suivie avec un « thermomètre 8D » très utilisé dans l'industrie qui va du rouge (à gauche) vers le vert (à droite) :

- définir l'équipe *ad hoc* ;
- définir et comprendre le problème ;
- mettre en œuvre les actions immédiates ou urgentes tout en vérifiant leur efficacité ;
- rechercher et identifier les causes racines ;
- choisir des actions correctives et vérification ;
- mettre en œuvre et valider des actions correctives ;
- mettre en œuvre des actions préventives ;
- faire un retour d'expérience tout en reconnaissant la réussite de l'action auprès de l'équipe.

D'autres méthodes peuvent être adjointes au fur et à mesure des étapes comme le « diagramme Ishikawa » (diagramme causes-effets en arêtes de poisson) qui permet de créer des familles de causes et d'avoir une vision globale d'un phénomène et de ses effets, avec cinq familles (matière, matériel, méthode, main-d'œuvre, milieu) souvent résumées par l'appellation des 5 M.

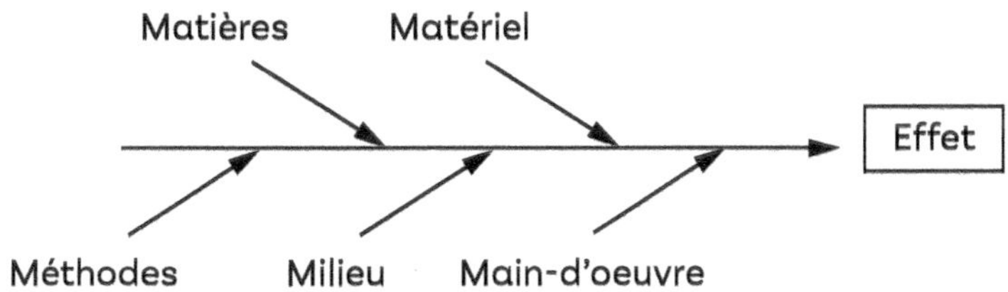

Ces méthodes simples et « visuelles » ont l'avantage de la simplicité, de la compréhension, de la focalisation sur les éléments critiques et de permettre en un seul coup d'œil de se situer dans l'échelle de résolution d'un problème. Pour aller vite et bien, il faut être structuré.

La gestion de la crise nécessite effectivement une animation systématique et quotidienne, sous la houlette du directeur général ou du CRO, afin d'analyser ce qui se passe et de mobiliser tout le monde sur le même objectif : la meilleure façon est de réunir systématiquement tout le monde (en présentiel, à défaut en visioconférence ou conférence téléphonique) à la même heure, chaque jour, tant que la crise n'est pas résolue.

Ce rythme soutenu est dans les faits très mobilisateur car il implique les acteurs du changement et permet de ne pas oublier l'objectif de base, de se concentrer dessus, de mesurer les progrès réalisés, l'efficacité et la pertinence du chemin critique. Cela permet aussi de prendre des mesures d'ajustement quand on constate une dérive sans perdre de temps.

Ce systématisme est inspiré de la « méthode *Kaizen* » (« amélioration continue » en japonais) mise en place au Japon, après la Seconde Guerre mondiale, par le général MacArthur pour aider à la reconstruction de l'industrie japonaise (elle est très souvent identifiée comme la « méthode Toyota » par extension).

Loin de l'image de la contrainte ou de la pression exercée sur une équipe, c'est au contraire pour ses membres une pierre angulaire d'une vision nouvelle sur leur propre rôle et sur ce sentiment qu'ils sont à la fois un maillon mais aussi indispensables dans la collectivité. C'est un moment où les talents se révèlent.

15. Répartir les rôles dans l'organisation et savoir s'entourer

Une équipe, ça doit servir ! Car une équipe, c'est précieux. On ne réunit pas une équipe pour que ses membres viennent écouter ; au contraire, ils doivent venir contribuer, ils sont les acteurs de la gestion opérationnelle de la crise. Ce que disait Steve Jobs en quelque sorte : « Vous ne recrutez pas quelqu'un de talentueux pour lui dire quoi faire, mais pour que lui vous dise ce qu'il faut faire. »

Le monde d'aujourd'hui a propulsé les managers dans une logique d'action permanente, ultra-connectée, ne laissant aucun répit et obligeant à un compte-rendu immédiat, alors que dans les moments de crise, la réflexion doit précéder l'action. Prendre du temps (même si c'est rapide) pour analyser et comprendre fait gagner du temps dans le futur.

Mais il est aussi un rôle que les managers ont dans les moments de crise, c'est celui de porte-parole interne. Car comprendre est important, mais aller l'expliquer à ses collaborateurs, au *middle management*, à la base, l'est plus encore.

Il y a deux notions très importantes et complémentaires : diffuser et infuser. Diffuser la parole de l'entreprise, expliquer ce qu'elle est en train de faire, pour éviter tous les antagonismes internes et choisir les bons combats. Infuser pour que dans les cercles les plus proches de la base, ces explications soient comprises et acceptées, et que les actions mises en place (même les plus douloureuses en termes d'organisation) deviennent évidentes.

La gestion des crises et les mesures prises ne sont pas mineures ni indolores pour les organisations et les salariés, et souvent la question de la pérennité se pose, avec des «sacrifices» à faire pour permettre le futur…

De la même façon, il ne doit y avoir qu'un seul visage de l'entreprise à l'extérieur et un seul et même discours (quand il y a plusieurs sites, dans plusieurs villes ou pays par exemple), ce qui nécessite des éléments de langage précis et communs à tous, internes et externes, mais sans distorsion entre les deux.

Un interlocuteur unique va garder la vision d'ensemble. Canaliser le problème sur une seule et même personne permettra de participer à une meilleure maîtrise de la communication grâce à une grande cohérence dans l'expression.

Non seulement il faut de la bande passante pour réussir, mais en plus il faut un éventail de savoirs et de compréhension qui dépasse les niveaux hiérarchiques, d'où cette notion de rôle à assigner à tous les participants. De la diversité naissent les lumières!

Répartir les rôles, c'est aussi partager la connaissance, la compréhension et les solutions, c'est donc aussi réduire des risques de déperdition de l'information. Cela permet aussi d'éviter de faire fausse route ou de se perdre car chacun agit comme un accélérateur des bonnes idées des autres et un frein aux mauvaises (ou aux fausses bonnes) idées.

Avoir un rôle, c'est aussi prendre une dimension pour un manager, celle de celui qui participe à un projet et à sa réussite, et encore mieux à son sauvetage.

Le traitement des crises nécessite d'agir sur tous les fronts avec des spécialistes. Il est erroné de croire que l'on peut s'en sortir seul ou du moins sans aide externe, tout simplement parce qu'il faut s'entourer de spécialistes des domaines concernés: avocats si c'est juridique ou judiciaire; communicants de crise si c'est médiatique; conseils financiers si c'est financier; ingénieurs et techniciens si c'est technique; psychologues s'il y a traumatisme, ou gestionnaires de crise.

Ces experts vont accompagner le chef d'entreprise dans sa prise de décision, car chaque décision compte, et le séquencement des décisions est en soi très tactique. Par exemple, on ne communique pas avant d'avoir quelque chose à dire, on ne parle pas à l'extérieur avant d'avoir parlé en interne, on ne laisse pas les salariés découvrir dans la presse ce qu'ils pourraient (auraient dû !) apprendre de leurs dirigeants.

À l'image d'une personne qui est malade et qui va s'entourer de médecins spécialistes ou auprès de qui un urgentiste sera dépêché. Quand on est malade, on ne fait pas de l'automédication, on fait confiance à des spécialistes.

La réussite des sorties se crise se fait toujours en équipe, et souvent grâce à des équipes pluridisciplinaires formées de spécialistes. Et il ne faut pas hésiter à mélanger les experts internes avec les spécialistes externes : les premiers apportent une connaissance précieuse du fonctionnement, les seconds un recul sur la situation et un benchmark par rapport à la réalité.

Par ailleurs, le monde des crises et des transformations s'est structuré depuis une quinzaine d'années autour d'acteurs spécialisés, de managers de transition qui apportent des expertises spécifiques.

Il est important d'avoir une équipe pluridisciplinaire et compétente, et de renforcer la bande passante nécessaire pour la résolution de la crise, car celle-ci est envahissante et demande une grande force de travail, car il faut aller sur tous les fronts.

16. Savoir simuler différents scénarios

Une situation de crise est une situation de remise en question permanente, et implique quand cela touche au cœur du métier de l'entreprise de simuler différents scénarios de réalisation à partir du chemin critique qui a été établi.

Le chemin critique permet de créer la base d'un modèle : la gestion des scénarios permet de faire des variantes, de calculer des sensibilités, de mesurer des impacts, de « stresser » des scénarios pour déterminer la capacité de résistance d'une entité. Souvent on fait cela avec le cash d'une entreprise, et on essaye de voir en cas de réduction de l'activité et de décroissance, quel sera l'impact final sur la trésorerie compte tenu du BFR.

Ceux qui font ces simulations doivent être indépendants des directives et simuler sur la base de la réalité des données brutes et non sur la base d'objectifs : c'est une approche « *bottom up* » et non « *top down* » où l'on partirait des objectifs à atteindre. Le but est bien d'affronter la vérité, pas de commencer par l'émousser ou la travestir. Se faire peur ne doit pas être tabou, c'est tout simplement nécessaire pour savoir ce qui peut se passer et comment on peut améliorer la situation.

Rien n'est linéaire dans une crise, la crise elle-même étant une rupture de linéarité de la vie d'une organisation. Par conséquent, il faut toujours imaginer des scénarios où rien ne se passe comme prévu. Ce qui importe, c'est toujours de mesurer le point bas pour voir comment on peut (ou non) gérer une telle situation.

Il ne faut jamais croire (et encore moins céder) à la facilité et à l'absence d'embûches car rien ne se passe jamais comme prévu, et en tout état de cause, jamais comme… sur une feuille Excel.

Souvent en matière économique et financière, on est toujours en dessous de la réalité car on met dans les projections un objectif de réalisation avec un sentiment inconscient que le pire n'est jamais possible. Et on se ment à soi-même, et généralement on arrive même à se persuader !

Les analyses de sensibilité ont une importance capitale car elles permettent de simplifier un impact ramené à un pourcentage, à une quantité, à une unité de valeur et très vite d'avoir en tête ce qui se passe.

Le chef d'entreprise qui m'a le plus impressionné en la matière, était sans nul doute Charles Doux, qui du haut de ses 70 ans était capable, avec la parité euro dollar, le prix du blé et du soja, et celui du poulet en dollars US, de calculer sa marge en temps réel. C'était même son petit jeu du matin : il le faisait en calcul mental, et il s'était également mis au point un petit algorithme sur Excel. Au-delà du côté anecdotique, il suivait son quotidien de cette façon, ce qui signifie qu'il avait une conscience très exacte de ce qui se passait.

J'ai rencontré tant de dirigeants qui par définition sous-estimaient la situation et découvraient l'étendue des dégâts une fois les comptes établis, et avec plusieurs mois d'écart... D'ailleurs, il y a un direct entre cette méconnaissance et un reporting déficient.

17. Trouver ses alliés

Une crise est un moment de rupture où les antagonismes sont forts, le plus souvent à l'extérieur mais parfois également en interne.

Dans le pire des cas, les passions se déchaînent, surtout quand les élus politiques s'en mêlent, ou prennent le parti, par exemple, des syndicats contre la direction. Cela est d'autant plus vrai à l'approche ou juste après des élections. Je l'ai vécu en juin 2012 dans le dossier Doux, qui suivait de trois semaines l'élection de François Hollande.

Il y a dans l'environnement de l'entreprise des « commentateurs » qui peuvent être des concurrents, des instances locales, et qui diffusent des messages inexacts repris parfois par des journalistes qui cherchent à avoir de l'information, qui relaient ces assertions qui ajoutent à la crise, une crise de confiance, voire une crise de réputation. Je l'ai vécu dans le dossier Vélib', où un des trois journalistes qui suivaient ce dossier de près faisait systématiquement des articles à charge avec des tweets racoleurs que toute la « fachosphère » retweetait et diffusait à grande échelle, dans le contexte d'une opposition systématique à la maire de Paris pour des raisons purement politiques et opportunistes.

Il est donc important de parler à tout le monde à l'extérieur et sans exception (on reviendra sur ce point dans le chapitre consacré à la communication de crise), dans le but de convaincre (à défaut de persuader) de la pertinence de ce qui est mis en place ou bien de l'ineptie de la situation actuelle.

L'idée est *a minima* de « neutraliser » le maximum de personnes grâce à une attitude transparente, mais dans la mesure du possible de se faire des alliés qui vont venir soutenir la cause de l'organisation victime (et non un camp contre l'autre).

Parfois, il s'agit simplement de redonner le bon paradigme pour que ça marche. La question n'est pas, par exemple, de savoir si l'entreprise a eu raison ou pas de faire ce qu'elle a fait ou si elle aurait pu éviter la crise. La question, c'est avant tout la défense de l'intégrité de l'entreprise et de l'emploi et la mobilisation des différents acteurs pour atteindre cet objectif. Je ne le caricaturerais pas en « plus petit dénominateur commun », mais le résumerais sous la forme que « ce qui nous rapproche est plus important que ce qui nous éloigne ». À l'échelle d'une entreprise ou d'un territoire, un tel changement de paradigme permet de concentrer positivement les énergies plutôt qu'elles ne se dispersent.

Parfois, qu'une personne passe du statut de détracteur à « neutre » sur un dossier au cœur d'une crise constitue une avancée très importante. C'est le bon combat à mener. Car les alliés, il n'y a pas à les persuader, viendront par conviction ou affinités. Mais ils sont importants en tant que relais d'opinion.

Dans le dossier Doux, alors que nous nous battions pour redresser cette entreprise remarquable par son savoir-faire, et son histoire (Doux était le premier exportateur européen de volailles), nous avions à faire face à beaucoup de détracteurs, notamment parce que Charles Doux avait toujours voulu rester en marge des acteurs régionaux au profit de l'écosystème intégré qu'il avait bâti au fil des années.

Dans le redressement de l'entreprise auquel je m'attelais, il y avait cette dimension qui impliquait que je puisse faire renouer l'entreprise avec son territoire, et combattre aussi les fausses idées. On en arrivait à des situations absurdes où les banquiers régionaux reprochaient à Charles Doux de leur avoir claqué la porte au nez quelques années auparavant… Oubliant par là même que pas un banquier français n'avait donc perdu le moindre euro dans ce redressement judiciaire (puisque la banque Barclays avait refinancé l'intégralité de la dette quelques années auparavant). Ils auraient même dû le remercier, d'ailleurs !

Il fallait donc rencontrer tout le monde et expliquer inlassablement ce que nous faisions lors de ces rendez-vous, et écrire un livre blanc qui remettait en perspective la place de Doux en France et en Bretagne : 20 % de l'élevage de poulets en France, 50 % en Bretagne, premier exportateur européen, première part de marché en grande distribution en Arabie Saoudite avec 40 %, première part de marché en France sur les produits élaborés avec la marque Père Dodu.

Nous faisions face à une déferlante médiatique perpétuelle, colportée par les influenceurs locaux. Jusqu'à ce qu'un jour je prenne mon téléphone et appelle le patron de *Ouest-France*, Jean-Luc Évin, pour lui faire part de ma stupeur de lire quotidiennement une histoire qui n'était pas la nôtre, et ce afin de mettre en exergue le travail des 2 000 salariés de l'entreprise. Ma volonté n'était pas que l'on dise que tout allait bien, mais bien que l'on dise comment ça allait et, surtout, de mettre en perspective l'entreprise elle-même et ses milliers d'emplois au cœur de la Bretagne. Tout cela venait d'une rupture historique qui existait entre la presse et le groupe de Charles Doux, et de rancœurs accumulées. Assez rapidement la transparence s'est imposée, et les journalistes ont fait leur travail, car on leur a donné les bonnes informations sans tabous de part et d'autre, car il ne s'agit pas d'en faire des alliés, mais pas non plus des ennemis. Et nous avons pu travailler en bonne intelligence, mon portable étant toujours allumé pour démentir ou confirmer une nouvelle. Jean-Luc Évin avait agi en patron de presse responsable et nous avons gardé d'excellentes relations même après tant d'années. Il en fut de même avec *Le Télégramme*.

LA VISION D'UN GRAND PATRON : LE MANAGEMENT DE LA GESTION DE CRISE

Par Fabien Derville
Président du conseil d'administration de Decathlon et de Mobivia

On parle de crise quand les conséquences d'une situation d'entreprise peuvent avoir des conséquences graves pour les acteurs de l'entreprise ainsi que pour l'ensemble des parties prenantes.

J'ai déjà eu à trois occasions, dans ma vie de dirigeant, la chance d'avoir à manager une situation de crise. Je parle de chance car ce sont des expériences qui changeront les dirigeants : arrêter, par exemple, « d'être certain… ». Une gestion de crise peut révéler toute la puissance d'un leader.

Dans beaucoup d'autres occasions je n'étais pas acteur, mais en grande proximité, ce qui m'a suffisamment nourri pour me forger des convictions sur la façon d'aborder ces situations. Ne jamais aborder « une crise » de la même manière que la fois précédente, mais avec des fondamentaux.

La crise Vélib' à Paris a été certainement la plus riche d'enseignements avec l'opérateur Smovengo qui s'est trouvé en risque, dans une crise d'une complexité sans pareille. Je remercie Arnaud Marion d'avoir mis, sur une période de vingt-quatre mois, les conditions de continuation et de fonctionnement.

En refaisant le film des événements, je dirais que c'était hautement improbable que ça se passe mal.

Mes recommandations sont les suivantes :

1. prendre en compte l'avant et l'après : tous les dirigeants n'ont pas forcément les aptitudes pour être managers de transition… car une crise est une transition, c'est-à-dire un moment de vie de l'entreprise entre deux périodes de temps calme ou serein ;
2. chausser une nouvelle paire de lunettes : le regard externe ou nouveau, soit *via* un dirigeant, soit *via* toutes formes d'accompagnement (conseil, coaching), est vital ;
3. discerner dans l'ombre : le point de départ est la lucidité ou, mot que j'aime beaucoup, le discernement. C'est la faculté à avoir un prisme sur le sujet le plus global et juste. C'est important car c'est « la ligne de départ » ;
4. aller à la source : il faut connaître la racine du mal. Aussi, du discernement découle l'identification des problématiques. Celles-ci ne sont souvent pas nombreuses : le manager de la crise doit souvent résoudre pas plus de deux ou trois problématiques pour mettre l'entreprise en condition de sortie de crise. Elles sont souvent de nature très variées et de nature improbable ;
5. être à la recherche du temps perdu : le temps est une variable stratégique, la vitesse aussi. En tout cas le rythme à donner, pour délivrer ou bouger les lignes, est majeur ;

6. faire de la crise un miroir de soi-même : la posture est le paramètre le plus important qui vous permettra de réussir. Le manager est aussi scruté sur son attitude. Aussi celle-ci doit être, à tout prix, positive. Le manager doit être à l'écoute des mandants mais aussi du terrain, garder son sang froid et faire évidemment preuve d'exigence… sans malveillance.

Chapitre 3

Communiquer pendant la crise

On confond souvent gestion de crise et communication de crise. Le monde extérieur dépossède souvent celui qui est concerné par la crise en amenant celle-ci dans un débat public et devant le tribunal de l'opinion. Ce qui est à l'origine purement interne et endogène devient public, et le dirigeant est sommé de s'exprimer à défaut, de lire des choses erronées ou fausses au quotidien. Cycle infernal, la communication crée une crise dans la crise, car c'est une crise de confiance qui va déstabiliser très vite l'environnement, qu'il s'agisse des clients ou des fournisseurs. Communiquer devient alors un impératif catégorique pour ne pas aggraver ce qui se passe. Encore faut-il le faire au bon moment et à bon escient car on doit communiquer pour apporter une explication, un éclairage, une vérité, pas uniquement pour répondre. Par ailleurs, beaucoup se trompent en pensant que communiquer sur la crise, c'est gérer la crise. Il n'en est rien, et les bons communicants de crise ne font jamais cette erreur, ils commencent par comprendre ce qui est fait pour résoudre la difficulté. Le monde médiatique n'est pas qu'impitoyable, il est surtout affûté pour comprendre si on est dans des paroles ou des actes, même s'il y a un souvent un temps de retard entre ce qui est fait et ce qui est dit. Les concurrents, les fournisseurs, les clients, les salariés, les syndicats, les jaloux, les détracteurs, ceux qui ont intérêt à cette crise, tous apporteront une contribution critique et subjective, mais contribueront à l'établissement de la vérité. Même si parfois les détracteurs l'emportent, en dépit de toute objectivité, confirmant la règle de la plus grande facilité à perdre du crédit qu'à en gagner. C'est là où les notions d'influence et de réputation entrent en jeu. Objectiver parfois des progrès ou un problème ne suffit pas, il faut convaincre du changement, il faut convaincre sur une nouvelle vérité.

La réputation est un bien immatériel précieux pour une organisation, car elle est un rempart et une force, mais sa perte peut entraîner la fin d'une histoire et une détérioration du modèle économique.

18. Communiquer n'est pas gérer une crise

La communication est la bête noire de tous ceux qui un jour ont été confrontés à une crise…

On a tort de croire que ce sont les journalistes qui créent les crises, mais il y a indéniablement un effet d'amplification, au nom de l'information du public… dans un contexte où les articles ou les informations peuvent être massivement relayés pour « faire du bruit » surtout dans des dossiers polémiques, ou bien dans des dossiers où il y a beaucoup de détracteurs qui créent les polémiques.

Beaucoup de chefs d'entreprise considèrent que ce qui se passe chez eux relève de la sphère privée, mais souvent les fournisseurs, les clients, les concurrents, les syndicats s'en mêlent, repris par les journalistes et relayés par les élus locaux… Quand une entreprise a des difficultés, les salariés risquent leur emploi, ce qui relève bien de la sphère publique. D'ailleurs, ne dit-on pas d'une procédure au tribunal de commerce qu'elle est… collective ?

La communication fait donc partie de la crise, elle en est partie prenante, qu'on le veuille ou non ; elle est un paramètre important à gérer, car elle a envahi l'espace public.

À l'inverse, beaucoup considèrent qu'une crise se gère en communiquant, alors que précisément la communication de crise n'est justement en rien une gestion de la crise, c'est juste un accompagnement de la gestion de crise. Sans une gestion efficace pour remédier aux causes du problème, la communication est vouée à l'échec.

Je me souviens d'un dossier où l'on m'avait demandé d'être le porte-parole d'une entreprise en pleine crise, et où on me disait qu'il y avait juste une négociation à mener et une gestion pertinente de la communication à faire. Au bout d'une journée, j'avais compris qu'il n'en était rien et que le problème ne relevait ni de la communication ni de la négociation, mais avant tout de la résolution d'un grave problème industriel. J'ai expliqué à mes mandants qu'avant de prendre la parole, je voulais d'abord comprendre, puis avoir un plan d'action, et que je préférais faire le dos rond pendant quelques semaines plutôt que de ne pas avoir de réponse professionnelle au problème rencontré. Ce n'est pas souvent une position aisée à comprendre précisément, car les médias créent une pression du fait de la redondance et de la volumétrie de l'information à l'heure des réseaux sociaux.

19. Maîtriser la communication de crise

La communication de crise est une affaire de spécialistes. Il y a des choses qui se font et d'autres qui ne se font pas. Il y a une façon d'agir, une réactivité et une pertinence à avoir dans les réponses.

Une cellule de communication de crise doit être mise en place avec l'appui d'une agence spécialisée en communication de crise pour faire barrage et créer un premier filtre par rapport à l'affluence des demandes. Là encore, l'entreprise est en situation d'otage et elle ne peut pas être son propre négociateur, elle a besoin d'un médiateur, d'un « négociateur » qui filtre et déroule quelques éléments simples mais surtout réponde aux journalistes. Il n'y a rien de pire que de ne pas répondre car cela laisse la voie à tout et n'importe quoi, mais l'entreprise ne peut s'en prendre qu'à elle-même.

Il y a toujours plusieurs phases dans une communication de crise. Et parfois ne pas communiquer pendant un certain temps est en soi une stratégie de communication. Alors que ne pas communiquer du tout est une erreur. Tout comme communiquer quand on a rien à dire, ou encore communiquer en mentant.

Un actionnaire au milieu de la crise me demande d'aller communiquer alors que j'arrivais à peine et découvrais une situation catastrophique qui n'était pas celle que l'on m'avait présentée. Il se plaignait que l'entreprise soit traînée dans la boue et voulait que je prenne la parole. J'ai refusé, car pour moi ce n'était pas le moment, j'avais besoin d'analyser la situation en détail et surtout d'imaginer un plan sous-jacent de sortie de crise avec une échéance. Nous avons donc expliqué que nous communiquerions uniquement au moment d'une réunion officielle dont mon client était partie prenante. Nous avons fait le « gros dos » dans un premier temps, puis avons eu une communication offensive axée BFM Business-*Le Figaro*-France Info en vingt-quatre heures, qui a stoppé les polémiques superflues. Nous avons délivré une information qualifiée et pertinente et avons repris la main sur la communication à un moment où nous étions audibles car crédibles.

Entre-temps et alors que nous avions dit aux journalistes que nous ne communiquerions pas, nous avons rencontré « en off » les principaux journalistes détracteurs pour les écouter (car ils étaient une mine d'informations) et déminer immédiatement ce qui était hors sujet.

La communication de crise, c'est le fait de communiquer au bon moment et de façon ciblée, c'est une gestion de l'information sur la situation et des flux d'informations ascendants et descendants. Mais c'est une gestion agile car il faut s'adapter à la vitesse de l'information et des réseaux sociaux, au mélange des informations et des fausses informations (les *fake news*) et surtout des rumeurs.

Par exemple au cours des quarante-cinq mois que j'ai passés chez Doux, quand je voulais parler à mes banquiers ou aux ministres, je communiquais à travers *Les Echos* ou *Le Figaro*, quand je voulais parler à mes fournisseurs bretons ou aux élus locaux je communiquais à travers *Ouest-France* et *Le Télégramme*, quand je voulais parler à Quimper et ses alentours, je communiquais à travers France Bleu Breizh Izel, et quand je voulais m'adresser à la filière et au monde de l'agroalimentaire, je passais par l'hebdomadaire spécialisé *Les Marchés*.

La communication de crise, c'est aussi le fait de savoir affronter la tempête, la haute mer, et d'avoir le courage d'aller parler de ses difficultés, en assumant, mais en faisant face, car il y a plus de bénéfices à avoir le courage de le faire que l'inverse. Être muet est une stratégie stérile et dangereuse qui laisse les détracteurs et commentateurs (surtout ceux qui sont mal informés) occuper le terrain avec des informations inexactes.

Il ne faut pas laisser le monopole de la parole aux détracteurs et à ceux que j'appelle les commentateurs ; il faut dans ce cas avoir une parole ciblée, exacte, ciselée et percutante. Et poursuivre cette stratégie sur le long terme.

Trop communiquer est aussi une erreur car cela donne une image brouillonne et crée un message dilué. Je suis davantage pour des prises de parole rares lorsqu'il y a matière et quand on peut annoncer des évolutions ou quand il y a des étapes significatives. On prend la parole quand on a quelque chose à dire. La pire des situations étant à mon avis la prise de parole pour dire que tout va bien quand tout va mal et que l'on sera rapidement contredit par les événements.

Bien évidemment, ces conseils sont souvent contredits par la pression médiatique en temps de crise, par les sollicitations incessantes et par le « chantage au bouclage » qui consiste à dire que l'article sera bouclé dans une heure ou dans l'après-midi car il paraît demain et que si on ne répond pas il n'y aura pas notre point de vue.

Il est difficile de faire des généralités sur l'attitude à adopter dans ces moments, mais voici les points de repère que je conseille :

- avant tout, la communication de crise est une affaire de spécialistes, et je recommande de se faire conseiller et assister, d'une part, car on est plus intelligent à plusieurs, d'autre part, parce qu'une agence permet de faire un filtre et de ne pas être pris au dépourvu ;
- il ne faut jamais répondre au chantage surtout quand on vous dit que l'article paraît dans deux heures, tout simplement parce que l'article est déjà écrit, que le journaliste ne rajoutera qu'une simple phrase en vous citant, et que vous avez de fortes chances pour que ce soit un article à charge, et vous l'aurez ainsi tacitement approuvé…
- on communique pour expliquer ;
- on communique sur des choses exactes et factuelles ;
- on communique pour prendre la parole au nom d'une organisation ou d'une entreprise, ou de soi-même ;
- on ne communique pas pour communiquer, on communique pour délivrer un message, ce qui signifie que sans action de fond et un véritable plan de crise, la communication est une erreur ;
- on ne communique pas pour dire que les autres ont tort et que c'est de la faute des autres ;

- on ne communique pas pour dire des choses fausses ou des contrevérités qui peuvent aisément être contredites ;
- communiquer sur la crise, ce n'est pas gérer la crise.

N'oublions pas qu'aujourd'hui, le plus grand problème de la communication, c'est qu'on n'écoute pas pour comprendre ce qui est dit, mais uniquement pour répondre ! La bonne communication, c'est avant tout de délivrer un vrai message et pas une réponse à une question biaisée (souvenons-nous avec nostalgie du leader du PCF Georges Marchais, répondant avec malice au journaliste Alain Duhamel : « Ce n'est peut-être pas votre question mais c'est ma réponse »).

En conclusion, la communication de crise est un complément d'objet direct de la gestion de crise, mais elle n'est pas en elle-même une gestion de crise.

CRISE DU *PONANT* : DES PIRATES, UN ARMATEUR ET LE PRÉSIDENT DE LA RÉPUBLIQUE

Par Guillaume Foucault
Fondateur et dirigeant de Corpcom,
auteur de Communication de crise *(Télémaque, 2017)*

Des pirates à l'abordage. Cette idée que l'on croyait perdue, reléguée à l'imagerie cinématographiques, est toujours d'actualité en ce début de XXIe siècle.

C'était en 2003. Un groupe de « brigands des mers » somaliens a pris les commandes du fameux trois-mâts de croisière de la Compagnie du Ponant. Inattendu et imprévisible, ce détournement de navire s'est produit au large de la corne de l'Afrique. L'équipage composé d'une trentaine de marins de nationalités différentes, en transit entre l'océan Indien et la Méditerranée, s'est retrouvé pris en otage sur le navire. Dès lors, l'alerte est donnée grâce aux systèmes d'alerte embarqués. Un hélicoptère de l'armée canadienne prend en chasse, vérifie et valide le sérieux de l'alerte, relayé par un aviso de la Marine nationale française. Commence une histoire rocambolesque. Elle sera suivie par les médias du monde entier. La communication de crise repoussée dans ses limites : sauvegarder des vies humaines.

En 2003, la Compagnie du Ponant possède une flotte exceptionnelle de navires de croisière. Non point ces vaisseaux surchargés de touristes mais des lieux privilégiés où se côtoie une clientèle huppée : un membre d'équipage pour deux passagers, pas plus de 100 personnes à bord, un service impeccable, des destinations de rêve, une cave exclusivement composée de grands crus. La carte postale est servie sur un plateau d'argent.

Le 4 avril 2008, le rêve tourne au cauchemar. Un groupe de pirates monte à l'abordage, prend le contrôle du navire, avec pour seul objectif une demande de rançon. Depuis quelque temps déjà, le golfe d'Aden est devenu un nid de bandits. Les petits pirates sont devenus grands. Avec les prises de mer de forfaits mineurs, ils s'achètent des coques plus performantes. Les armateurs se plaignent, mais la communauté internationale reste relativement sourde. Jusqu'au *Ponant* qui, ce vendredi-là, se retrouve pris au piège.

À peine l'assaut est-il achevé que la communication entre en jeu. C'est d'abord l'alerte grâce au système de sécurité. L'armée, aussitôt informée, prévient Paris. Tout s'enchaîne. L'armateur est averti. La cellule de crise est créée. C'est le branle-bas de combat.

La Compagnie du Ponant, armateur du vaisseau, appartient alors à la CMA CGM. Ce géant du transport maritime de conteneurs employant des milliers de salariés de par le monde est équipé à la fois d'équipes aguerries et de services adaptés. C'est son service de communication qui prend en charge la gestion de l'affaire pour s'exprimer auprès de toutes les parties prenantes en liaison avec son agence de communication de crise. Celle-ci est son porte-parole. L'organisation est la clé afin de résoudre cette crise. L'entourage d'équipes compétentes, capables d'avoir les bons réflexes au bon moment est évidemment primordial.

De son côté, l'État français dépêche le GIGN afin de négocier avec les pirates. L'armateur confie la gestion de sa communication à une équipe qui aura pour mission de la gérer sur le plan national et international. Comment annoncer cette prise d'otages ? Faut-il s'exprimer avant que les familles ne soient informées ? Et les otages non français, qui les gèrent ? De quelles manières ? Le personnel interne doit-il être sensibilisé ? Comment ? Et ce d'autant qu'il doit tenir sa langue vis-à-vis de l'externe. Une avalanche de questions tombe sur la direction de la communication qui porte alors bien son nom. Il faut donner des directives claires, précises, sans faux-fuyant. Des vies sont en jeu.

L'information tombe sur les ondes de France Inter. « Fuitée », comme on dit, par les autorités. Les communicants de crise, assaillis de questions par la presse, sont prêts à répondre. C'est-à-dire informer en sachant quoi dire, rassurer et être capable de gérer l'information. Pas question de laisser déraper les médias et que certains d'entre eux dévient. L'information voyage dans les rédactions. Personne ne sait comment sont organisés et équipés les pirates. Ont-ils des antennes un peu partout ou un simple relais ? Qui leur fournit les informations venant du pays de l'armateur ?

Avec les modes de communication actuels, les informations et les renseignements se transmettent universellement et à la vitesse de la lumière, *via* les réseaux qui couvrent le globe. Maîtriser la communication, la guider, l'orienter est une responsabilité pour la cellule de crise.

Aussi, il est décidé que l'armateur s'exprime avec, à ses côtés, son agence conseil et les professionnels dépêchés par l'État. Un message est adressé en interne afin que les employés, les premiers porte-parole de l'entreprise, sachent que celle-ci a la situation en main et qu'il est impératif de ne rien dire.

Le dirigeant de la compagnie fait une déclaration aux journalistes présents devant l'entrée du siège en réponse aux radios qui ont sorti l'info de ce détournement. Courte, préparée, pleine d'empathie et répétée, cette déclaration a une double utilité : elle donne le sentiment que l'armateur est concerné et permet de tenir les positions face aux journalistes pressés par leur rédaction de remonter de l'info sur l'événement.

La semaine de négociation qui va s'ouvrir avec les preneurs d'otages nécessite une communication maîtrisée de tous les instants sachant qu'il est impossible de tout verrouiller dans le cadre d'une crise d'une telle ampleur. Les politiques comme les familles d'otages peuvent s'exprimer. C'est leur liberté. Les médias, las de répéter les mêmes infos, réalisent des sujets connexes, c'est inévitable. À la cellule de « com' de crise » de gérer les interférences. Par exemple, une famille dira qu'elle n'est pas assez informée ou encore un analyste « improvisé », comme cela se fait de plus en plus, évoquera un assaut imminent.

Pendant ce temps-là, le président de la République recevra les familles d'otages à l'Élysée. Inimaginable de les laisser arriver seules au palais dans la mesure où les médias sont là en force - derrière une forêt de micros et les lumières des caméras. Il est décidé de les accueillir en amont dans un discret hôtel de Paris, sorte de sas de décompression avant d'affronter la « meute » et d'entendre l'homme qui a tous les pouvoirs afin de déclencher l'assaut : le président de la République.

« Le message doit être le bon et être délivré aux bons canaux au bon moment. On n'ajoute pas une crise à la crise. »

L'intensité de la crise va se renforcer au fil des jours qui suivent. Les médias commencent le décompte. Trois jours que les passagers sont otages. Puis quatre… Que fait l'État ? Que fait l'armateur ? Y aura-t-il rançon ? La pression monte et la fébrilité est palpable. Communiquer devient plus que jamais une affaire déterminante. Chaque mot est choisi, pesé. Revu avec Franck Chaix, chef de la Force Intervention, le GIGN historique, responsable de l'élaboration du scénario de libération des otages aux côtés de la DGSE. Il est en première ligne afin de conduire la négociation. Ses conseils sont incontournables pour la cellule de communication.

Enfin, les otages sont libres. Ils vont rentrer à Paris. Le président les accueillera. Mais la communication de crise ne s'achève pas pour autant. L'information sur son dénouement est importante. Prévenir les familles comme les employés de l'entreprise. Il faut aussi gérer les médias qui vont vouloir des témoignages.

Une crise majeure demande du sang-froid et une communication réfléchie. Que des vies humaines soient en jeu ou pas, la gestion de l'information doit être préparée. C'est un métier. Parce que tout ce qui sera dit pourra se retourner contre son auteur.

Trois grands principes dominent une communication de crise, que ce soit celle du *Ponant* ou une autre.

Préparer : rien ne doit s'improviser et on ne doit pas confondre vitesse et précipitation. Le message doit être le bon et être délivré aux bons canaux au bon moment. On n'ajoute pas une crise à la crise. Ou alors il vaut mieux ne rien faire que regretter.

Considérer : ne jamais négliger les parties prenantes afin de les informer. Salariés, élus, familles etc. Chaque crise a ses acteurs et spectateurs. C'est souvent des « non-informés » que surgissent parfois les problèmes qui enveniment une crise. Durant cette période, une organisation adaptée est essentielle. Les enjeux sont majeurs et il convient d'éviter que tout le monde s'en mêle. La chaîne de décision s'adapte à la crise qui doit être gérée comme une parenthèse.

Adapter : car la crise évolue, passe par des étapes auxquelles la communication va s'adapter. C'est la coordination qui fera la différence.

20. Veiller à garder une bonne réputation

Toute difficulté atteint aujourd'hui la réputation de l'organisation, de l'entreprise ou de la personne en cause, avec une trace indélébile sur Internet, Twitter, Facebook et les réseaux sociaux, seul Instagram restant encore le *Gala* (l'actualité heureuse...) des marques.

Cette atteinte à la réputation est cruelle pour les entreprises familiales et leurs actionnaires qui ont mis leur patrimoine dans leur entreprise, pour les entreprises éponymes, pour les entreprises ancrées dans les territoires... C'est souvent une déflagration balzacienne, injuste (car avec son flot de rancœur et de jalousie mal placée) contre ceux qui ont développé et pris des risques, souvent durant des décennies, et se retrouvent cloués au pilori avec leur vie étalée, et du goudron et des plumes s'ils avaient eu de surcroît le malheur d'être classés dans les fortunes professionnelles de *Challenges*...

C'est une condamnation à mort sociale, sans présomption d'innocence et un tribunal de l'opinion, dont il est difficile de se détacher.

La réputation se confond souvent avec l'honneur pour les chefs d'entreprise, avec, de façon subliminale, ce soupçon amer de culpabilité propre au « failli » déchu de ses droits civiques...

La réputation est un acquis, un actif immatériel fort dont on ne sait comment elle s'est forgée sauf à travers un cocktail de succès, de sérieux et de longévité, mais elle s'acquiert dans le temps, se perd très rapidement et se reconquiert avec difficulté.

La crise défait les réputations et la sortie de crise ne les refait pas.

La réputation est devenue une pierre angulaire, dès lors que l'entreprise possède des marques et travaille avec des clients finaux, elle est même devenue un vecteur de comportement social sous la domination d'influenceurs (plus ou moins bien-pensants ou intentionnés d'ailleurs). Souvent cette réputation se heurte à une « domination sociale » ou à un « contrôle social spontané », avec, par exemple, des appels au boycott fondés sur des éthiques (souvent de circonstance) répandues comme une traînée de poudre.

L'enjeu est important, et la bonne communication de crise visera à limiter les impacts sur la réputation, à les contrarier, à les minimiser, voire à les annihiler. Comme la réputation a le don d'ubiquité et de longévité, la communication de crise visera à reconstruire une vérité, à dissocier le problème de la crise de celui de l'entreprise ou de sa marque.

On peut imaginer qu'en juin 1994, quand on apprend « juste avant le journal de 20 heures » (une autre époque !) qu'un enfant aurait été empoisonné au cyanure après avoir pris une dose de Josacine (un antibiotique), la pression médiatique a été à la hauteur de la pression qui pesait sur les épaules des dirigeants, pharmaciens et responsables industriels du laboratoire qui la produisait… Sans parler de la panique des parents… Aujourd'hui encore, il y a une page Wikipédia qui s'intitule « Affaire de la Josacine empoisonnée » alors qu'il s'agit de l'affaire Jean-Michel Deperrois (qui clame encore son innocence) dont la conséquence fut la mort tragique de la petite Émilie Tannay, et que cela ne venait pas de la fabrication du médicament. Les atteintes sur la réputation ont la vie longue…

Le Vélib' en sait quelque chose, car on le résume souvent lapidairement au « fiasco du Vélib' » même si les problèmes du passé ont largement été résolus.

NE PAS AJOUTER LA CRISE RÉPUTATIONNELLE À LA CRISE ÉCONOMIQUE

Par Philippe Lentschener
Président de Reputation Age,
auteur de Réputation *(Éditions du Net, 2019)*

Une entreprise en retournement a tant de choses à gérer. Elle va cheminer; de ses rapports avec ses salariés à ceux avec ses parties prenantes; de l'adéquation de son appareil productif à sa demande et son offre; de ses circuits de distribution physiques à ses circuits de distribution digitaux; des représentants syndicaux internes et de branche aux organisations patronales. Elle devra porter attention à l'ensemble des mesures administratives qu'il lui faut prendre, elle va engager un travail sur le redimensionnement de l'appareil, réévaluer son siège… Le seul exposé du nombre de gens qui vont se trouver impliqués dans ces processus ne laisse guère de doute: derrière une crise économique pointe le risque réputationnel. Dans une économie qui est devenue une pratique de l'espace public, votre crise est un sujet de conversation.

Ce sont des rythmes différents qui vont cohabiter et parfois se choquer. On voudra savoir, et vite, car les gens sont inquiets maintenant. D'autres voudront des réponses qu'il ne sera pas possible d'apporter car le temps de l'économique n'est pas celui de l'opinion, et le temps juridique, lui, le sera encore moins. La communication devra gérer ces décalages temporels, comme elle devra rendre palpables des assurances de continuité qui sont pourtant contre-intuitives, car si le dirigeant conscient de son retournement positif sait où il va, les différents publics, eux, ont d'abord été exposés aux lots de mauvaises nouvelles que les phases transitoires charrient avec leur cortège de désarroi.

Un mot est aux confins de tous ces mouvements et de toutes les interrogations: la confiance. Celle qui emmène et crée de l'adhésion, permet de croire en un futur meilleur, mais qui détruit si elle vient à manquer. La confiance, tout le monde en veut. Les gens touchés par une activité en berne, les marchés, car ils ont besoin d'acteurs fiables, les parties prenantes touchées par rebonds, les employés, qui ont envie d'éloigner la précarité et de s'inscrire dans une durée, les autorités, car les crises éclatant de partout, pouvoir d'achat, bio-diversité, énergie, environnement, scandale sanitaire, climat, eau, identité… tout foyer de moins est une stabilité de plus.

La confiance ne se décrète ni ne se commande. Néanmoins, il peut se révéler inexact de dire « qu'on inspire confiance ou pas ». Ce n'est pas si simple. Il est faux de dire qu'elle est rétive à toute construction, qu'on ne la crée pas, qu'on vous la donne ou pas ; non, la confiance peut se monitorer, se révéler, être un accélérateur de vos actions. Quand, en temps de crise, le temps est compté, l'adhésion de tous est un multiplicateur d'efficacité. Sans confiance, tout est plus hiératique et difficile, elle est un atout pour quiconque a la chance de se la voir accordée.

Quatre niveaux de communication

La crise est multiple, il n'y a pas une crise. S'il est différent d'avoir à réagir à un incident majeur spontané et inattendu, ou au délitement provoqué par un long processus, nous sommes globalement confrontés à quatre niveaux de communication ; ils forment des ensembles qui, au fil du processus, formeront des ensembles communs, voire des sous-ensembles, on va dire qu'ils vont confluer.

Le premier est fondamental, il dicte le tempo, il est souvent brusqué par l'urgence des crises que l'on n'a pas vu venir. C'est la révélation d'une prise de conscience de l'état de crise, ce qui n'est pas une catastrophe de plus mais le début d'un meilleur à venir. Prendre conscience, reconnaître, ne pas être dans le déni, tout se joue dès le premier jour.

Le deuxième consiste à bien comprendre ce qui peut donner une raison de croire en les hommes et les femmes qui vont mener ces processus.

Le troisième consiste à accompagner la dynamique qui se met en place, et à la suivre.

Le quatrième, c'est celui qui fait relativiser le mot « crise », une fois que le retournement est atteint. Les sociétés que l'on appelle les *fast moving companies*[1] sont un mouvement. Elles savent que la crise est consubstantielle, qu'il y a des moments faibles et des temps forts c'est tout. Elles ont un rapport à leur stratégie qui leur permet de mieux avaler ces tourments. Mais pour envisager ce stade déjà faut-il survivre au problème qui nous occupe.

Quatre temps

Le premier temps est celui de la reconnaissance du problème. La communication a changé pour toujours. On n'a pas encore appris à devancer l'instantané ni à le prendre de vitesse. Donc rien ne sert de minimiser ou nier, tout le monde a les moyens de savoir et saura. Une fois dans la lessiveuse on ne maîtrise pas le rythme qui est souvent dicté par d'autres. L'arme absolue, c'est la lexicologie. Il faut à tout prix que, critiqué ou chahuté, ce soit sur nos termes que le débat s'engage. En début de processus, il faut une sorte de point zéro où l'on va reconnaître la situation, le trouble créé. S'il y a crise, c'est que quelque chose, quelqu'un se trouve affecté, brisé, blessé ou offensé. Ceux qui ont finassé avec ça sont tous aux oubliettes de l'histoire. Il faut ensuite se mettre dans la perspective de notre parcours passé pour montrer qu'il s'agit de quelque chose de conjoncturel et non de structurel, qu'un futur est possible. Puis on va détailler les mesures prises pour corriger et repartir sur des bases saines. On va se donner rendez-vous pour des points de passage – on trouvera des occasions de théâtraliser sainement ce nouvel ordre. Réussir est vital, cardinal !

Ce premier temps réalisé, il faut maintenant porter un éclairage sur les gens qui vont prendre le processus en main. Trois notions s'invitent ; elles sont proches, mais ne se confondent pas. Il y a tout d'abord la légitimité. On va mettre sous ce vocable l'ensemble des acquis qui vont qualifier l'équipe pour ce qui nous attend : on a les compétences, les connaissances, les formations.

Il y a ensuite la crédibilité. Cela est proche de la légitimité, mais ce n'est pas la même chose. La crédibilité sera à acquérir, ou elle peut déjà être acquise, c'est la légitimité qui a été mise à l'épreuve.

---

1. Sociétés qui vendent des produits de grande consommation.

Enfin, il y a l'autorité. C'est l'épreuve du terrain, la bonne mesure, la bonne attitude, la compréhension absolue de la hauteur à laquelle vous devez vous placer. Être juste.

Ces quatre niveaux doivent être évalués pour se communiquer harmonieusement et ainsi gagner du terrain, réduire le temps qui sépare la défiance de la confiance.

Trois types de confiance en action

Ces fondations de l'action posées, voici la partie la plus dynamique qui accompagne la reconquête : la confiance en action. Le rôle de la confiance est immense : elle accompagne la transformation, réduit la complexité sociale, simplifie les choix, fait participer et, en période de crises qui touchent des territoires, permet de garder l'estime de soi. Gérer une crise, retourner une industrie, c'est une sorte de nouvelle délégation de service public car tant de gens dépendent de votre réussite ; la confiance est donc à la base de cet acte de délégation. La gestion de retournement de difficultés doit absolument comprendre qu'elle doit monitorer plusieurs stades.

La confiance fondamentale, d'abord. C'est celle qui me fait adhérer au projet de l'entreprise, à sa vision. Elle produit du sens, parfois un imaginaire. Au nom de quoi de fondamental devons-nous demander la confiance ?

Ensuite, la confiance contractuelle. Je m'engage, c'est mon agenda Schröder[1] : une série de choix rationnels basés sur une évaluation coûts-bénéfices.

Enfin la confiance relationnelle ; c'est celle qui naît de la reconnaissance des interlocuteurs en tant que clients, que citoyens et qu'individus. Ce ne sont pas des usagers ou des codes clients. On va établir une relation dans la durée, basée sur un dialogue. Autant que faire se peut on évitera tout ce qui s'apparenterait trop à un discours descendant.

1. Du nom du chancelier allemand Gerhard Schröder, qui avait mis en place des mesures économiques fortes entre 1998 et 2005.

Deux amplificateurs/diffuseurs

La confiance de recommandation : on doit avoir conscience des communautés au sein desquelles on s'ancre. Celles qui vont confirmer le chemin pris, celles que l'on va informer constamment et qui vont devenir des alliées dedans et dehors, près et loin, proches ou statutaires. Il faut encourager une mise en réseau. Petit à petit les gens qui influencent le secteur concerné pourront y pointer le bout de leur nez et voir en ce réseau un agrégateur de visibilité.

La confiance engagée : la confiance des propagandistes. Nos avocats. On les a ou pas. Le cas échéant il faudra les susciter, les chercher au long du processus.

Et là, lorsque tout s'est mis en place, quand les outils de monitoring sont là (a-t-on compris que nous sommes face à quelque chose que l'on peut dépasser ? Notre plan et son calendrier sont-ils perçus ? Notre légitimité est-elle claire ? La crédibilité est-elle questionnée ? Avons-nous la bonne autorité, juste ? Comprend-on bien au nom de quoi on agit ? Le contrat que l'on passe est-il clair ? Notre mode relationnel est-il le bon et est-il connu ? Animons-nous nos communautés ? Avons-nous des avocats ?), on peut agir.

« Gagner le combat de la confiance, imposer une culture et une lexicologie demande une osmose absolue. »

Tout cela n'est réalisable que si l'effet de réseau joue à plein également au cœur de l'outil. On sait bien que deux fonctions assistent les hommes et les femmes au travail, ce sont souvent des cabinets de conseil en organisation et transition, et les conseils en stratégie de communication et de marketing. Pour que cette stratégie d'accompagnement joue à plein, il faut que ces conseils soient au cœur des *war rooms* physiques et des boucles de décision. Toute césure rend illusoire toute capacité à accompagner le débat public.

Gagner le combat de la confiance, imposer une culture et une lexicologie demande une osmose absolue afin d'être toujours sur nos bases lorsque les débats s'engagent.

Si ne pas rajouter une crise de réputation et de confiance aux difficultés économiques est le moins que l'on puisse vouloir ; gagner du temps et de l'efficacité quand on y arrive est bien un plus.

21. Jouer d'influence

L'influence va consister à s'appuyer sur des leaders ou relais d'opinion pour parler de l'entreprise et de sa situation et réduire l'écart entre la réalité et la perception de cette réalité. D'où la nécessité impérieuse de parler à tout le monde sans exception, d'aller voir les détracteurs, d'être transparents pour participer au changement d'opinion sur la réalité d'une situation, partant du constat d'un écart important entre la réalité et la perception de cette réalité.

C'est souvent le cas, et le discrédit étant plus facile à obtenir que le crédit, c'est souvent une lutte en vents contraires et à contre-courant que le chef d'entreprise doit mener car les étiquettes collent à la peau.

Quand Doux a été redressé, on continuait à parler des difficultés de Doux…

Quand on parle de Casino aujourd'hui, on fait référence aux problèmes financiers et à l'endettement de sa maison mère Rallye.

L'influence va consister à alimenter tous ceux qui savent, tous ceux qui parlent (et ne savent donc pas forcément…), tous ceux qui commentent, tous ceux qui sont crédibles, tous ceux dont la parole compte, tous ceux qui influencent les autres : fournisseurs, clients, distributeurs, ou bien les élus locaux, membres des différentes administrations (souvent eux-mêmes relais vers les préfectures, ministères, services de renseignements), mais aussi les journalistes, universitaires, banquiers, élus des chambres de commerce, banquiers, assureurs crédit, agences de notation, proxy advisors quand il s'agit de sociétés cotées…

Il ne faut jamais manquer l'occasion de s'exprimer, même si, chaque fois, on s'expose au fait de répondre aux questions que l'on voudrait éviter. Mais chaque fois on fait progresser la vérité et on réduit cet écart entre la réalité et la perception de cette réalité…

L'influence s'est bien sûr professionnalisée avec des spécialistes du marketing d'influence qui savent orchestrer cela, en écrivant ce que l'on appelle pour les entreprises une «*equity story*» consistant à exprimer, traduire et synthétiser la stratégie d'une entreprise, en faisant du *storytelling*. Il s'agit de parler de l'histoire présente et à venir de l'entreprise, en donnant de la visibilité et en engageant le management de l'entreprise.

Mais l'influence, c'est aussi le travail sur un environnement, pour faire émerger de nouvelles idées et progresser une pensée collective. Par exemple, quand on travaille sur les mobilités douces, il faut faire progresser la pensée publique, faire comprendre que le bien-être que l'on va retirer d'une diminution de la pollution a un coût pour mettre à disposition des solutions de mobilité partagée qui ne pourront jamais se financer avec les seules recettes, pour créer des infrastructures vertueuses et convergentes (des emplacements de stationnement dédiés, des pistes cyclables, des bornes de recharge, des bornes de stationnement et des systèmes de vélos ou voitures partagées...). L'influence est donc aussi et avant tout le fait de faire progresser un débat collectif voire public pour optimiser des investissements qui seront structurants dans les dix ou quinze ans à venir et donner la meilleure vision possible de l'avenir.

L'influence ne consiste pas à diffuser une fausse image de marque ou à mentir sur une réalité. Elle consiste à préempter des thématiques sur lesquelles on est légitime, pour diffuser des idées, pour faire avancer un débat que l'on juge légitime, pour contrarier aussi ceux qui ont préempté des thèmes portant atteinte à l'organisation que l'on représente.

Avoir raison trop tôt, c'est aussi avoir tort, et l'influence permet d'élever le degré de maturité des acteurs économiques et sociaux.

Bien sûr, il en résulte des luttes d'influence avec des lobbys qui défendent la position de grands industriels en infiltrant, par exemple, des organismes indépendants. L'influence n'est pas que positive. C'est le même débat qu'entre espionnage et contre-espionnage...

On voit par exemple la tendance actuelle dite du *greenwashing* qui consiste à se faire passer comme un acteur vertueux du développement durable avec une image trompeuse de responsabilité écologique alors qu'en fait cela masque des actions industrielles qui en sont éloignées.

Ici, on ne veut parler que de la bonne influence, celle qui consiste à lutter contre une pensée unique et un ordre établi dans le but de faire avancer une cause, une évolution, une innovation ou bien un juste combat par rapport à plus fort (et riche…) que soi…

Chapitre 4

Savoir se comporter pendant la crise

Être gestionnaire de crise, c'est avoir la capacité de comprendre vite, de se focaliser sur les bon sujets, de savoir les prioriser, et de garder une vision d'ensemble pour distribuer les tâches et donner des directives, en ayant organisé au préalable les bons relais. Cela signifie que le travail en équipe est une nécessité, car le temps est un paramètre important des crises, dont il est le premier ennemi car celui-ci a souvent une contrepartie pratique aux lourdes conséquences comme la capacité à payer les salaires, une dette, ou à être prêt pour une échéance judiciaire par exemple. Il faut bien sûr aller vite, mais il faut surtout avoir le bon rythme pour ne pas manquer les *momentum* inhérents à toute gestion de crise : à un moment une chose est possible alors qu'elle ne l'est plus ensuite.

Cela veut dire qu'il faut être pertinent, au contact, comprendre sur le terrain et pas dans un bureau, impliquer et faire confiance, écouter tout le monde et ne croire personne, combattre la pensée unique soi-disant objective d'une organisation, laisser place à la créativité. Tout cela doit permettre de comprendre ce qui n'a pas été compris, car si c'est une distorsion de compréhension qui a créé la crise, c'est bien la compréhension des causes qui permettra de s'en sortir. C'est alors une rencontre entre ceux qui connaissent l'entreprise et ceux qui ont compris ce qui s'y passait, en laissant s'exprimer la créativité, en essayant de trouver de nouvelles voies à travers le dialogue social, en faisant comprendre que l'ensemble des resssources doit faire corps, et surtout en respectant tout le monde avec de la psychologie. Tout le monde est important, et tout le monde le devient. On ne résout jamais une crise en créant des oppositions, aussi dures que soient les conséquences de la crise, mais on y arrive ensemble : mieux vaut édifier des ponts que des murs. Avec et jamais contre.

22. Être sur le terrain

C'est certainement la règle numéro un et l'élément majeur d'une gestion de crise réussie : être sur le terrain et occuper celui-ci, aller sur place pour comprendre, expliquer et partager et, surtout, ne pas se terrer dans un bureau. Ce rôle incombe en premier lieu au dirigeant et à ses managers.

Il faut être au contact de ce qui se passe, au contact des personnes concernées, et ne pas « travailler dans un bureau », ce qui est assimilé à une sorte de fuite et très anxiogène pour ceux qui sont concernés par la crise dans leur quotidien.

Être sur le terrain, c'est écouter, mais c'est aussi expliquer, ce qui ferme *de facto* « la machine à fantasmes » qui se déclenche généralement en l'absence d'informations sur la base de spéculations.

Selon la nature de la crise, beaucoup de personnes extérieures occuperont le terrain, seront présentes, chercheront à avoir des informations, alors que c'est bien le rôle des dirigeants, managers ou porte-parole d'être là et de « gérer la situation sur place ».

Se montrer, c'est montrer que l'on n'a pas peur.

Être sur le terrain, c'est aussi mettre en œuvre le dialogue, ciment d'une équipe soudée qui a su choisir son combat.

La crise du coronavirus obligeant à un confinement a eu comme conséquence d'éclater le corps social qu'est l'entreprise, en faisant cesser le travail et en disséminant les salariés chez eux. Personne, aucun chef d'entreprise n'était préparé à cela. Tout le monde perd ses repères. J'ai alors décidé d'improviser un webinaire (un séminaire *via* une plateforme internet) pour sensibiliser les dirigeants à la nécessité de garder un lien, de continuer à informer, de continuer à impliquer les ressources humaines, à les garder mobilisées pour « l'après ».

Le paradoxe, c'est que le terrain ne se pensait auparavant que comme physique pour devenir, tout d'un coup, virtuel, digital, *via* WhatsApp, *via* une plateforme, *via* LinkedIn. Mais c'est aussi le terrain. La modernité de notre époque offre des outils technologiques incroyables, à des prix défiant toute concurrence. Et dans le même temps, des grandes banques et entreprises françaises avaient retardé le plus possible le télétravail pour la simple et bonne raison que leurs systèmes informatiques ne permettaient pas une simultanéité importante de connexions internes. Cela fait réfléchir sur le degré d'avancement de la transformation digitale de certains grands acteurs, alors que Netflix représente un quart de la bande passante internet en France...

Être sur le terrain, c'est jouer en équipe en quelque sorte, et sans terrain l'équipe disparaît. Cela signifie que le monde d'aujourd'hui doit permettre de garder son équipe sous différentes façons grâce à la technologie, de la même manière que des communautés comme LinkedIn se sont développées.

LA RÉSILIENCE COLLECTIVE

Par Yannick Nyanga
Joueur international de rugby, champion de France et d'Europe, directeur sportif du Racing 92

Barcelone, vendredi 24 juin 2016, 21 h 08.

Nous jouons la 18e minute de la finale du championnat de France de première division de rugby : le Top 14. Le Racing 92 affronte le Rugby Club Toulonnais.

C'est la première finale de l'histoire jouée hors de France. Cent mille personnes se sont réunies dans le mythique stade du Camp Nou, antre du non moins mythique FC Barcelone de Lionel Messi.

La grande majorité du public, principalement français, a réservé ses places des mois à l'avance, sans connaître les protagonistes de la finale. La Ligue a donc disposé sur tous les sièges du stade, de part et d'autre de chaque accoudoir, un drapeau rouge et noir aux couleurs de Toulon et un autre ciel et blanc comme le maillot historique du Racing 92. Les supporters présents viennent majoritairement de province, représentant tous ses bastions historiques du rugby : Biarritz, Pau, Toulouse, Béziers, Perpignan, Clermont, etc. Aux yeux d'une grande partie d'entre eux, le Racing 92 symbolise la « bourgeoisie parisienne » ; les fans sont donc en grande partie acquis à la cause toulonnaise et agitent les drapeaux rouge et noir.

Le score est de 3 partout lorsque l'arbitre de la rencontre siffle et demande qu'une action soit revue à la vidéo.

Maxime Machenaud, demi de mêlée et vice-capitaine du Racing 92, vient de soulever Matt Giteau sans maîtriser son geste, lui infligeant un plaquage dit « cathédrale », la tête en bas. C'est formellement interdit.

Le recours à la vidéo détermine la sanction : c'est un carton rouge. Maxime est renvoyé définitivement au vestiaire.

Le Racing 92 va devoir évoluer à 14 contre 15 pendant au moins 62 minutes. La tâche peut paraître insurmontable face à ces Toulonnais triples vainqueurs de la Coupe d'Europe et auteur d'un doublé Coupe d'Europe-Top 14 deux ans plus tôt.

Mais il était écrit que ce match allait entrer dans l'histoire…

Je suis sur la pelouse, avec le maillot numéro 8 du Racing 92 sur les épaules. Le ciel vient de me tomber sur la tête. Le rugby est un sport très physique. Le sort de la majorité des matchs de très haut niveau se noue à partir de l'heure de jeu, lorsque la fatigue des joueurs commence à se faire sentir. C'est déjà très difficile à 15 contre 15 alors avec un homme de moins…

Avec le carton rouge, l'arbitre a donné une pénalité au RCT et le buteur toulonnais l'a convertie. Ils mènent 6 à 3 et entendent bien profiter rapidement de leur supériorité numérique et nous enfoncer la tête sous l'eau. Cinq minutes plus tard, nous sommes encore pénalisés : 9 à 3 pour Toulon.

À peine avons-nous marqué 3 points sur pénalité que nous encaissons un essai à la 29e minute de jeu. Le score passe à 14 à 6.

À ce moment précis, plus grand monde ne croit en nos chances. Pourtant, cet essai nous donne une occasion : il nous permet de nous réunir sous nos poteaux et d'établir un plan des plus simples ; nous allons vendre chèrement notre peau en nous concentrant sur le moment présent, comme si c'était le dernier, sans penser à l'issue finale.

Pendant toute cette première mi-temps, un homme est le symbole de cette résolution de ne pas abandonner : le pilier Eddy Ben Arous. Il récupère trois ballons sur lesquels nous obtenons des pénalités. Deux d'entre elles couinent l'élan des Toulonnais qui, proches de notre en-but, allaient certainement marquer. La troisième se situe dans le camp des Rouge et Noir et nous permet de rentrer au vestiaire à la mi-temps sur le score de 14 à 12.

C'est à ce moment que le coaching des deux entraîneurs, Laurent Travers et Laurent Labit, va être déterminant.

Max Machenaud exclu, nous avons perdu notre régulateur. Le demi de mêlée, qui porte le numéro 9, constitue l'un des postes les plus importants d'une équipe. Il assure la liaison entre les avants, chargés par leurs percussions de resserrer la défense adverse, et les trois-quarts, qui ont pour rôle d'aller marquer en utilisant les espaces créés par les avants.

La capacité du numéro 9 à envoyer les ballons rapidement aux trois-quarts est déterminante puisqu'il doit le faire avant que la défense adverse ait eu le temps de se replacer. C'est un poste très spécifique, stratégique, essentiel.

Les entraîneurs ne se sont pas précipités pour le remplacer malgré le carton rouge. Ils ont préféré attendre de voir comment l'équipe réagissait à son infériorité numérique avant d'opérer un éventuel changement. Jusqu'à la mi-temps du match, voyant la résolution de l'équipe, ils ont tenu bon et laissé un de nos deux ailiers, l'Argentin Juan Imhoff, jouer le rôle du 9. Il a réussi sa mission avec brio et, les rares fois où il se trouvait trop loin de l'action pour intervenir comme demi de mêlée, le joueur le plus proche de la zone concernée le suppléait et réalisait naturellement le geste juste qui permettait la continuité du jeu. C'est ce que l'on appelle dans le jargon rugbystique « la suppléance au poste ».

Nous sommes donc à la mi-temps du match. Les entraîneurs font quelques ajustements tactiques et donnent leurs consignes. Nous, les joueurs, nous resserrons en cercle et nous concentrons sur le début de deuxième mi-temps : nous devons marquer les premiers pour semer le doute dans les têtes toulonnaises.

Le second volet de la finale démarre comme s'était terminé le premier, avec une quatrième récupération de balle d'Eddy Ben Arous. Quelques minutes plus tard, une pénalité de Goosen, autre héros de cette finale avec un 100 % de réussite dans les tentatives de tir au but longue distance, nous permet de passer devant : 14 à 15. Le stade, qui était « noir et rouge », se met à changer de couleur et de plus en plus de drapeaux « ciel et blanc » font leur apparition. Nous sommes galvanisés. La difficulté dans laquelle nous étions après le carton rouge associée au courage dont nous faisons preuve depuis a créé une sorte d'empathie de la part du public autour de notre équipe.

Et dans nos têtes, l'espoir renaît.

Nous mettons énormément de pression sur cette équipe de Toulon qui se met à la faute à plusieurs reprises. À la 50e minute de jeu, le pilier toulonnais Xavier Chiocci écope d'un carton jaune. Il doit sortir du terrain pendant dix minutes, laissant ses coéquipiers évoluer à 14. Cette faute a entraîné une pénalité pour notre équipe que nous allons convertir en 3 points supplémentaires. Le score passe à 14-18 et nous allons jouer à égalité numérique pendant les dix prochaines minutes. Ce laps de temps va avoir une importance capitale puisque nous allons inscrire 3 points de plus ainsi qu'un essai magnifique de Joe Rokocoko qui, après une magnifique récupération de balle de Dan Carter, va courir sur plus de 40 mètres pour prendre toute la défense toulonnaise à revers. Quand Chiocci revient sur le terrain, nous menons 26 à 14.

Si les Toulonnais marquent un essai pour ramener le score à 26 à 21, encore une fois, l'état d'esprit de l'équipe ainsi qu'un coaching gagnant de Laurent Travers et Laurent Labit en fin de match nous permettront de tenir et, finalement, de l'emporter 29 à 21 grâce à une dernière pénalité de Dan Carter.

Le Racing 92 remporte ainsi le sixième titre de son histoire, le premier du club sous l'ère du président Jacky Lorenzetti. Mais, au-delà des chiffres et du palmarès, ce titre de champion de France est l'illustration d'une formidable organisation ainsi que l'aboutissement d'une aventure humaine exceptionnelle.

Comme dans toute organisation, le choix des hommes a été déterminant. L'équipe avait été construite autour de son emblématique capitaine Dimitri Szarzewski et d'un des meilleurs joueurs de l'histoire de notre sport : Dan Carter.

Si le choix de Dimitri apparaissait évident, celui de recruter Dan l'était beaucoup moins.

Il faut replacer les choses dans leur contexte : au moment où Dan a été recruté, il avait 33 ans et enchaînait les blessures. Aux yeux de beaucoup d'observateurs, c'était un joueur finissant qui n'avait même pas l'assurance de figurer dans le groupe des All Blacks pour la Coupe du monde 2015. Malgré les doutes, Jacky Lorenzetti a quand même choisi de lui proposer un contrat à la hauteur. Pari gagnant : non seulement Dan va devenir champion du monde avec les All Blacks, mais il va terminer meilleur buteur de la compétition et être élu Meilleur joueur du monde en 2015 pour la troisième fois de sa carrière.

« Nous ne devions jamais considérer notre personne avant le collectif. »

Ce recrutement fait l'effet d'un catalyseur au sein de l'effectif du Racing 92. L'équilibre de cette équipe, constituée de joueurs d'expérience venant d'horizons différents, comme Dan Carter, Dimitri Szarzewski ou encore Juan Imhoff, ainsi que de « jeunes pousses », était parfait.

Chaque individu avait parfaitement trouvé sa place dans le collectif.

Les leaders, dont je faisais partie, assuraient leur rôle de meneurs. Nous avions des réunions hebdomadaires tout au long de l'année où nous faisions le point sur l'état d'esprit général de l'équipe, sur notre rendement de travail individuel ou encore sur l'organisation de la semaine d'entraînement. Tout cela était fait dans le seul intérêt de l'équipe, nous ne devions jamais considérer notre personne avant le collectif.

Les jeunes joueurs, pleins d'envie, se donnaient à fond aux entraînements pour pousser les anciens à donner le meilleur d'eux-mêmes et faisaient tout pour gagner du temps de jeu sur les matchs. C'était très bon pour l'émulation de l'équipe.

Les joueurs dits de « rotation » challengeaient les joueurs titulaires lors des entraînements en opposition. Ces entraînements, qui avaient pratiquement la même physionomie qu'un match, devenaient des répétitions tactiques de ce que les titulaires comptaient faire sur le terrain en match. Les joueurs de « rotation » jouaient de la même manière que l'équipe que nous allions affronter le week-end. Leur rôle était primordial. Leur capacité à mettre la pression sur les « titulaires » permettaient à ces derniers de trouver plus facilement les solutions en match. C'est un rôle qui n'est pas valorisé à l'extérieur de l'équipe, mais dont chacun reconnaît l'importance dans l'intimité du vestiaire. Aussi, les entraîneurs n'hésitaient pas à leur donner du temps de jeu avant les échéances importantes, sans que le rendement de l'équipe n'en soit chamboulé.

Régulièrement, les joueurs se réunissaient pour passer des moments en dehors du cadre « club ». Cela pouvait être dans la semaine avant le match, où les joueurs prennent le temps de se connaître, savoir où et comment ils ont grandi.

Cela pouvait aussi être en « après match », lors de la fameuse « troisième mi-temps », où il était beaucoup plus facile de débriefer le match et de faire part de ses impressions autour d'une bière ou deux…

La veille de chaque match, les joueurs leaders et évoluant aux postes clés (talonneur, capitaine de touche, numéro 8, demi de mêlée, demi d'ouverture, arrière) se réunissaient pour la réunion des « What if » dans laquelle différents scénarios de match étaient évoqués.

Plus la saison avançait, plus des scénarios différents étaient expérimentés en match et discutés en réunion ensuite. Au point que quand ils se reproduisaient sur le terrain, les joueurs étaient prêts et synchronisés sur la réponse à apporter.

La capacité qu'ont eu les entraîneurs à créer un cadre adéquat pour que les joueurs puissent s'exprimer au mieux de leur possibilités fut donc l'élément clé, après le choix des hommes, pour que cette équipe puisse dégager toute cette sérénité, cette solidarité qui a permis, dans des circonstances compliquées, de réaliser ce qui a été décrit comme la « plus belle finale de ces trente dernières années ».

Tous ces moments passés ensemble font partie de la construction d'une équipe. Ils contribuent à élaborer le ciment qui sera nécessaire lors des moments difficiles. Ils permettent de transformer des coéquipiers en « frères d'armes ».

La finale de Barcelone en est la parfaite illustration. Le plus beau des exemples…

23. Faire preuve de transparence

La vérité est un facteur clé de la gestion de la crise, mais surtout de sa résolution.

Elle est souvent difficile à admettre et à mettre en œuvre, surtout face à la dialectique implacable des syndicats sur le thème des « On vous l'avait dit », « Ça fait longtemps qu'on vous le dit », « Ça devait finir comme ça », qui sont davantage l'expression d'un désarroi et d'une déception sur une situation qu'ils considèrent abruptement comme mal gérée. Il y a dans l'imaginaire des salariés la notion d'une toute-puissance voire d'une infaillibilité attendue des dirigeants.

Il est donc essentiel de rebâtir le lien social ou alors de le renforcer quand il existe en ayant une totale transparence avec son équipe de direction, avec ses cadres et avec les représentants du personnel.

Ce sont ces derniers qui parleront avec la base, et il est faux de croire qu'ils ne peuvent pas garder la confidentialité. Les périodes de crise sont souvent des périodes où tout le monde avance dans le même sens, même dans les situations où il y avait des antagonismes forts. Tout simplement parce que l'on sait pourquoi on se bat : l'entité ou l'entreprise dans son intégrité avec son implantation sur le territoire, ses salariés, ses clients ou fournisseurs.

La chaîne de la transparence au sein de l'entité attaquée permet d'établir une vérité, peut-être différente de celle qui circule à l'extérieur de l'entité, mais elle est le ciment de la réussite du plan de crise ou du plan de transformation qui suivra.

Il est notable de constater qu'à chaque grande crise industrielle qui a défrayé la chronique, il y a eu simultanément crise et constat d'une absence complète de dialogue social. Sans transparence, il n'y a pas de dialogue social. Sans transparence, il y a des fantasmes négatifs qui se développent et circulent, une angoisse, un sentiment d'abandon, une déception qui se transforme en opposition, un sentiment de ne pas être suffisamment à la hauteur pour qu'on nous fasse confiance.

Être transparent, c'est établir un rapport d'égal à égal, c'est impliquer, et c'est embarquer dans une équipe, dans une problématique, dans une stratégie, dans un plan de résolution, et dans une solution même difficile.

24. Impliquer *toutes* les équipes

La crise n'est pas la propriété des personnes qui s'en occupent, la crise est avant tout celle de l'organisation. C'est donc l'organisation qui doit être résiliente pour que l'entreprise le soit, et une entreprise ne doit pas reposer sur un homme mais sur une organisation.

Chaque entreprise, quelles que soient sa taille et son organisation juridique, doit être structurée avec un comité de direction qui doit se réunir de façon systématique une fois la semaine à heure fixe pour faire le tour des sujets en présence de tous les maillons importants de l'entreprise. Ce comité de direction est un organe de confiance de l'entreprise, c'est lui qui pilote en l'absence de l'un ou de l'autre : il réunit donc des personnes qui se font confiance et savent être collaboratives, contributives et interactives.

Le Codir sera *de facto* sur le front et à la manœuvre en cas de crise. Il n'est pas à lui seul la cellule de crise qui sera élargie aux sachants nécessaires et spécialistes externes.

Mais la réussite d'une gestion de crise est de ne surtout pas rester dans une tour d'ivoire et de créer une chaîne de commandement directe à tous les étages de l'organisation. Chaque membre du Codir doit lui-même créer sa propre chaîne d'information pour impliquer ses propres équipes.

Gérer une crise, c'est impliquer tout le monde.

Chaque membre de la direction doit assumer cette tâche et devenir un porte-parole de l'entreprise, un ambassadeur qui assume ce qui se passe et les décisions prises : on voit trop souvent un manque de courage, une faiblesse dans l'affirmation d'une position difficile, une stratégie d'évitement des questions qui fâchent.

Pourtant ce sont des moments clés de la vie de l'entreprise, où la fermeté et l'unité sont importantes pour l'image du management :

les choses difficiles ne sont pas le monopole du dirigeant, elles doivent être assumées par l'entreprise en tant que corps social et solidaire.

Appartenir à un comité de direction, c'est appartenir au management, et le management est là pour diriger, assumer, et prendre des décisions. C'est en cela qu'il est respecté.

25. Analyser très vite l'étendue du problème sans tabous

C'est une de mes règles d'or. Comprendre l'essentiel au bout d'une journée, où va «réellement» l'entreprise (partant du principe que l'on me délivre toujours une vision projetée et non objective) et la nature du problème (financier, industriel, commercial, managérial, etc.).

C'est instinctif, animal même, en ce sens que c'est une découverte, et qu'il faut faire «l'éponge» de tout ce qui va être dit en peu de temps.

Souvent ces premières heures ou journées déconcertent ceux qui m'entourent, car je mitraille de questions, et attend des réponses là encore instinctives. Je prends le temps de revoir les personnes après maturation bien sûr. Mais la nécessité d'aller vite pour arrêter une hémorragie nécessite de trouver d'où vient cette hémorragie.

Il faut faire la synthèse de ce que l'entité a de plus riche : la diversité des fonctions, des strates hiérarchiques, des cadres, des non-cadres, des syndicats… avec une préférence pour ceux qui disent ne pas avoir le niveau pour me répondre ou ne pas être d'accord avec ce que les autres disent. Tout cela doit permettre d'établir un premier constat objectif à défaut d'une première vision, mais on doit se mettre sur le chemin de la vérité. C'est assez socratique comme démarche mais c'est une recherche.

Je me souviens d'une fois où l'on m'a engagé pour une mission de communication de crise et de négociation dans un contexte médiatique terrible alors que le sujet était purement industriel et managérial.

Il est difficile pour le chef d'entreprise de procéder soi-même à cet exercice et de le faire en mode autocritique, il est beaucoup plus facile de le faire quand on n'est pas impliqué, qu'il n'y a pas d'affect ni d'idées préconçues avec tel ou tel collaborateur. L'échec est un sentiment amer, insupportable et dévalorisant car finalement très introspectif et lié aux notions réflexes de culpabilité et responsabilité avec un arrière-plan d'injustice et de colère (souvent contre soi-même).

Mais ce qu'il faut retenir c'est que pour choisir le bon combat, il faut faire le bon constat, le plus vite possible, sinon on n'arrivera pas à résoudre la crise.

26. Écouter tout le monde et ne croire personne

C'est ma phrase favorite quand je découvre une nouvelle situation de crise dans une entreprise que je ne connais pas opérant sur un secteur que je ne connais pas : elle est sortie spontanément au cours d'une interview que je donnais au magazine *Valeurs actuelles* en 2016.

Le premier réflexe à avoir, c'est de parler à tout le monde sans exception ni tabous. L'ouvrier ou le réceptionniste sont tout autant compétents pour analyser que le directeur général, mais ils l'exprimeront différemment.

Il faut savoir aller voir les représentants du personnel, qui sont souvent des « vieux de la vieille » et ont une vision d'une naïveté clairvoyante et ciselée (ou d'une clairvoyance naïve selon la vision que l'on peut avoir). Au-delà des « antagonismes » idéologiques et de posture, il y a toujours quelques représentants du personnel qui sont là depuis plus longtemps que les dirigeants ou managers, souvent dix voire vingt ans. Cette parole est très précieuse, car elle est souvent illustrée d'exemples sur un temps long. Il faut alors « traduire » ces symptômes en réalités industrielles, économiques, financières ou stratégiques.

Le corollaire de cette écoute étant de prêter attention aux experts des comités d'entreprise (Secafi, Syndex, etc.), trop souvent négligés, trop peu utilisés, voire souvent injustement méprisés par les directions générales, alors qu'ils sont payés par l'entreprise et ont une vision à la fois transversale et historique de l'entreprise et beaucoup de pertinence. Ils sont en outre des leviers importants du dialogue social car collaborer avec eux est un signe de transparence et donc de dialogue social. Par ailleurs, ils sont eux-mêmes un média entre la direction générale et les représentants du personnel.

Mais alors, pourquoi ne faut-il croire personne ?

Cela peut sembler paradoxal effectivement ! Car tout le monde raisonne avec son propre prisme, son propre intérêt (par exemple tout critiquer quand on est un syndicat, ou tout justifier quand on est un dirigeant) et une subjectivité en ligne avec ses propres intérêts.

Cela ne veut pas dire que l'on vous ment. Cela veut surtout dire qu'il faut « décoder » et faire la synthèse de ce que tout le monde dit pour établir une vérité objective, celle qui explique la situation dans laquelle on est et pas celle qui explique une situation projetée pour mieux défendre le passé.

Plus qu'un conseil, c'est un état d'esprit : savoir être à l'écoute, tenir compte de la pensée des uns et des autres, de leur vision également à leur niveau, de ce qu'ils perçoivent, de leurs propres signaux faibles, de l'ambiance, du moral des collaborateurs, de l'engagement, des doutes sur la stratégie, des problèmes de qualité, de logistique, des différences de perception entre la production et les ventes… C'est toujours une mine d'informations, une vision partielle certes, ou de détail, mais exacte. Il ne peut s'agir d'être dans une cogestion, ni dans une atteinte à la légitimité, en revanche, il ne fait aucun doute qu'écouter apporte toujours beaucoup dans un exercice de management en général, et dans une situation de crise en particulier.

Ce qui est intéressant, ce n'est pas la vérité des uns ou des autres, mais bien la somme des vérités : j'ai l'habitude de dire que c'est souvent la somme des erreurs qui construit la vérité !

27. Faire émerger subjectivité et esprit critique

Le paradoxe de l'objectivité permanente, c'est qu'on a besoin de… subjectivité pour établir la vérité.

Souvent, l'objectivité d'une situation relève, dans les situations de déclin, davantage d'une pensée unique, d'une narration (un storytelling) en forme de justification, voire de révisionnisme, et empreinte d'une tonalité de victime.

Quand j'arrive quelque part, je demande toujours aux différentes personnes de me dire ce qu'elles pensent, de s'exprimer, de se « laisser aller », car il est important que les vérités (micro-économiques, sociales, éthiques, comportementales, stratégiques et de toute nature) sortent.

En quelque sorte, il faut réussir à ce que chacun sorte de son cadre de référence (« *out of the box* », disent les Anglo-Saxons), fasse fi de l'idéologie de l'organisation (idéologie qui est extrêmement forte dans les entreprises familiales historiques et éponymes ou dans celles qui sont dirigées par leurs fondateurs) et dise ce qu'il pense vraiment. Cet exercice est absolument incroyable d'efficacité, mais il ne peut pas être mené par les personnes en place, pour des questions d'affect, d'historique, de hiérarchie, de peur et tout simplement parce que souvent les salariés eux-mêmes combattent ce qui est devenu une idéologie.

Cela s'appelle l'esprit critique (« sans la liberté de blâmer il n'est point d'éloge flatteur », disait Beaumarchais dans *Le Mariage de Figaro*), la créativité, ou tout simplement aussi le droit à dire des bêtises (ce qui me semble préférable dans une tentation créatrice plutôt que de répéter une vérité inexacte) ! C'est majeur dans ce genre de situations si l'on veut vraiment comprendre ce qui s'est passé. N'oublions pas qu'une crise est violente par nature.

Il y a un côté « détox » dans une crise… Il faut rompre avec les habitudes y compris celles de la narration que l'on fait soi-même de la situation comme pour mieux s'en convaincre et vouloir effacer ses propres erreurs d'appréciation.

Il importe de trouver des personnes qui ne sont pas d'accord, qui contestent et qui expliquent pourquoi ! En arrivant chez Doux, le délégué syndical CGT Raymond Gouiffès prend la parole dans un comité d'entreprise et explique qu'il y a eu en quinze ans pas moins de 28 DRH successifs… Ça se passe de tout commentaire…

Mon rôle dans une organisation est donc de libérer la parole et de laisser s'exprimer les collaborateurs, de dire ce qu'ils ont sur le cœur, mais aussi de les écouter sur ce qu'ils pensent vraiment, du passé, de la situation, du futur. C'est un exercice créatif, libre. Comment ne pas l'être dans un monde qui bouge ?

Quand j'ai dirigé le Lido entre 2004 et 2005, beaucoup de collaborateurs m'ont expliqué ce qui fonctionnait bien au Moulin Rouge qui appartenait à la même famille mais à une autre branche. Ils avaient des relations à leurs niveaux alors que les chefs de famille ne voulaient pas collaborer entre eux : on me parlait sous le sceau du secret, et eux-mêmes n'en faisaient pas état officiellement. On sait combien le Moulin Rouge a réussi ensuite.

Les bonnes idées, on les trouve aussi chez les concurrents. Je vais souvent les voir, pour me présenter, pour connaître, pour comprendre. Ce n'est pas naturel dans notre mentalité française, c'est plutôt anglo-saxon, mais c'est important. C'est toujours plus intéressant quand les concurrents sont étrangers d'ailleurs, ils sont beaucoup plus ouverts. Quand je dirigeais les pianos Pleyel (mythique manufacture fondée en 1807), mon concurrent allemand Sauter m'avait accueilli à bras ouverts, Steingraeber nous avait aidés dans la reconception d'un piano de concert.

À Saint-Nazaire, j'ai eu toutefois une expérience plus contrastée alors que je participais à un mouvement de création d'une filière dans l'agencement intérieur. Nous avions mis en commun nos contacts pour essayer de travailler ensemble. L'un des chefs d'entreprise n'avait trouvé rien de mieux que de venir nous concurrencer sur un marché parisien que nous avions évoqué en... baissant son prix : ce marché, qu'il a obtenu, aura finalement causé sa perte tant il aura perdu d'argent sur ce marché difficile...

Ce qui compte, c'est la diversité des points de vue, et notamment les divergences de perception, car elles permettent de se faire une véritable opinion. Il faut donc respecter cela à l'intérieur d'une entreprise : diversité intellectuelle, opposition créatrice et singularité. Avoir des personnes avec qui on n'est pas d'accord, ou avoir des visions différentes est en fait une richesse, à un moment où l'on cherche de nouvelles idées. La tendance actuelle (que l'on retrouve également dans les sciences du vivant) est bien de tuer la diversité (la biodiversité en est un exemple tragique) et d'avoir cette tentation de standardisation de la pensée, ce qui devient en fait une réduction de cette pensée.

Je me suis toujours inscrit en faux contre cette tendance appauvrissante.

LE MANAGEMENT DE LA SINGULARITÉ

Par François Bocquet
Créateur de l'Institut François Bocquet

Les crises extérieures déclenchent parfois des crises intérieures qui les compliquent. La modification d'un paradigme, le bouleversement d'un écosystème ou l'essoufflement d'un cycle de croissance peuvent mettre en échec les procédures bien huilées d'une entreprise. Elles peuvent aussi engendrer le désarroi personnel. Cette expérience concerne plus particulièrement les individus fragilisés par leur propre cycle de vie. Les statistiques indiquent des pics de dépression, de suicides, de divorces au moment du départ à la retraite mais également entre 40 et 50 ans, à l'occasion de ce qu'on a pu appeler la CMV, la « crise du milieu de vie ». Quand la mécanique du personnage se brise, l'individu doit parfois s'affronter dans sa nature fragile, sa nudité angoissante, ce que nous appellerons sa « singularité ».

La prise en compte de la singularité individuelle se trouve parallèlement constituer l'un des moteurs de l'économie en 2020. Les fabricants d'automobiles allemandes cherchent à fabriquer des véhicules « 4.0 » toujours plus personnalisés. La médecine à la carte est devenue une réalité avec des prescriptions sur mesure. Le Graal affiché du Digital Learning comme de la presse ou de la publicité en ligne est de pouvoir toucher l'individu unique. Les banques et les assurances génèrent de la création de valeur en ajoutant à leur produit de base une couche toujours plus sophistiquée de personnalisation des produits et de relations hautement personnalisées avec chacun de leur client. Et plus on monte en gamme, plus cette couche de personnalisation s'épaissit.

Le dirigeant, le DRH ou le manager d'aujourd'hui ne peut plus ignorer ce qui constitue la singularité de ses collaborateurs. Il ne peut plus endosser tacitement la croyance traditionnelle et confortable selon laquelle son entreprise ne serait qu'une vaste machine où n'importe quel collaborateur pourrait remplacer n'importe quel autre dans le cadre d'un organigramme prédéfini. S'il veut motiver, entraîner, conserver ses fidèles (et quelquefois aussi les réparer), il ne peut plus se contenter d'être exemplaire ou pertinent, de distribuer des récompenses ou de débiter de beaux discours. Il lui appartient aujourd'hui de s'intéresser à la dimension intrinsèque de ses collaborateurs, à leur caractère intangible, à leur nature singulière, comme déjà le font les coachs, les éducateurs, les gestionnaires de patrimoines, les professionnels du marketing ou de la communication.

« Le manager d'aujourd'hui ne peut plus ignorer ce qui constitue la singularité de ses collaborateurs. »

Cette attention différenciée induit un exercice de management différentiel où les principes s'effacent devant les exceptions. Quels que soient les bénéfices d'une formation ou les leçons de son expérience, il ne peut plus faire, comme au XXe siècle, l'économie d'une remise en cause permanente de ses certitudes, d'un exercice de décentrage de soi, d'une exploration de la différence. L'art de manager, c'est quelque part aussi l'art d'émigrer dans le référentiel de l'autre, l'art de vouloir que l'autre soit dans sa singularité surprenante et constamment renouvelée.

C'est cette démarche que nous entendrons par « management de la singularité ». Elle semble tout particulièrement indiquée dans les périodes de crises de l'entreprise, qui parfois mettent à nu la singularité des hommes et leur fragilité quand ils se retrouvent enfin.

28. Piloter avec une vision « hélicoptère » des problèmes

Le dirigeant qui devient dirigeant de crises doit savoir garder de la hauteur alors que tout le monde va avoir tendance à entrer dans le détail des sujets. Son rôle est de piloter, pas de faire, d'avoir une vision à 360 degrés, d'arbitrer et de distribuer les tâches.

S'il n'y a plus de vision d'ensemble, il n'y a plus de pilotage du projet, et donc le risque de ne pas savoir piloter la crise qui nécessite de mener beaucoup d'actions de front.

Cette dualité entre les tâches (celui qui pilote *versus* celui qui fait) vise à garder le recul nécessaire, de ne pas être dans le détail pour se concentrer sur la décision et l'arbitrage. Dualité que l'on retrouve d'ailleurs dans le pilotage des grandes entreprises avec la dissociation entre le rôle du président et celui du directeur général.

C'est d'ailleurs pour cela que le dirigeant (ou le dirigeant de crise) doit s'impliquer dans la cellule de crise au quotidien pour répartir les tâches, battre la mesure en donnant le bon tempo et prioriser.

Le premier constat dans une crise est un engagement incroyable des collaborateurs qui se sentent concernés par « leur » entreprise, en tant que corps social. La résilience est forte dans ces situations. Le dirigeant de crise doit donc canaliser cette énergie, en orientant les actions vers ce qu'il y a de plus urgent pour la sauvegarde de l'entreprise, des actifs, du fonds de commerce.

Plus les actions choisies et priorisées produisent des effets visibles, plus la confiance s'installera, et l'énergie créatrice augmentera, avec une convergence des actions. Il ne s'agit surtout pas d'aller tous azimuts, au contraire, il s'agit de concentrer les forces sur quelques actions clés. Cette vision par le haut et avec du recul est la seule pertinente pour diriger, donner la bonne direction, la bonne orientation et, comme on l'a dit, choisir le bon combat.

La dirigeant de crise va prioriser et organiser une convergence vertueuse des actions. J'ai résolu la crise du Vélib' en deux mois et demi, en me concentrant sur cinq actions clés, pas davantage. Mais les effets étaient visibles, on ne visait pas la perfection, mais le redémarrage du service et donc de la renaissance d'une confiance dans le service. On préférait une montée en puissance plutôt que de croire ou de faire croire que l'on pourrait passer du noir au blanc du jour au lendemain.

C'est cela avoir du recul et garder de la hauteur : piloter pour être efficace.

29. Être sur un mode décisionnel alliant rythme et gestion du *momentum*

En temps de crise, toute l'entreprise doit aller vite, plus vite que d'habitude. Le rythme est crucial, car il ne faut pas perdre de temps, et même souvent en gagner. Parfois, il faut même en acheter avec des stratégies intermédiaires. Cela nécessite aussi de faire les choses dans l'ordre, d'éviter la cacophonie, qui est une déperdition d'énergie, et de mettre en place une équation idéale : réflexion – décision – action – évaluation.

Retarder les décisions est l'erreur la plus fréquente et celle qui coûte le plus cher, car les décisions de changement et de transformations s'autofinancent par nature souvent dans des délais de six à dix-huit mois. Malheureusement, il n'est pas rare de voir beaucoup de dirigeants (actionnaires le plus souvent) penser que le temps travaille pour eux et prendre « finalement » des décisions évidentes avec six à douze mois de retard, comme une ultime tentative d'un sauvetage « naturel » par les événements et un juste retour à la situation *ex ante*.

Ce qui compte, c'est la réactivité et le rythme que l'on va donner à ce mode décisionnel : il faut toujours aller plus vite que la vitesse de détérioration du modèle économique.

Souvent, on a un plan qui est bon, mais trop lent (souvent parce que ce n'est ni mesuré ni quantifié). L'échec peut alors se produire à cause du rythme inadapté : la création de valeur ne vient pas équilibrer la destruction de valeur, ou bien la destruction de valeur est trop rapide et les mesures destinées à contrarier cette destruction ont une inertie trop grande.

N'oublions pas que la crise est une perte de valeur intrinsèque de l'entreprise. Aller au bon rythme, c'est donc inverser le processus de destruction de valeur vers un processus de non-perte puis de création de valeur. Avoir le bon rythme, ce n'est pas seulement par rapport à l'entreprise elle-même, c'est aussi par rapport aux autres, aux compétiteurs, aux clients : il faut raisonner par rapport à son modèle économique mais aussi par rapport à celui des autres.

Dans ces situations, tout le monde doit avancer au même rythme et au bon rythme. Il ne faut pas perdre de temps, le rôle du dirigeant étant de mettre ses équipes « sous tension » pour avoir le maximum de valeur ajoutée produite en un minimum de temps.

Le complément d'objet du rythme, c'est le *momentum* : faire les choses au bon moment. Et quand on n'a pas le bon rythme dans une crise, on manque le *momentum*, la fenêtre de tir, parce qu'il y a toujours un moment où c'est soit trop tôt, soit trop tard, et où ce n'est plus possible.

Il y a des décisions stratégiques qui se prennent à un moment donné, comme des négociations qui se font à un moment en fonction de circonstances et d'un certain contexte. Souvent le dirigeant hésite, et ne s'y résout pas, tout simplement parce qu'il table sur une amélioration naturelle de la situation (qui n'arrive jamais), ou pire n'anticipe pas une détérioration (qui vient souvent d'une perte de confiance des tiers, clients ou fournisseurs) pourtant inéluctable.

Et le scenario est toujours le même : à contretemps, le dirigeant veut finalement mettre en œuvre ce qui lui était conseillé auparavant ou bien ce qui apparaissait comme nécessaire, mais c'est trop tard, et cela ne produira pas l'effet de levier escompté, car ce qui était possible un mois avant ne l'est plus (et il aura beau jeu de le dire…), la vision des uns et des autres ayant changé. Si nous-mêmes nous pouvons évoluer dans notre vision d'un problème, la partie adverse (dans une négociation, par exemple) aussi…

Il faut un sens tactique très développé pour saisir le *momentum* et savoir séquencer les stratégies et les actions. Cela s'applique aussi bien dans la communication et la réputation que dans la résolution d'un problème industriel ou financier ou surtout dans une négociation.

Souvent le contretemps est provoqué par une résurgence du déni, et la négation d'une évidence. Le chef d'entreprise, surtout quand il est actionnaire, a toujours tendance à vouloir reculer l'échéance et le moment où il doit prendre une décision, mais c'est très contre-productif et, en fait, souvent destructeur de valeur.

Je me souviens d'un dossier dans lequel je conseillais à un actionnaire de mener une négociation éclair en créant un cadre judiciaire avec une conciliation pour créer un contexte et un *momentum* car la partie adverse était elle-même dans un agenda qui pouvait nous servir. Il a accepté la stratégie avec deux mois de retard et… on a perdu tout effet de levier.

Reculer le moment d'une décision, ce n'est pas gagner du temps, c'est en perdre, et c'est chaque fois manquer une opportunité qui ne se produira plus.

30. Ne négliger personne dans l'environnement et avoir du respect

En temps de crise, tout le monde est important. Il est donc nécessaire de parler à tout le monde, inlassablement, surtout quand on est une cible ou qu'il n'y a que des détracteurs autour de soi !

Aller voir ses détracteurs est une obligation, car il ne faut jamais manquer un moment d'expliquer et de convaincre. Dans ces moments, il n'y a pas de « hiérarchie » à avoir avec les personnes que l'on accepte de voir ou à qui on va répondre. Un dirigeant de qualité répond à tous et ne néglige personne.

Il en est de même avec les journalistes. Il n'y a pas de « petit journaliste », mais au contraire souvent des journalistes qui pigent dans plusieurs journaux et peuvent aider à rétablir une vérité. Je me souviens d'avoir aimablement répondu à un journaliste d'un tout petit journal de Saint-Denis quand je dirigeais les Pianos Pleyel, qui pigeait aussi pour le *JDD*.

Les Anglo-Saxons appellent cet environnement les *stakekolders*, les « parties prenantes » : elles ne sont pas à négliger et doivent être le plus large possible, car ce que pense l'environnement fait partie de la résolution de la crise, non pas que l'opinion des autres doive diriger notre action, mais bien parce qu'il faut amener les autres à se ranger à la nôtre quand elle est légitime. Expliquer fait partie de la gestion de crise, pour que ce soit relayé au moment de la sortie de crise. Savoir prendre le temps fait partie du rythme de la gestion de crise. En la matière, il faut voir les élus locaux, territoriaux, régionaux, les représentants de l'État, les associations, les syndicats, les salariés, les chefs de service, les cadres.

Il ne faut négliger personne car on a besoin de tout le monde à un moment ou à un autre. C'est vrai avec l'environnement extérieur, mais encore plus en interne.

Les difficultés ne doivent jamais faire oublier que l'humain doit être replacé au cœur des crises, car rien n'est pire que le drame social de la perspective de la perte de son emploi, ou encore l'inversion d'une échelle de valeur où le dépôt de bilan l'emporterait sur la vie du salarié.

Les problèmes financiers ou industriels doivent rester à leur niveau et ne pas occulter le reste. Les valeurs financières d'une entité ne sont pas des valeurs pour des individus confrontés à l'angoisse et la réalité de leur situation personnelle.

Respecter les salariés, en étant présent, sur place, sur le front, en les informant, les impliquant seront autant de facteurs de réussite dans la gestion de la crise qu'une négociation bancaire. Mais surtout il faut les respecter en tant qu'individus : la hiérarchie ne concerne que le rapport au travail, le rapport humain, lui, ne doit être dicté par aucun sentiment de hiérarchie ni de supériorité.

Je suis toujours très soucieux des paroles du *middle management* qui peuvent être prononcées. Elles doivent être encadrées car les formules expéditives à l'emporte-pièce peuvent créer malaises, agressivité, antagonismes, voire des débrayages dans les cas extrêmes.

Si un dirigeant veut être respecté, il doit avant tout respecter les autres.

Faire preuve de psychologie, ce n'est pas être démagogue, c'est être en conformité avec ses valeurs. Toutes les crises que j'ai vécues ont toujours été humainement enrichissantes, mais cet enrichissement s'est fait au prix d'une confrontation avec des drames humains qui me font dire que derrière chaque salarié il y a quatre personnes.

Je ne peux m'empêcher de relater ce fait fondateur de ma fibre sociale. Alors que j'avais quitté le monde bancaire pour créer en 2001 mon cabinet de gestion de crise, je suis nommé PDG des Pianos Pleyel. J'ai 34 ans à l'époque. La situation est désespérée et je lance un plan social d'importance touchant 40 % des effectifs dans le bassin industriel sinistré d'Alès. Alors qu'un matin je faisais mon tour habituel dans les 7 000 m² d'atelier pour dire bonjour et serrer les mains, un ouvrier vient me voir en s'excusant et me dit: «Je suis désolé de vous déranger et je sais que l'entreprise est dans une situation difficile, mais voilà est-ce que je pourrais avoir une avance. Je sais que l'entreprise n'a plus d'argent, mais j'élève ma fille et je suis divorcé.» Je suis bien sûr très touché par la sincérité d'un regard qui ne trompe pas, et le sentiment d'une détresse réelle. Je lui dis: «Bien sûr, on va voir ce que l'on peut faire. De combien avez-vous besoin?» Il me répond: «On est le 20 du mois, si je pouvais avoir 40 euros pour tenir jusqu'au 5 [date à laquelle ils étaient payés].» Et à ce moment-là, on reçoit une gifle, une remise à niveau, un retour à la réalité, car je les avais dans la poche, et pour lui c'était deux semaines pour vivre et faire vivre son enfant avant tout. Je garderai en mémoire toute ma vie cet épisode fondateur de mon approche sociale au cœur de la résolution des crises. Bien évidemment, j'ai conclu l'entretien en lui disant de passer au service du personnel auquel je donnerai des instructions.

Il ne faut jamais perdre une occasion de se préoccuper des autres, car c'est bon pour soi.

BRAQUAGE D'UNE BOUTIQUE DE JOAILLERIE

Par Nathalie Serero
Psychothérapeute victimologue, EMDR,
ex-commandant de réserve (Opérations Spéciales)

Mon intervention est toujours déclenchée par un appel d'un DRH. J'apprends qu'une des boutiques de la société vient de subir un braquage. Ce sont souvent des grands groupes uni-marque ou multi-marques qui bénéficient d'un budget et d'une information préalables pour décider d'une prise en charge. Toutes affaires cessantes, je déroule alors mon plan d'intervention.

Diagnostic de la situation

Combien de victimes directes (c'est-à-dire ayant été confrontées par au moins un des cinq sens à l'événement, généralement vue ou ouïe)?

Nombre de blessés physiques (rares en cas de braquage sans prise d'otage).

Recueil d'éléments sur l'équipe permettant de jauger le climat psychosocial avant agression.

Présence de la police sur les lieux? Il ne s'agit pas d'entraver cette étape, mais bien d'intervenir après, d'autant que cette formalité est souvent traumatisante pour les victimes en état de choc et souvent incapables de répondre correctement aux demandes faites, ce qui accroît leur sentiment de vulnérabilité.

Recueil des noms des personnes que je vais rencontrer: redonner un nom à des personnes qui viennent de vivre une expérience déshumanisante est important.

Choix du type d'intervention

Moins de quatre victimes directes, le choix est donné au responsable d'une intervention en groupe *in situ* immédiate ou au plus tard dans les 72 heures, ou bien d'une intervention individuelle *in situ* ou en cabinet. L'avantage de l'intervention *in situ* en groupe est le partage des expériences, la possibilité de combler les lacunes en termes de mémorisation de l'événement, de découvrir que chacun a été touché, quel que soit son mode d'expression, d'être vigilant à créer un noyau de solidarité pour que chacun apprenne à se sentir concerné par la récupération de l'autre.

Quel que soit le type d'intervention choisi, chacun a le choix de s'y présenter ou non. C'est pour cela que la prévention est hautement recommandée afin que tous sachent le bénéfice de cette aide. Nous y reviendrons.

Pertinence d'une intervention ?

Pour l'individu

Après un ETM (événement traumatique majeur), engageant donc l'intégrité physique et la survie de l'individu, le cerveau met en place des mécanismes de défense qui vont générer, dans certains cas, si ces mécanismes ne sont pas très rapidement déjoués (idéalement avant la première nuit) des symptômes tant physiques qu'émotionnels, intellectuels ou comportementaux invalidants, qui peuvent mener, si les antécédents sont importants et non réglés, à des réductions significatives de la qualité de vie ou de la capacité même de fonctionner. D'où l'urgence d'une prise en charge post-agression au niveau individuel.

Pour l'équipe de travail

Une équipe qui vient de vivre ce genre d'événements traverse une période de crise pouvant entraîner les personnes impactées au niveau psychologique (donc moins efficaces) à prendre des congés maladie et ainsi générer un manque de ressources humaines. Ces facteurs sont propices à des comportements agressifs et conflictuels.

Pour la direction

« Pour un salarié victime d'un événement durant lequel il prend conscience qu'il pourrait perdre la vie, le coupable désigné de cet état de fait est le patron. »

Celle-ci va devoir gérer des problématiques à plusieurs niveaux. Mon accompagnement vise à en réduire les conséquences néfastes. Tout d'abord, il faut comprendre que pour un salarié victime d'un événement durant lequel il prend conscience qu'il pourrait perdre la vie, le coupable désigné de cet état de fait n'est pas l'agresseur, mais bien le patron qui n'a pas su suffisamment protéger ses salariés. Une fois la période de stress aigu de 72 heures passée, l'émeute n'est pas loin !

Ensuite, il faut gérer la communication avec les autres boutiques, contenir la rumeur qui peut engendrer une panique inutile et communiquer factuellement sur ce qui vient de se passer afin de s'assurer que seules les informations pertinentes et les consignes de vigilance sont transmises.

La direction doit prendre conscience que ses premières réactions vis-à-vis de ses salariés vont conditionner une part de la récupération émotionnelle de ceux-ci et la qualité des relations avec eux dans la période de crise qui va suivre. Tout faux pas peut être lourd de conséquences. Quelques erreurs à éviter :

- ne pas se déplacer immédiatement sur site ;
- poser d'abord des questions sur les pertes matérielles avant de s'assurer de l'état psychologique des personnes présentes ;
- minimiser l'événement avec des phrases comme : « Tout va bien, il n'y a pas de blessés physiques » (ce qui est une négation de la notion de la blessure psychologique), « Bon, ça va, il nous reste des pièces à vendre » (sans commentaire !) ;
- ne pas proposer un accompagnement psychologique, donc ne pas reconnaître le préjudice psychologique subi ;
- diminuer une prime pour une diminution de volume de vente dans les semaines qui suivent.

L'intervention auprès de la direction, par rapport aux équipes et aux salariés, relève du conseil. Elle sera permanente du début à la fin de l'intervention.

L'intervention psychosociale pour les salariés

La première intervention d'urgence a pour but de débriefer, déchoquer, en groupe ou individuellement, les salariés. Si possible, les absents le jour de l'agression sont introduits dans le groupe. Par expérience ceux qui n'étaient pas présents se sentent parfois coupables. D'autre part, ils sont victimes indirectes par leur lien affectif et professionnel avec les victimes directes, et à ce titre doivent pouvoir trouver ce lieu pour exprimer leur propre vécu et leur empathie pour leurs collègues.

Un suivi sera systématiquement proposé à tous les salariés pendant un mois minimum, échéance correspondant généralement au temps nécessaire à résoudre un trauma simple sans antécédent. Il m'est malheureusement arrivé de suivre un salarié sur une durée beaucoup plus longue dès lors qu'un syndrome post-traumatique sévère était apparu, rendant le retour au travail normal impossible. Je propose toujours une discussion sur la durée de la prise en charge financière par l'entreprise.

Après la première intervention d'urgence *in situ*, chaque personne est suivie individuellement en fonction de ses besoins. Une deuxième intervention de groupe est prévue un mois après pour faire le point de l'évolution de chacun et me faire parfois le relai auprès de la direction de revendications ou de demandes d'information concernant les mesures de sécurité ou telle méthode de travail jugée dangereuse. Si certains salariés nécessitent un suivi à plus long terme, un accord sera trouvé avec la direction.

Quel type de prévention ?

Comment peut-on agir efficacement dans la prévention de ce genre de crise qui affecte la santé des personnes et la crédibilité des dirigeants ?

- Être à l'écoute permanente des observations et suggestions des équipes en matière de sécurité. Elles sont les mieux placées pour repérer des agissements suspects de faux clients, de vigiles peu empathiques, des pratiques professionnelles à risque.
- Leur proposer de participer à des groupes de prévention, comme ceux que j'anime dans les entreprises, pour comprendre le fonctionnement du trauma, les différentes façons d'y réagir, échanger sur les inquiétudes en matière de sécurité, résoudre les conflits latents et accessoirement faire la connaissance de la « psy » qu'on serait amené à rencontrer en cas de problème.
- Entretenir un climat social de qualité pour ne pas compliquer les relations quand la crise arrive.

31. Restructurer « avec » et jamais « contre »

Un jour, interviewé sur BFM Business par le journaliste Stéphane Soumier, qui rappelait cet épisode au moment de mon départ de Doux, lors duquel le délégué syndical CGT Raymond Gouiffès m'avait offert une magnifique chemise blanche en me précisant que celle-ci n'était pas déchirée (c'était après l'épisode violent d'Air France en 2015 où l'un des cadres dirigeants de la compagnie avait eu sa chemise déchirée par un délégué syndical), je lui ai dit qu'effectivement je ne savais pas restructurer « contre » mais que je savais restructurer « avec ».

Cette notion est importante à mes yeux car elle met en évidence que c'est bien une organisation, une structure, une entité que l'on restructure ou que l'on transforme. C'est ensemble que l'on réussit. Alors que, finalement, la vision des restructurations est toujours celle d'un antagonisme, d'un conflit, de gagnants (ceux dont l'emploi est sauvegardé) et de perdants (ceux dont l'emploi est supprimé).

Pourtant, restructurer, c'est avant tout permettre de sauver, de sauvegarder. Ce n'est pas dirigé contre une catégorie en particulier. Il ne faut pas confondre cette notion d'opposition avec celle, beaucoup plus réelle, des conséquences pour des individus ou des catégories d'individus. Il faut sortir de cette équation inexacte, en laissant un temps au deuil et aux explications (ce qui remettra toujours en cause la pertinence de la stratégie passée au son des « On vous l'avait dit »), pour construire ensemble un futur, même si celui-ci ne concernera pas tout le monde.

Et c'est ce qui est toujours très dur dans les restructurations. Très vite, il y a ceux qui sont menacés et ceux qui le sont moins ou qui ne le sont pas, mais il y a aussi ceux qui pour diverses raisons souhaitent partir, souvent avec l'aide d'un généreux plan social (un PSE : plan de sauvegarde de l'emploi). Tout le travail va consister à dialoguer, justement pour éviter d'avoir des critères injustes et à contenter les volontaires pour sauver les emplois des autres.

Et dans ces moments, paradoxe, tout l'arsenal social législatif pousse à se préoccuper davantage de ceux qui partent que de ceux qui restent. Souvent, comme on l'a vu avec avec le plan de sauveagarde de l'emploi de la société Conforama en 2019, les mesures d'accompagnement atteignent des sommes très importantes qui sont autant d'effets d'aubaines pour les volontaires. Et là va s'installer une fracture sociale interne avec ceux qui partent avec leur chèque et ceux à qui on demande des efforts pour le futur avec une perspective de salaires non revalorisés, voire d'efforts négociés. Je ne veux pas caricaturer car c'est un sujet trop sérieux, mais clairement la tendance d'acheter les départs (sous-entendu pour ne pas avoir de troubles) n'est pas saine car elle coûte cher et est défavorable aux salariés qui restent.

Au-delà de ces périodes, les réussites sont des réussites d'équipe. Pour se battre, il faut être ensemble et pas opposés, ce qui signifie aussi d'écouter tout le monde et de prendre en compte les problématiques de tous.

Un plan de restructuration, de réorganisation, de transformation se réussit au sein des équipes, des usines, des sites : il doit être largement débattu, expliqué et compris. Pour cela, le rôle des représentants du personnel est important, tout autant que celui de tout l'encadrement qui doit inlassablement informer et diffuser, répondre aux questions et faire comprendre qu'il n'y a pas d'autres solutions.

Cela signifie qu'il faut savoir choisir ses combats et ne pas se tromper de combat, tout en trouvant le « meilleur dénominateur commun » avec les salariés et leurs représentants pour défendre l'entreprise en tant qu'entité, car les crises ont systématiquement des répercussions sur les organisations.

Le style de management doit s'adapter aux situations et au but recherché. Le charisme n'est pas l'ennemi de la confiance, il est même nécessaire pour gérer une crise qui a souvent besoin d'un mode très directif, alors que le mode collaboratif est préférable pour conduire le changement.

Tout cela repose sur la construction d'une relation de confiance. La confiance n'existe jamais *a priori* dans une crise, elle se construit au fil du temps, plus qu'elle ne se gagne, avec des fondamentaux très profonds, une éthique, une façon d'agir et le respect. Le dialogue social est un ciment formidable de l'édifice de la confiance.

SIX LEÇONS À RETENIR

Par Bruno Courtine
Avocat en droit social. Fondateur du cabinet Vaughan

Première leçon : se méfier des aventuriers de la reprise

1992, je suis encore un jeune et fringant avocat en droit social. Je viens de créer mon cabinet avec plusieurs autres collègues rencontrés chez Coopers & Lybrand, où j'avais fait mes premières armes. C'est précisément à ce moment que j'entre dans le monde de la restructuration et du retournement. Et j'y rentre par la grande porte.

Ma mission consistera à reprendre deux usines au groupe Adidas qui vient à peine de sortir de l'ère Tapie. Une période trouble, où la restructuration engagée par cet aventurier de l'entreprise peine à porter ses fruits. Je rencontre à cette occasion la secrétaire du comité d'entreprise d'Adidas France. Elle parle encore de M. Tapie avec des trémolos dans la voix alors que l'entreprise subit pour la première fois une restructuration sans précédent. Tapie est un séducteur, mais il est infidèle. L'amertume n'en sera que plus grande.

Mon rôle consiste alors à assurer la reprise des usines de production de Saint-Vincent-de-Tyrosse qui, à l'époque, produisent une paire de basquettes iconiques dénommées Gazelle. Mon client ne saura pas tirer profit de la pépite dont il a hérité.

Remises au goût du jour par quelques papesses de la mode sous l'impulsion probable de la nouvelle équipe mise en place par

Robert Louis-Dreyfus, la Gazelle sauvera Adidas qui inondera le monde de ce modèle à la fois délicieusement suranné et largement amorti.

Je fermerai pour ma part les usines de mon client entre les flammes des palettes et les zéros derrière la virgule des indemnités légales.

Deuxième Leçon : apprendre à se connaître et à se respecter

Les années 1990, je les consacrerai au secteur de l'informatique. C'est la période reine du micro-ordinateur et de l'édition de logiciels. En France, Compaq fonctionne déjà avec l'esprit conquérant d'une start-up. Je résumerais cette période par l'expérience magnifique que nous initions lors de la reprise par Compaq de la société Digital Equipment Corporation (DEC). DEC est une vieille dame de l'informatique. Créée en 1957, cette entreprise fabrique de lourdes machines très puissantes qui ne résistent pas à l'agilité des nouveaux acteurs de l'informatique que sont les Compaq, HP ou Apple.

Le DRH de Compaq ne connaît pas les syndicats. Chez DEC, la CFDT est surpuissante. L'entreprise est sous le contrôle de quelques seigneurs de la guerre qui terrorisent les actionnaires texans. Sans Compaq l'entreprise ne passe pas la fin de l'année.

Nous engageons alors des pourparlers avec les OS de Digital en mode commando. Un hôtel est réquisitionné porte de Bagnolet. Suffisamment grand pour accueillir l'ensemble des négociateurs mais pas trop luxueux pour ne pas donner l'impression d'une surpuissance de l'acquéreur face à sa proie. Pendant deux séances d'une semaine chacune, nous abattons l'ensemble des accords sociaux des deux entreprises pour mettre en place le nouveau statut social du futur nouveau Compaq enrichi de plusieurs centaines de salariés supplémentaires. Cette messe dans la promiscuité de salles de réunion froides et déshumanisées crée la proximité et pour finir la complicité des partenaires.

En quinze jours, les élus de DEC n'auront jamais autant négocié, et mes interlocuteurs du côté de Compaq n'auront jamais autant appris le dialogue social.

Troisième leçon : ne rien lâcher !

Mes années 2000 seront celles du fracas. Nous sommes au cœur de la crise et l'industrie française souffre du nouvel ordre manufacturier mondial. Nous fermons et restructurons partout en France. Alstom Énergie, plombée par ses turbines à gaz de grande puissance héritées d'ABB, est en très grande difficulté. Il est urgent de lancer un grand programme de restructuration. Je suis au côté d'un petit bout de bonne femme qui va s'avérer être une grande dame du retournement. Brigitte Saint-Hillier est à la manœuvre et nous constituons avec l'équipe dirigeante une *task force* qui se réunit quotidiennement.

Le combat sera principalement judiciaire. J'enchaîne alors les contentieux contre une CGT qui ne lâche rien. Evelyn Bledniak sera mon contradicteur et lance des dizaines de contentieux successifs pour tenter de bloquer le plan social que nous sommes contraints de mettre en œuvre. Nous enchaînons succès et défaites mais nous ne lâchons rien.

Finalement, Alstom est sauvé grâce à l'intervention de l'État et le courage de Brigitte Saint-Hillier.

Quatrième leçon : être sûr du bien-fondé de la restructuration

L'équipement automobile est à la peine. Nous participons *in extremis* au sauvetage de la société Wagon Automotive sur son site de Douai. Chez Faurecia nous accompagnons tambour battant la restructuration de celui qui deviendra plus tard l'un des leaders mondiaux de l'équipement automobile. Pour l'heure, le groupe est en grande difficulté et, sous l'impulsion de Yann Delabrière, fraîchement nommé CIO par PSA, son actionnaire principal, il convient de restructurer en urgence un groupe lourdement endetté. En dix ans, nous accompagnons le groupe dans toute sa phase de transformation sociale. J'apprends mon métier à ses côtés.

Je crée à cette époque le cabinet Vaughan et suis maintenant entouré d'une équipe de combat. Car de combat il s'agira. Les restructurations du Nord de la France sont à la fois symboliques et violentes. Le débat est impossible et nos interlocuteurs syndicaux sont d'une brutalité extrême. Je connais ma première capitulation à la sous-préfecture de Béthune. Nous signons un accord de fin de conflit avec une CGT victorieuse. L'usine ne fermera pas !

Aujourd'hui, en 2020, l'usine tourne à plein régime et le conflit a cédé la place à la concertation.

Cinquième leçon : gérer ses réseaux

À l'Est, les combats ne sont pas moins frontaux. Mais dans l'adversité de cette époque, nous constituons de solides relations avec les avocats et les experts qui accompagnent les organisations syndicales. Ralph Blindauer, « le Baron rouge » comme on l'appelle, militant communiste avocat de la CGT, sera successivement notre adversaire et notre partenaire au gré des dossiers qui nous rassemblent. En 2012, Ralph nous appelle. Il a bloqué la fermeture d'un site détenu par le groupe américain TRW (fournisseur de systèmes pour l'automobile). TRW, bien que florissant, dépose le bilan de sa filiale française. Ralph sent qu'une reprise est possible, mais n'a pas l'expérience des procédures collectives et encore moins celle de créer une équipe de patrons pour conduire une reprise à la barre du tribunal.

Forts d'un anglais plus affûté que celui de notre confrère qui fait de l'Amérique son ennemi de classe, nous engageons les pourparlers avec le groupe TRW. Après un bras de fer de plusieurs semaines avec les dirigeants du groupe et les deux clients principaux que sont Renault et PSA, le carnet de commandes est sécurisé. En janvier 2013, la société VT2I voit le jour. Elle est animée par trois des principaux managers de l'entreprise qui reprennent les actifs de TRW et sauvent une centaine d'emplois.

Les pleurs et la joie se lisent sur les visages des tous les acteurs du dossier au sortir du tribunal de commerce de Saint-Dié-des-Vosges où des délégués CGT déguisés en Gaulois servent des pâtés lorrains dans les frimas de l'hiver vosgien.

Sixième et dernière leçon : rien ne se fait sans humanité

Doux. C'est sur ce dossier que je fais la rencontre d'Arnaud Marion. Il occupe avec Régis Valliot, l'administrateur mandaté sur le dossier, un grand bureau au siège de Chateaulin en Bretagne. L'année 2012 sera terrible pour le groupe Doux. Sur les 3400 salariés employés dans des abattoirs qui ont produit jusqu'à 1 million de poulets par jour, plus de 1200 d'entre eux se verront remercier et plusieurs sites de production seront fermés en quelques mois. Je suis au côté d'Arnaud et de l'administrateur durant les longues négociations en comité central d'entreprise.

Les moyens sont plus que limités et il nous faut tenter de reclasser les gens. Je rencontre dans les allées des usines des gens dignes qui restent, malgré toute l'ingratitude de leur métier, attachés à leur entreprise et à leur travail. Charles Doux, le patriarche, apparaît occasionnellement. C'est une force de la nature qui ne résistera pas à la déconfiture de son groupe. Arnaud est là pour assurer la transition et dépense une énergie considérable à tenter avec quelques bouts de ficelles de sauver ce qui peut l'être.

Noël arrive, la première phase de la restructuration est en passe de se terminer et je reçois un mail de la secrétaire CFDT du CCE qui souhaite à toute l'équipe une belle année 2013 et nous remercie de l'humanité que nous avons pu mettre dans la manière dont nous avons pu traiter ce dossier.

Je dédie ces quelques mots à mes amis Arnaud Marion, Régine Barlinge, qui mènera le plan social avec cette énergie formidable qui nous a tous soudés, Régis Valliot et Sophie Gautier et, bien sûr, Maurice Lantourne, sans qui je n'aurais jamais connu Arnaud.

32. Savoir saisir sa chance

On a droit d'avoir de la chance, ce n'est pas interdit… ! « Le paresseux appelle chance le succès de ceux qui travaillent », disent les Anglais ! Mais comme le dit Szczepan Yamenski : « La chance n'existe pas mais le hasard fait parfois bien les choses ! »

La chance, c'est avoir une parité de devises qui se rétablit dans le bon sens quand on est exportateur, ou à l'inverse quand on est importateur ; la chance, c'est gagner un nouveau marché ou un appel d'offres au moment où on en a besoin : c'est avoir un nouveau client qui permet de saturer les usines et donc de gagner en compétitivité ; la chance, c'est avoir un acheteur au moment où on veut vendre un actif stratégique qui va financer la transformation.

La chance ne résoudra jamais la crise, mais elle aidera à atteindre les objectifs, à aller plus vite ou à faire mieux. Et c'est bien là où il ne faut pas se tromper : n'attendons pas que la chance nous sourie pour nous sauver et ne croyons pas que tout s'améliorera naturellement, prévoyons le pire, et si la chance aide, la situation n'en sera que meilleure.

La crise est souvent une conjonction de facteurs défavorables dont certains peuvent être liés au hasard et d'autres à la malchance d'une situation. Un contrat annulé, le dépôt de bilan d'un client, une guerre (j'ai vécu cela à Saint-Nazaire quand la commande d'un paquebot libyen aux chantiers STX a été gelée pendant huit mois, différant le travail pour tous les sous-traitants dont celui que je dirigeais), un décès, un changement de gouvernance et de stratégie chez un client, un changement de réglementation inattendu.

Par conséquent, il faut savoir saisir les opportunités. Pendant le redressement judiciaire de Doux, j'ai perçu au bout de deux mois que les prix de la tonne de poulet et la parité euro dollar allaient dans le bon sens. J'ai alors considéré que la bonne stratégie était d'accroître notre capacité de production pour produire plus car la demande était forte et puis j'ai convaincu les administrateurs et mandataires judiciaires que c'était l'intérêt de la procédure. Nous avions une croissance rentable, ce n'était pas forcément de la chance, mais c'était une opportunité et il fallait savoir en prendre le risque sur ce cas particulier. Le calcul a été le bon car c'est ce qui a permis de nous présenter, un an après le plan de continuation, devant le tribunal de commerce avec 40 millions de trésorerie générés au cours de la période d'observation.

On a le droit d'avoir de la chance, mais n'oublions pas que c'est avant tout le travail qui paye. J'ai l'habitude de dire qu'il n'y a que dans le dictionnaire où le mot «réussite» se trouve avant le mot «travail» (ça marche aussi en anglais avec les mots «*success*» et «*work*»)!

Chapitre 5

Gérer les difficultés financières

Le but de ce livre est de donner des points de repère opérationnels et non de détailler la technicité des procédures collectives. C'est pour cela que j'ai trouvé plus utile de partager une méthodologie de travail opérationnelle quand l'entreprise fait face à des difficultés financières, quelle que soit sa taille, et ce dans une optique « bonnes pratiques ».

Les difficultés financières renvoient à trois notions : celle de non-profitabilité, celle d'un excès de dette et celle d'un manque de trésorerie. Ce type de difficultés n'est plus un domaine réservé aux petites et moyennes entreprises : de plus en plus de grandes entreprises y ont eu recours ces dernières années comme Rallye, Bourbon, Technicolor, Solocal, Vivarte… Toutes les difficultés financières ne se traitent pas à travers des procédures judiciaires, mais force est de constater qu'aujourd'hui, c'est un cadre sécurisé pour y parvenir, tant du côté du débiteur que des créanciers. Une conciliation permettra de trouver un accord amiable et confidentiel avec ses créanciers, une procédure de sauvegarde ou de redressement judiciaire permettra d'étaler les dettes dans le temps et donc de se donner une maturité longue sur des dettes que l'on n'arrivait pas à rembourser.

Mais en aucun cas des procédures judiciaires ne permettront à une entreprise d'être rentable, cela relève avant tout du modèle économique et de sa profitabilité globale. Celle-ci conditionne la capacité de l'entreprise à rembourser ses dettes et donc à emprunter. En cas de difficultés passagères ou accidentelles, l'entreprise devra être en capacité d'arrêter le plus vite possible ses foyers de pertes et à recréer de la valeur pour aller plus vite que la vitesse de détérioration du modèle économique. La structure financière n'est finalement qu'une résultante de cette capacité bénéficiaire et elle s'ajustera automatiquement, les créanciers passant devant les actionnaires. Être compétitif est un impératif pour qu'une entreprise en mesure d'affronter ses concurrents.

Aucune difficulté financière n'est en soi insurmontable même si cela peut paraître contre-intuitif.

33. Aller plus vite que la vitesse de détérioration du modèle économique

Quand on veut redresser une entreprise, effectuer le « retournement » de la tendance dépressionnaire, quand on veut la sauver, il y a une règle d'or dans la gestion de la crise ou de la transformation : aller plus vite que la vitesse de détérioration de l'entreprise !

Si l'on ne crée pas davantage de valeur que la valeur qui est détruite, on échoue, ce qui signifie que l'on ne peut pas se permettre de réussir à 90 %, mais plutôt à 110 %. C'est important, car quand on évoque le rythme et le *momentum* d'une transformation ou de la gestion d'une crise, on parle bien de contrarier un cycle négatif, déficitaire et de le faire en anticipation et non en réaction.

Si une société est en déficit, cela crée un besoin de financement, alors que si on crée de la valeur immédiatement en investissant par exemple, cela financera les pertes, et permettra ensuite d'être profitable. D'où la nécessité de ne jamais attendre pour reformater un modèle économique.

Dans le dossier Solocal (ex-Pages Jaunes), on passe entre 2010 et 2018 de 500 millions à 170 millions d'Ebitda à effectif constant : chaque année le modèle économique se détériorait de 50 millions d'euros. Quand on décide d'opérer fin 2017 le changement de stratégie, l'idée est de générer 120 millions d'euros d'économies en année pleine pour laisser du temps à la nouvelle stratégie d'avoir un impact significatif sur les revenus. Et pour la première fois en 2018 et 2019, l'Ebitda est stabilisé et ne diminue plus.

Il faut donc être capable de mesurer l'érosion d'un modèle économique.

Les business plans Excel ou PowerPoint sont toujours beaux, réussis et en croissance… alors que la vraie vie n'est pas celle-là ! Quand on travaille dans la presse, par exemple, on met un chiffre négatif sur la progression des ventes papier et de la publicité et un chiffre positif pour le numérique. Quand on travaille dans la production de musique ou bien dans l'édition, il y a une évolution vers des modèles numériques, différents, ou des abonnements (car là aussi on n'achète plus son disque et sa musique, mais on la loue auprès de Spotify ou Deezer) avec des modalités différentes de rémunération.

Il ne faut pas se laisser entraîner non plus par le dogme de la croissance, car souvent celle-ci élude les risques en les éliminant dans le futur… sur le papier. Il vaut mieux simuler un business plan avec un chiffre d'affaires en baisse, ou au mieux constant, et se garder des opportunités (les fameux «*upsides*»), mais bien mesurer les efforts de compétitivité sur cette base plutôt que de générer une marge future imaginaire qui n'existera jamais. Ce qui me fait penser à cet aphorisme cher à Pierre Desproges et repris par Marc Levy dans *Elle & Lui*: «Un jour j'irai vivre en Théorie, car en Théorie tout se passe bien !»

La notion de temps est clé dans la réussite d'un projet, que ce soit par le rythme ou le *momentum* comme on l'a vu (*cf. p. 133*), précisément parce que l'on est en vents contraires, et que l'enjeu est de stopper l'hémorragie le plus vite possible, ce qui nécessite au passage de comprendre d'où elle vient.

Quoi qu'il en soit, on revient à la capacité à générer rapidement de la marge (soit par création de valeur, soit par réduction des coûts fixes ou des coûts variables). Et aller plus vite que la vitesse de détérioration de l'exploitation, en accélérant la création de valeur et en stoppant aussi vite que possible la destruction de valeur. C'est l'essence même du retournement.

34. Ne pas adopter la politique de l'autruche

Beaucoup de chefs d'entreprise commettent souvent deux erreurs :

- ils ne veulent pas franchir la porte d'un tribunal de commerce, même pour une procédure amiable et préventive, oubliant qu'il s'agit d'une justice commerciale et consulaire, avec des juges eux-mêmes chefs d'entreprise. De plus, depuis une quinzaine d'années, les tribunaux de commerce se sont tournés avec engagement et succès vers la prévention et les redressements d'entreprise. L'erreur basique est donc de repousser le moment de se mettre « sous la protection » du tribunal, ce qui peut leur éviter de perdre leur entreprise, soit dans le cadre d'une cession qui devient inéluctable, soit dans le cadre d'une liquidation judiciaire ;
- quand, malheureusement, ils « tombent » en redressement judiciaire (ou se résignent à y aller), ils pensent que cela va tout résoudre. Si le redressement judiciaire ou la sauvegarde peuvent résoudre facilement un problème de dettes ou de structure financière, en revanche si l'entreprise n'est pas profitable, elle n'est pas redressable. Car il n'est pas possible d'être en perte et de générer du passif sous ce régime judiciaire. Quoi qu'il en soit, il est nécessaire de trouver les moyens de financement de la période d'observation surtout si on veut engager une restructuration de l'activité.

Ces deux erreurs résument la complexité du rapport aux procédures dites « collectives », plus qu'aux procédures elles-mêmes. Très souvent les chefs d'entreprise mélangent ces notions et n'en comprennent pas l'utilité finale. Dans la pratique, c'est davantage le signe qu'ils n'ont pas de vision claire de leurs fonds propres, de leur profitabilité (en Ebitda et en résultat net) et de leur «*free cash-flow*» (la génération de trésorerie nette de l'activité y compris la variation de besoin en fonds de roulement).

Elles démontrent que quand les choses «commencent à aller mal» (ce qui se voit en premier lieu sur la trésorerie, qui est un redoutable thermomètre), il faut à la fois affronter la réalité (je dirais même parfois la cruauté des chiffres) et prendre conseil (au moins auprès de son expert-comptable et de son commissaire aux comptes) car retarder le moment où l'on acte du problème est systématiquement un facteur de destruction de valeur.

Quand on a des difficultés, on ne peut pas adopter la politique de l'autruche; il faut faire face à la réalité des grands équilibres de l'entreprise (rentabilité globale, profitabilité par métier ou business units, fonds propres, capitaux permanents, échéances d'emprunts, tendance du marché sur lequel on agit, prévisions d'activités…).

MANDATAIRE JUDICIAIRE, UN MÉTIER PAS COMME LES AUTRES!

Par Stéphane Gorrias
Mandataire judiciaire et associé fondateur de l'étude BTSG

Je ne crois pas qu'il puisse exister de vocation pour le métier de mandataire de justice. C'est le hasard qui place sur la route d'un étudiant qui aime le droit, la comptabilité et la finance ce métier si peu connu du grand public et pourtant si effrayant dans l'esprit collectif. C'est de la rencontre individuelle avec des femmes et des hommes pratiquant cette profession que naît cette passion de la gestion de la crise. J'aime au quotidien découvrir l'autre, le contact de la chose économique, la société, et j'ai cette volonté de préserver ou réintégrer dans le circuit des moyens humains et matériels dans l'intérêt de tous.

La profession de mandataire de justice est réglementée. Elle est exercée par 450 professionnels. C'est un métier exclusif de tout autre et qui ne dispose pas, contrairement aux idées reçues, d'un monopole. Les tarifs sont établis par des normes administratives et réglementaires. Titulaire d'un mandat de justice garantissant son indépendance, le professionnel de la crise n'a pas de client. Intervenant dans des phases amiables ou judiciaires, il a un donneur d'ordre, le tribunal, ou son président, qui le désigne, et une personne à qui il rend compte, le procureur de la République. Le bénéficiaire du service est d'abord le chef d'entreprise et les salariés, mais également l'ensemble des partenaires économiques de l'entreprise.

Pour accéder à cette fonction, des compétences approfondies en comptabilité, gestion et connaissance de la loi sont requises. Pour autant, appréhender la crise ne s'apprend pas de façon théorique. Face à un dirigeant en situation de détresse, il n'y a pas de compétences prérequises mais la nécessité d'une appétence inconditionnelle. Accompagner. Comprendre. Parfois être ferme et intransigeant. Avoir le recul sur la situation et une faculté de projection dans le futur. Savoir concilier des intérêts qui apparaissent divergents. Le vocabulaire est souvent emprunté à l'imaginaire médical. La crise doit se surmonter rapidement ; la loi met d'ailleurs en place des protocoles de rapidité afin de garantir la préservation de la valeur. Face à la crise, l'urgence nécessite des actes dédiés, efficaces et maîtrisés. Ces actes reposent sur un savoir-faire et un savoir-être, sur des techniques de gestion de crise, d'indicateur de trésorerie, de prévisionnel d'exploitation et sur une faculté d'empathie et de prise de conscience. Il n'y a pas de bonne gestion de crise sans remise en question de ses acquis et de son expérience. Car derrière chaque entreprise, quelle que soit sa difficulté, il y a des femmes et des hommes, des salariés angoissés, et le but collectif des mandataires et administrateurs judiciaires avec le tribunal de commerce est toujours de trouver une solution pérenne pour les salariés.

J'interviens dans tous les secteurs d'activité. Le quotidien est celui du tissu des entreprises françaises, c'est-à-dire une très grande majorité de TPE et PME. Cependant, j'ai pu constater que la crise n'a pas une cible particulière de sociétés, mais que celles-ci présentent souvent les mêmes caractéristiques, et ce quelle que soit leur taille. Ainsi, il existe des facteurs communs entre les dirigeants qui vont être amenés à demander la protection du tribunal et à être accompagnés par des professionnels de la crise. S'ils arrivent à tirer les enseignements des difficultés rencontrées, cela leur permet de développer ou de renforcer les qualités requises pour les surmonter et pour lesquelles malheureusement ils ne sont aujourd'hui pas formés : anticipation, capacité à appréhender les mouvements du marché, connaissance des éléments clés de l'entreprise au niveau de la gestion mais également humaine.

La crise de l'entreprise, c'est d'abord la crise de son dirigeant puis celle de ses salariés. Il y a des crises personnelles, des accidents de vie, des difficultés structurelles et des problèmes de comportement. Il y a bien entendu la difficulté conjoncturelle qui s'impose à l'environnement économique. Les patrons en difficulté ne sont pas, par définition, des « patrons voyous ». Ils sont à l'image de notre société : des leaders, de bons managers ou non, des personnes compétentes et d'autres indélicates, des personnes qui se révèlent courageuses et d'autres faibles face aux difficultés et aux actions à mettre en œuvre, des créatifs et d'autres qui sont dans le déni.

« Il s'agit de faire face à la crise mais également de la dépasser, de la transformer ; c'est une construction. »

En qualité de mandataire de justice intervenant dans des phases amiables, je tente de privilégier une approche technique de la difficulté que je concilie avec la réalité de la condition d'homme et du contexte dans lequel il évolue. Il s'agit de faire face à la crise mais également de la dépasser, de la transformer ; c'est une construction. La crise est l'occasion de mettre une situation à plat. Elle doit aussi être l'opportunité, dans un mandat *ad hoc* ou une conciliation, de changer, de transformer l'entreprise et/ou son dirigeant.

Les fondamentaux de l'entreprise et de son manager doivent être examinés et challengés afin de trouver ensemble les solutions qui s'imposent pour le retournement. Certaines étapes sont incontournables. Cela passe par des réunions comme mode de verbalisation pour le dirigeant présent à l'origine de la crise, l'analyse factuelle des indicateurs financiers, la confrontation de ma perception des difficultés avec celle que peuvent en avoir les équipes dirigeantes afin de préempter le ressenti des parties prenantes à la négociation. L'objectif final recherché, autre que les solutions financières renégociées, doit être la mise en place de process maîtrisés (service de la dette, charge de la dette, prévisionnel d'activité, fiabilité et transparence dans l'information vis-à-vis des tiers partenaires, trésorerie) permettant tant de redonner à l'entreprise des bases de fonctionnement saines que de restaurer la confiance qu'elle peut inspirer. Il s'agit pour le dirigeant d'être le maître de sa crise pour apprendre de sa difficulté et en sortir renforcé.

En phase judiciaire, mon rôle est défini par la loi et la crise encadrée par des outils procéduraux. Je m'attache dans mon mandat à humaniser la procédure, à trouver les solutions pertinentes de sauvetage de l'entreprise, à ne pas m'acharner si la pérennité ne m'apparaît pas durable et à faciliter le rebond du dirigeant, de son équipe ou la conservation de la valeur créée.

Créer et diriger une entreprise a toujours été ma ligne directrice. Mes associés et moi exerçons notre mandat avec la collaboration de plus de 100 salariés. Nous traversons, comme tous les chefs d'entreprise que nous croisons, des phases de doute, des moments de difficulté, des instants de satisfaction et de partage. Je suis confronté quotidiennement à la crise des entreprises que je dois accompagner dans le cadre de ma fonction et aux crises que ma propre entreprise peut rencontrer. J'en ressors chaque jour plus passionné.

35. Avoir une vision claire de la trésorerie et de la structure financière

La première démarche est d'avoir le plus vite possible une vision financière claire de la situation, la même qui sera demandée lors de l'ouverture d'une procédure collective, ou d'une négociation avec des banques en mandat *ad hoc* ou en conciliation.

« *Cash is king...* » La première contrainte est toujours la trésorerie : a-t-on les moyens de faire face à ses échéances de trésorerie ? de payer ses échéances de charges sociales et d'impôts si jamais on est en redressement judiciaire ou en sauvegarde ? Et si on ne paye pas ses fournisseurs comment va-t-on continuer à produire ?

Il faut combattre la croyance selon laquelle une fois que l'on est en redressement judiciaire ou en sauvegarde, on peut ne pas payer ses échéances de charges sociales ou ses impôts, alors qu'au contraire il faut les payer, la procédure collective traitant le passé et donc le passif (le fait de ne plus pouvoir faire face à son passif exigible avec son actif exigible), mais pas le présent et le futur (c'est-à-dire l'équilibre courant).

Il faut aussi être conscient que si un redressement judiciaire ou une sauvegarde réduisent la pression sur l'entreprise avec des dettes qui sont gelées et qui ne sont donc plus exigibles, il peut y avoir un impact négatif sur le besoin en fonds de roulement avec des fournisseurs qui en contrepartie exigent d'être payés comptant ou d'avance pour les nouvelles livraisons, ou même refusent de livrer pour le futur, ce qui peut ralentir la chaîne de production.

Si l'on n'est pas capable de financer sa période d'observation, il n'y a pas de pérennité possible dans une procédure collective qui ne donne qu'un effet de levier sur les dettes.

Il est donc primordial de clarifier la situation de trésorerie et de simuler les différentes contraintes, sans oublier que souvent les fournisseurs resserrent leurs conditions de crédit dès qu'ils perçoivent des difficultés pour l'entreprise.

Le pendant de cette vision de survie (la trésorerie) étant la structure financière de l'entreprise. Je suis toujours stupéfait de constater que la majeure partie des chefs d'entreprise ne connaissent pas le niveau de leurs fonds propres ni n'ont une idée très claire de leur structure financière (leur endettement financier à court et moyen terme, leurs dettes d'exploitations, leurs créances clients également, ou le mode de financement de leurs investissements). On peut effectivement avoir des difficultés de trésorerie et un faible endettement uniquement parce qu'on a autofinancé des investissements, ou bien parce qu'on n'a pas su gérer son BFR en n'étant pas strict sur l'encaissement de ses créances clients et en étant, par exemple, contraint de payer trop vite ses dettes fournisseurs.

C'est pourtant basique et important, surtout quand les mêmes chefs d'entreprise considèrent que les banques ne font pas leur travail et devraient les financer…

J'ai eu cette conversation un jour avec un actionnaire qui me disait ne pas arriver à lever auprès des banques un financement de 1,5 million pour son entreprise qui était en plan de sauvegarde avec 7,5 millions de dettes essentiellement bancaires étalées sur dix ans. En le questionnant, je me suis aperçu qu'il avait des fonds propres négatifs de 4 millions, ce qui suffisait à faire rejeter tous ses dossiers de crédit, sans même étudier le fait que l'entreprise était faiblement rentable et que son cash-flow ne pouvait pas absorber les remboursements de la dette passée et de la dette future. Je lui ai expliqué que les banques ne sont pas là pour se substituer aux actionnaires.

Il est essentiel de revenir aux fondamentaux pour sortir des difficultés financières et ce, de la façon la plus objective et rapide possible afin de ne pas se mentir à soi-même. Et donc d'inventorier ce qui sort de la norme dans la façon (parfois forcée) de gérer notre entreprise. Cela veut dire que, parfois, il faut accepter d'augmenter son capital, de le diluer, de s'associer avec une autre entreprise, pour être plus fort et mieux armé.

Plus on passe du temps à gérer des difficultés financières, moins on a de temps pour développer son entreprise et créer de la valeur.

MICHEL ET AUGUSTIN AU BORD DU GOUFFRE EN 2009 !

Par Michel de Rovira
Entrepreneur, cofondateur de Michel et Augustin

Septembre 2004, nous créons avec Augustin l'aventure alimentaire Michel et Augustin.

Portées par l'extension des gammes (sablés, yaourts) et une distribution élargie en France des produits, les ventes ont vite décollé. 2006 : 0,5 M€ ; 2007 : 1,5 M€ ; 2008 : 4,5 M€. Enivrés par ces premiers succès, nous imaginons que 2009 nous permettra de nouveau de tripler le chiffre d'affaires et statuons finalement sur un budget conservateur : 9 M€, soit +100 % !

À fin juin 2009, nous n'avons réalisé que 3 M€ de chiffre d'affaires (+40 %) et pourtant avec le directeur commercial nous confirmons nos ambitions avec une révision du budget annuel à 8 M€.

L'actualité est frénétique et excitante : nous venons d'emménager dans de nouveaux locaux, six fois plus grands que les précédents. Nous avons recruté au premier semestre plus de dix personnes et tout un Comex confirmé : une directrice marketing venant d'Henkel, un directeur commercial formé chez Unilever et un directeur financier en provenance de Fauchon. Nous changeons de fabricants au 1er juillet pour nos deux gammes principales : sablés et yaourts, améliorant ainsi marges et qualité. Nous avons installé un nouvel ERP pour faciliter facturation et reporting. Enfin, SFR nous a choisis Augustin et moi comme « égéries » pour sa nouvelle campagne de publicité, offrant ainsi une visibilité exceptionnelle et gratuite à la marque.

Juillet 2009, après cinq années professionnelles à fond, Augustin et moi sommes épuisés. Avant de partir en vacances, j'envoie un petit récapitulatif par mail à Augustin sur la situation. Lui s'apprête à reprendre le travail. Je réalise pour la première fois que la situation de cash est tendue.

Au retour des vacances, tout se précipite. Le solde de notre compte en banque n'a jamais été aussi bas. La mise en place d'un financement par affacturage est désastreuse : trop de factures erronées et contestées, des encaissements très en retard et l'affactureur prélève des retenues et des frais dans tous les sens, rendant les prévisions de trésorerie impossibles. Les ventes pendant l'été sont très en deçà de nos attentes.

Septembre 2009, c'est la spirale des catastrophes : notre actionnaire principal, le fonds Serendipity, s'énerve de voir nos prévisions de ventes erronées et tombe des nues sur notre situation de trésorerie, lui qui croyait que l'affacturage apporterait un bol d'air. Serendipity est lui-même sous pression pour rendre des comptes aux familles Pinault et Bouygues qui ont investi dans ce nouveau fonds.

Début octobre. Nous n'avons toujours pas payé une seule facture de Poult, notre nouveau fabricant de biscuits. Nous retardons le paiement du loyer de nos nouveaux bureaux étincelants. L'assistante et la comptable entendent les appels pressants des fournisseurs, le bruit se propage dans l'entreprise que nous n'avons « plus de cash ». Augustin et moi rassurons l'équipe autant que possible tout en réalisant que notre argent en banque n'est plus suffisant pour payer les salaires du mois.

Et pire, Augustin et moi croyons que notre actionnaire principal nous soutiendrait en cas de coup dur : 40 % de croissance tout de même ! Des meilleurs coûts de revient, une équipe commerciale qui se constitue, une marque qui émerge... Non, à leurs yeux et à raison, avec ce hoquet dans la trésorerie et la croissance, nous avons commis un accident industriel, la confiance est rompue.

Une fois tombés de nos chaises, et cette déconvenue absorbée, nous avons touché le fond, ce qui nous a permis de rebondir. En dix jours, nous établissons un nouveau business plan montrant la nécessité de lever 3 M€ et prenons des décisions fortes pour redresser l'entreprise :

- abandonner cet affacturage inadapté à notre situation ;
- couper toute nouvelle dépense (1,1 M€ d'économie *vs* budget) ;
- sous-louer une partie de nos locaux ;
- reporter *sine die* tout recrutement, faciliter le départ de ceux qui n'y croient plus.

À l'issue de relations avec Serendipity en montagnes russes, nous finissons par sécuriser ce financement de 3 M€ le 27 octobre 2009 auprès en particulier d'un de nos actionnaires historiques, François Badelon (fondateur d'Amiral Gestion), qui joue au chevalier blanc avec l'aide de quelques proches. François m'appelle et me confirme son investissement en disant : « J'ai regoûté le Petit Carré, c'est une tuerie ! »

« Désormais, nous voulons être sans concession dans nos embauches : choisir des salariés brillants, malins, ambitieux, passionnés, curieux et sympas. »

L'année 2009 se termine avec 6 M€ de chiffre d'affaires (soit 33 % de croissance, mais 3 M€ de moins que prévu). En 2010, l'entreprise atteint 8 M€ de CA et sort du rouge. Et une accélération de la croissance recommence. Enfin, le pourrissement de l'atmosphère dans l'équipe en 2009 nous aura donné à Augustin et moi une bonne leçon.

À la création, nous étions contents de réussir à trouver des salariés et je m'émerveillais presque que ceux-ci sortent de leur lit, enfilent un tee-shirt et viennent travailler pour Augustin et moi.

Désormais, nous voulons être sans concession dans nos embauches : choisir des salariés brillants, malins, ambitieux, passionnés, curieux et sympas. Nous réhaussons notre niveau d'exigence et voulons que les salariés choisissent en connaissance de cause de nous rejoindre (en leur proposant par exemple de passer une journée dans nos locaux avant de signer pour s'assurer de ce qu'ils vont trouver !). Quelques années plus tard, Michel et Augustin est l'une des plus belles marques employeurs et se classe dans le Top 3 des entreprises préférées des étudiants.

Et si c'était à refaire ? Croire que la croissance passée peut s'extrapoler vers le futur est une belle bêtise. De même que ne pas écouter les signaux du marché, comme celui de Lars Olofsson (ex-patron de Carrefour), qui affirmait fin 2008 : « Je veux réduire de 10 % les assortiments des marques nationales. »

Encore une autre bêtise, ne pas envisager en plus d'un budget agressif un second scénario : que se passe-t-il pour la trésorerie de l'entreprise si la croissance exponentielle prévue n'est pas réalisée ?

Enfin, je crois que nous n'avons pas suffisamment mis de mots sur ce que nous ressentions. L'entreprise était lancée à 100 à l'heure avec de très nombreux projets et investissements et nous ressentions bien le risque de dérapage, sans savoir le formaliser.

36. Prioriser le produit et son marché

La priorité reste bien évidemment l'activité de l'entreprise (son *core business*) car c'est d'elle que dépend sa profitabilité globale. Si on est sur un marché déclinant, concurrentiel, non rentable, il sera difficile de redresser l'entreprise.

C'est là où le travail le plus délicat commence avec ce que l'on peut appeler la « vérité des prix » : quelles sont les activités rentables, celles qui ne le sont pas, celles qui coûtent de l'argent… ?

Beaucoup de chefs d'entreprise rechignent à accepter l'idée qu'ils doivent abandonner des pans entiers de leur activité et ne font pas le calcul de ce que leur coûte le maintien de cette activité déficitaire.

Au moment du redressement judiciaire de Doux en juin 2012, le pôle export est historiquement rentable (mais faussement car il touchait 60 millions de subventions européennes à l'exportation chaque année), le pôle de produits élaborés de volaille était largement déficitaire du fait des transferts internes, alors que la marque Père Dodu était le leader de son segment avec 43 % de part de marché, et le pôle frais (les poulets frais vendus en grande distribution) perdait 25 millions par an depuis dix ans.

À ce même moment, le passif déclaré était de 950 millions d'euros dont 650 millions sur le Brésil, et 300 millions sur les activités françaises : le rapport entre ces 350 millions de passif et dix années de pertes qui ont coûté 250 millions de cash est édifiant, surtout quand on sait que dix ans auparavant le Groupe LDC avait proposé de racheter ce pôle pour 100 millions. On ne refait pas l'histoire avec des « si », mais un rapide calcul montre qu'il n'y aurait pas eu de dettes sur l'activité française avec ce choix stratégique, et donc pas de redressement judiciaire en 2012.

Savoir couper ses branches déficitaires crée de la valeur pour l'entreprise. Il faut savoir arbitrer ses domaines d'activité, car en cas de difficultés ce sont ces branches qui vont peser sur les chances de redressement et la pérennité de la société. Le même raisonnement se fait avec les canaux de vente.

Conserver une branche déficitaire sur une partie de l'activité, et donc de la chaîne de valeur non seulement ne crée pas de valeur, mais en détruit, et fragilise ce qui est rentable.

Souvent, d'ailleurs, cela renvoie à l'excès de charges fixes par rapport à la contribution des métiers même rentables : au fur et à mesure des difficultés, on empile généralement des postes fonctionnels qui viennent absorber la valeur ajoutée au lieu de se concentrer sur la génération de la valeur ajoutée.

Ce qui est important aussi, c'est la tendance des marchés sur lesquels on opère.

On peut être rentable sur un marché déclinant et en transformation. C'était, par exemple, le paradoxe des annuaires téléphoniques qui en version papier avaient de par le monde (les Pages Jaunes et leurs équivalents étrangers Yellow Pages, Yelp...) des contributions très élevées de l'ordre de 60 %, alors même que la disparition de cette activité était inéluctable et programmée. Cela signifie que rentabilité doit rimer avec pérennité. Il ne faut pas s'aveugler avec les chiffres et les masses, mais il faut bien analyser les tendances et les évolutions.

Si on n'est ni le leader ni le challenger sur son marché, que celui-ci est déclinant, et que, de surcroît, on est confronté à des difficultés, la question de la pérennité du modèle se pose.

L'erreur dans la gestion d'une crise ou d'une restructuration est souvent de se concentrer sur les aspects financiers et moins sur les fondamentaux. Or, sans aller jusqu'à soutenir que c'est l'inverse, si l'entreprise ne produit pas, ou produit mal, a une mauvaise organisation, vend mal, a de faibles marges ou bien est sur un marché déclinant, c'est quand même bien cela qu'il faut soigner.

Sans oublier la dimension sociale, humaine, psychologique que l'on ne peut pas faire passer après.

Les éléments financiers découlent directement de la situation réelle de l'entreprise et s'adapteront naturellement (que ce soit par un ajustement de la dette ou de l'actionnariat) à la situation de profitabilité ; cette vérité crue n'est bien sûr pas audible pour un actionnaire qui ne veut pas être cette variable d'ajustement.

Une entreprise peut être rentable et à court de trésorerie en raison d'un manque de financement de son activité.

Une entreprise rentable trouve toujours une solution si ses fondamentaux sont bons. C'est certainement dur à accepter, mais l'entreprise en tant qu'entité doit pouvoir survivre à son actionnariat et à ses créanciers (comme ce fut le cas des dossiers Technicolor, Vivarte, Solocal ou CGG, dont les dettes ont été converties en capital, les créanciers en étant devenus les actionnaires).

Le chef d'entreprise doit donc bien centrer son action sur les causes des problèmes afin qu'il ne soigne pas uniquement les symptômes en ayant une vision exclusivement financière : s'intéresser avant tout au marché et à ses produits (ou services) et à leur positionnement me paraît plus pérenne que de s'intéresser à la dette.

Plus que jamais la croissance d'une entreprise est rarement possible dans un marché en régression, ou alors c'est qu'elle dispose d'un avantage concurrentiel fort, d'une technologie que les autres n'ont pas, d'une expérience utilisateurs ou d'une digitalisation qui fait que « *the winner takes it all* » (c'est le premier qui remporte tout).

Ce qui amène plus que jamais à s'interroger sur la nécessaire transformation des entreprises, sur les apports de la technologie et du digital, de l'intelligence artificielle comme facteurs de transformation. C'est donc la façon d'aller sur un marché, la valeur ajoutée du produit qui font la différence et constituent des atouts.

En vingt ans, des pans entiers de l'économie mondiale ont été bouleversés avec l'arrivée de nouveaux acteurs qui aujourd'hui atteignent des valorisations stratosphériques et ont bousculé des leaders traditionnels des secteurs sur lesquels ils sont. Certains seront certes plus pérennes que d'autres, mais chacun de ces acteurs a su créer des écosystèmes qui ont soit créé une demande, soit remplacé des acteurs traditionnels.

C'est une vision du marché, des besoins et des attentes des consommateurs qui a été à la source de cette énergie créatrice. Ces leaders ont tous comme caractéristiques de s'être placés du côté de l'utilisateur en créant progressivement une société tournée vers l'usage plus que vers la possession.

Et en la matière les échecs des uns nourrissent les succès des autres. Chaque avancée permettant de créer un besoin qui n'existait pas avant. On est un peu dans ce paradigme hugolien du «ceci tuera cela» évoqué par Victor Hugo dans *Notre-Dame de Paris*: on fait, on ne tue pas, on ne remplace pas, on fait différemment. On n'a finalement jamais autant édité de livres que de nos jours. Est-on d'ailleurs conscient que la véritable révolution de Gutenberg est d'avoir créé le premier objet nomade susceptible de voyager et de diffuser une pensée et une information?

C'est donc cette vision du marché et de son produit sur le marché qui est primordiale quand on doit résoudre une crise ou engager une transformation. On ne peut à la fois dire que son produit n'est pas en cause et assister à une décroissance forte de son activité. Peut-être que le produit n'est pas seul en cause, et que son manque d'attractivité s'additionne au déclin continu du marché sur lequel il évolue.

Si les valeurs financières sont des valeurs d'ajustement, le marché est quant à lui radical pour éliminer des acteurs, comme on le voit avec des industries traditionnelles européennes supplantées par des pays d'Asie, ou comme on l'a vu en 2019 avec la start-up WeWork pourtant soutenue par Softbank et dont la valeur s'est effondrée du jour au lendemain dans un subit accès de conscience des risques inhérents au modèle économique.

Une entreprise reste de toute façon confrontée à une règle assez simple: vendre. Car produire ne suffit pas dans une société tournée vers le consommateur, l'usage, et la possibilité de toute acheter et comparer à travers un simple téléphone.

RETOURNEMENT DE CONJONCTURE DANS LA GRANDE DISTRIBUTION

Par Olivier Macard
Partner chez EY, cabinet d'audit financier, à Paris

La distribution raffole des modèles opérationnels décentralisés.

Prise directe avec le marché local, faculté d'adaptation accrue, rapidité de réaction: les arguments ne manquent pas pour justifier les marges de manœuvre importantes laissées aux équipes de direction des filiales à l'étranger.

Ce choix organisationnel impose toutefois des corollaires qui relèvent souvent du non-dit: le besoin d'équipes locales de qualité, de remontées d'information pertinentes et des relations siège/*business unit* d'une grande maturité.

Lorsque ces éléments font défaut, ce qui constitue une force en phase de croissance peut devenir un piège mortel en période de crise...

Ce fut le cas pour cette importante filiale à l'étranger d'un groupe de distribution - un parc sous enseigne de plus de 900 magasins, plus de 10 000 employés, plusieurs milliards d'euros de chiffre d'affaires - au chevet de laquelle nous avions été appelés en urgence.

Les difficultés de la filiale n'étaient pas nouvelles. Alors que le pays était en crise depuis plusieurs années, son chiffre d'affaires avait déjà chuté de près de 20 % en trois ans. Ce contexte difficile n'avait pas empêché l'équipe locale de faire l'acquisition, l'année précédente, d'un réseau de 250 magasins qu'il fallait transformer et mettre sous enseigne. Réalisée totalement à contre-cycle, l'opération s'avérait très longue et très coûteuse.

Cette opération avait finalement coûté la tête à l'équipe de management, révoquée au printemps précédent. Une équipe nouvelle avait été mise en place. Le directeur financier, jeune expatrié, n'avait pas l'expérience du pays. Nous avions été mandatés compte tenu d'une alerte sur la trésorerie et d'un besoin imprévu de support financier de la maison-mère.

Lorsque nous sommes arrivés sur place, début février, la première chose qui nous a frappés a été le décalage entre le ton des reportings envoyés au groupe, techniques et lisses, et la réalité vécue par les équipes locales. Ce décalage existait également entre la violence de la crise - des baisses mensuelles de chiffres d'affaires entre 10 et 20 % - et les priorités locales, tout à fait comparables à celles qu'aurait un groupe sur un marché « normal ».

En dépit de « *like for like* » (à données comparables) très négatifs, le nouveau plan stratégique, établi en juillet, faisait de la transformation commerciale la priorité de l'enseigne. Les chantiers étaient nombreux : consolider la *supply chain*, investir en prix, réaliser des gains de productivité, augmenter la satisfaction client... Compte tenu des ambitions marquées des concurrents (plans de croissance du parc compris entre 5 et 7 % par an), un plan d'expansion significatif était décliné. Le pays s'enfonçait dans la crise, mais tous les acteurs ne songeaient qu'à grossir plus vite que les autres.

Certes, devant l'aggravation récente des difficultés, un plan de crise avait été mis en place. Un dispositif de réduction des coûts avait été lancé. Celui-ci comportait des renégociations de loyers, une restructuration de la logistique, des fermetures de sites... Malgré plus de deux années de baisses consécutives des ventes, le budget avait été construit à partir d'une hypothèse de croissance de 3 %. Ce n'est qu'en octobre que les prévisions avaient été revues à la baisse à (4 %) lors du dernier exercice de revue budgétaire de l'année.

Dans les faits, la filiale était au bord de l'abîme depuis plusieurs mois. L'arrivée d'équipes nouvelles, l'importance des chantiers en cours, la bagarre concurrentielle avaient contribué à la formation d'une forme de cécité quant à la dangerosité de la situation locale.

« En période de crise, "l'usine à cash" se transforme alors en "siphon à cash" »

Cette dangerosité était liée à ce qui constitue, en temps normal, la force du secteur de la distribution : le BFR négatif. Ce dernier est naturellement générateur de trésorerie. En période de croissance et d'expansion, c'est une véritable « usine à cash » qui se met en marche, limitant les besoins de capitalisation. En période de crise, toutefois, c'est exactement l'opposé qui se produit : « l'usine à cash » se transforme alors en « siphon à cash ». À défaut de surface financière, le risque de défaut arrive alors très vite.

Face à la baisse des ventes, le réflexe des équipes locales avait été, au fil des mois, de ralentir les paiements aux fournisseurs, dont le délai moyen dépassait 100 jours.

Le « siphon à cash » s'était toutefois déclenché durant le dernier trimestre du fait de l'accélération de la crise. La chute des ventes mensuelles, de l'ordre de 5 à 10 % durant les deux dernières années, dépassait alors les 20 % pour certains rayons. La rétention des paiements fournisseurs ne suffisait plus. Au vu de la taille du pays, les besoins s'exprimaient en dizaines de millions d'euros.

Le deuxième facteur d'étonnement à notre arrivée avait été de constater que les données historiques de la filiale étaient incompréhensibles. Ayant réalisé des dizaines d'opérations pour des activités similaires, nous ne reconnaissions pas les ordres de grandeur qui, d'ordinaire, caractérisent le modèle économique du secteur.

Les chiffres étaient pollués des effets massifs de la transformation du parc acquis, des transferts de magasins, des changements de formats, des liquidations de stocks, etc. La filiale était pilotée à partir d'indicateurs totalement brouillés. Il était impossible de tirer la moindre conclusion ni d'établir le moindre plan directionnel sans reconstruire une vision normative des performances.

Notre travail a clairement mis en évidence les impacts de l'effondrement des ventes du dernier trimestre et l'allongement infernal des délais de paiement qui en a résulté. En décembre, la filiale avait tiré sur la corde pour plus de 100 M€ additionnels de trésorerie fournisseurs. Les délais moyens dépassaient 130 jours. La situation était intenable.

La rétention des paiements fournisseurs, ficelle classique dans d'autres industries aux cycles productifs longs, est en effet porteuse de conséquences graves dans le secteur de la distribution : elle mène très vite au refus de livraison et à... l'absence de chiffre d'affaires qui en découle. Les taux de rupture avaient atteint des seuils intolérables. Sur le terrain, certains magasins présentaient des surfaces à moitié vides.

L'une de nos premières tâches a été d'établir un comité de pilotage des délais de paiement, dont l'objectif était d'activer le règlement des fournisseurs « stratégiques », pourvoyeurs d'articles à forte rotation. Les rayons ne pouvaient rester vides et il fallait faire des choix.

Nous nous sommes ensuite attaqués à la reconstruction des données historiques, préalable indispensable à la refonte des prévisions de cash-flow. Alors que le budget d'octobre aboutissait à un cash-flow de l'année à venir juste à l'équilibre, notre modèle a montré que les besoins allaient s'envoler : plusieurs centaines de millions d'euros de besoins cumulés pour les trois prochaines années...

Cela a provoqué, au siège, des débats « à chaud » sur l'avenir de la filiale. Au vu de la taille de l'activité, de son emprise locale, le dépôt de bilan n'était pas une option. La poursuite de l'activité, en l'état, non plus. Nous avons déterminé les besoins de recapitalisation préalable à un processus de cession. Après recapitalisation, la filiale a finalement été cédée à un acteur local.

Avec le recul des années, que tirer de cette histoire ?

Tout comme un accident de voiture n'est pas provoqué par une mauvaise pression des pneus, par la pluie, par la fatigue, par un camion qui sort de sa voie, mais possiblement par la combinaison de ces facteurs, c'est bien une combinaison de circonstances qui a rendu le sauvetage impossible :

- dans un contexte très incertain car déjà chahuté, l'imprudence de l'équipe locale qui s'est embarquée dans une acquisition importante et risquée au pire moment, c'est-à-dire juste avant l'effondrement de l'économie du pays ;
- sa focalisation sur les enjeux d'intégration de la cible, provoquant une réaction tardive à l'accélération de la crise ;
- l'incapacité des équipes du siège à lire la situation économique locale et leur acceptation du pari stratégique de l'acquisition ;

- une performance locale illisible, acceptée trop longtemps comme telle ;
- la sous-estimation de la fragilité intrinsèque de la filiale et des impacts dévastateurs du BFR négatif en période de crise.

Cela pose la question du besoin d'adaptation de la gouvernance siège/filiales aux situations exceptionnelles. Le premier enjeu étant, bien entendu, de reconnaître que la situation est exceptionnelle…

37. Redresser sans profitabilité est impossible

Une entreprise non profitable consomme de la trésorerie chaque mois : la profitabilité intrinsèque est une contrainte majeure pour redresser une entreprise. Elle ne doit donc pas être oubliée ou considérée comme accessoire dans les difficultés des entreprises. Réduire l'endettement ou injecter de la trésorerie ne crée pas de la profitabilité.

Si l'entreprise n'est pas profitable (ou du moins profitable à bref délai), les chances de redressement sont faibles, car non seulement une fois les dettes figées, l'activité doit générer du cash (ou ne pas en consommer), mais surtout pour qu'un plan d'étalement des dettes soit viable, il faut que l'activité génère une capacité d'autofinancement suffisante pour les rembourser en plus du financement de l'activité.

Les grandes entreprises surendettées voient d'ailleurs leur capital évoluer à la faveur des plans de restructuration de dettes avec des « *swaps debt to equity* » où les créanciers deviennent actionnaires en convertissant leurs dettes en capital, pratique anglo-saxonne ancienne qui s'est largement développée au cours de la dernière décennie en France.

Les petites et moyennes entreprises n'échappent pas à cette règle, et aucun plan n'est possible en cas d'absence de capacité de remboursement, laissant ainsi trois possibilités :

- soit un ajustement de cette dette avec un paiement comptant et libératoire sur une partie de la dette avec un abandon du solde ;
- soit un rachat de cette dette par un tiers, par une holding ou par les actionnaires eux-mêmes avec une décote sur la valeur nominale, ce qui, en cas d'augmentation de capital par incorporation

de créances, permettra de reconstituer les fonds propres à due concurrence de la décote ;

- soit un plan de cession des actifs, ce qui évincera les actionnaires en place, sans résoudre d'ailleurs le problème de profitabilité sauf si le périmètre repris est inférieur ou différent (avec, par exemple, la seule reprise du périmètre rentable).

Travailler sur sa profitabilité implique de comprendre sa structure de coûts par branche d'activité au sein d'une même entreprise. Comme on l'a vu, on peut être rentable sur certains aspects de la chaîne de valeurs et déficitaire sur d'autres, ce qui est souvent le cas dans des activités de production. Cette approche permet de dégager rapidement une approche de la rentabilité des différents métiers. Une entreprise peut très bien gagner de l'argent en production et en perdre avec sa commercialisation parce que celle-ci n'est pas adaptée ou qu'il y a tout simplement un problème d'excès des frais fixes par rapport aux capacités contributives de l'entreprise (ce qui est souvent le constat des entreprises en difficulté).

Cette notion basique est tellement absente des méthodes de gestion et de suivi au quotidien (et même de bon nombre d'analyses par des experts) que j'en ai fait un préalable à toute analyse, car elle permet de voir « combien ça coûte » de produire, de vendre, de gérer : ces trois seules notions sont à elles seules très instructives.

Il importe donc de mesurer le rapport entre le niveau des frais fixes et les contributions des métiers après prise en compte des frais variables. Cela permet d'avoir une véritable réflexion stratégique sur le « qui fait quoi et où ? », « sur quelle branche d'activité est-on le meilleur ou le plus rentable ? » et sur la pertinence du modèle économique ou de certaines de ses facettes. Par exemple, faut-il continuer à vendre à la fois en direct et par des revendeurs ? Cela double généralement les frais de structure pour gérer ces pans d'activité qui n'ont aucune taille critique.

L'analyse doit se faire en valeur absolue (en masse de contribution *versus* les frais fixes) et en valeur relative (en pourcentage pour apprécier les taux de contribution).

Cela doit pousser l'entreprise à se concentrer sur ses points forts et à améliorer ses points faibles, ou tout simplement à renoncer à vouloir internaliser une partie de la chaîne de valeur.

Alléger les frais fixes est toujours une nécessité, privilégier des charges variables fait parfois perdre quelques points de marge, mais sécurise l'entreprise dans le cas d'une volatilité du marché, de variations saisonnières, de marchés qui évoluent.

L'analyse de la profitabilité ne peut se faire sans cette répartition des charges, car elle est simple, lisible, parfois cruelle, mais permet d'orienter rapidement le travail à réaliser pour améliorer la rentabilité, ou tout simplement à transformer l'entreprise en lui permettant de capitaliser sur ses points forts.

La réflexion sur la profitabilité d'une entreprise est une réflexion sur la valeur : où se situe la valeur ? sur quels métiers ? Et, surtout, comment évolue-t-elle ? Ce constat permet d'orienter les changements à opérer et les ressources à y consacrer : on investit là où l'on génère le plus de valeur et où l'on peut développer un avantage concurrentiel.

38. Privilégier la compétitivité plutôt que la réduction de coûts

Le *cost killing* (notion anglo-saxonne qui peut se traduire par « réduction des coûts » ou plus exactement « chasse aux coûts ») est fréquemment utilisé lors des périodes de vaches maigres avec une obsession sur la réduction des dépenses.

Cela vise généralement en priorité ce qui est plus facile à faire, à savoir réduire, voire stopper, les coûts du jour au lendemain pour « faire des économies », souvent sans une analyse préalable de la valeur et des contributions (les différentes fournitures administratives, les notes de frais des collaborateurs, les frais de déplacement, et très souvent le budget marketing et communication), ces dépenses étant souvent jugées inutiles à court terme.

Souvent les effets sont dévastateurs, car ils inhibent les collaborateurs, coupent des budgets de « promotion de ventes » pourtant utiles, l'inertie du flux d'activité compensant à court terme mais jamais à moyen terme la diminution de l'activité commerciale qui s'ensuit.

Le problème, ce ne sont pas forcément les coûts, mais c'est la profitabilité globale de l'entreprise. Réduire les coûts n'a aucun sens sans une analyse de la valeur, alors que le problème est sans doute davantage un problème de marge ou de positionnement de l'offre produit sur son marché. Réduire les coûts quand on a un produit dépassé sur un marché déclinant est voué à l'échec.

De la même façon réduire les coûts pour diminuer la valeur ajoutée ou la qualité d'un produit n'est jamais un pari gagnant. C'est différent d'une stratégie de segmentation, où l'on va choisir d'axer sa stratégie sur du bas, milieu ou haut de gamme – j'évoque ici la tentation de dégrader la qualité d'un produit qui était positionné sur un marché dans le seul but de réaliser des économies.

Il faut davantage s'intéresser à la compétitivité que je définirais davantage comme « ce qui ne coûte à personne et rapporte à tout le monde ». La compétitivité, ce n'est pas seulement aller chercher des économies, c'est améliorer la chaîne de valeur sur le long terme en intégrant trois paramètres clés : les prix, les coûts et la qualité. La notion de coût devant s'entendre au sens large en valeur absolue et relative.

Cela signifie bien que la compétitivité, ce n'est pas une réduction de coûts, c'est une amélioration de la création de valeur en générant plus de marge et en la sécurisant – en saturant une usine par exemple, en payant ses approvisionnements en monnaie domestique plutôt qu'en devises, en massifiant des achats pour réduire les coûts, en annihilant les ruptures de charges, en optimisant la chaîne logistique, en massifiant des commandes, en externalisant certaines fonctions qui ne seraient pas clés (*non core business*), etc.

La compétitivité s'exprime aussi par la capacité à croître de façon durable et rentable, sans avoir à faire face à la loi des rendements décroissants, notion économique de base trop souvent oubliée : si pour produire plus, cela coûte plus, et que cela absorbe la marge contributive, on n'a certainement pas intérêt à le faire.

Alors que je me rendais sur une usine d'aliments (qui fonctionnait bien mais qui était chargée uniquement à 70 %) du groupe Doux dont j'étais le dirigeant, je m'aperçois qu'une coopérative qui élevait pour notre compte une quantité importante de nos poulets ne s'approvisionnait pas en aliments chez nous mais à l'extérieur, ce qui était un comble. Je leur ai alors proposé de leur fournir notre aliment à notre prix coûtant, ce qui avait pour effet de charger davantage notre usine et donc de la rentabiliser grâce à un meilleur amortissement des frais fixes, de réduire le coût d'approvisionnement de la coopérative d'environ 20 % (l'équivalent de la marge de son fournisseur), et par conséquent de réduire… notre prix d'achat qui était basé sur leurs propres coûts répercutés avec une marge !

Un bel exemple de compétitivité : ça ne coûtait à personne et ça rapportait à tout le monde. Le gain était de 500 000 euros par an sur une simple idée et sur une visite de quelques heures.

La compétitivité est créatrice de valeurs au contraire d'une simple action de réduction de coûts.

39. Aller chercher les centimes

Je me suis forgé cette conviction chez Doux, qui produisait plus de 200 000 tonnes par an de poulets et était confronté à une crise dans la crise (l'arrêt en neuf mois des subventions européennes versées depuis quarante-cinq ans à l'entreprise alors qu'elles faisaient partie de son modèle économique et financier).

Bâtir des plans de compétitivité n'était pas une option, mais un impératif. Toute mon équipe (j'avais réuni les 40 cadres de l'entreprise) devait trouver à la fin de la journée 25 millions d'amélioration opérationnelle pour compenser la perte de marge nette que nous subissions d'un mois sur l'autre avec la suppression d'un tiers de notre subvention annuelle. Cette séance n'était d'ailleurs pas placée sous le signe de l'angoisse, mais du challenge et de la volonté de réussir, quand toute une frange passéiste de la filière (dont notre concurrent Tilly-Sabco) préférait se battre pour le maintien d'un système obsolète et condamné.

Bien évidemment, dans ce genre de situations, on commence toujours par les gros postes de dépenses ou les gros arbitrages susceptibles de générer des économies sans atteindre l'appareil productif ni la qualité des produits. Regrouper deux sites en un est créateur de valeur quand aucun de ces sites n'est saturé parce qu'on va économiser les frais fixes du site fermé.

Quand on a fini avec ces gros arbitrages qui chaque fois rapportent des centaines de milliers ou parfois quelques millions d'euros, il faut passer aux « centimes » : quand on produit 200 000 tonnes, et que l'on gagne un centime au kilo par an, on gagne… deux millions d'euros.

Il faut donc calibrer les actions en fonction de l'activité quantitative de l'entreprise sur toute la chaîne de valeur. Pour le groupe Doux, on avait revu les emballages des poulets vendus

(200 millions d'unités par an), les emballages en carton (20 millions d'unités par an), le nombre de boîtes expédiées par palette et donc par container expédié. Ainsi, en simplifiant les emballages (et en réduisant la facture d'un centime par emballage) et en optimisant la logistique, on avait réussi à trouver 3 millions complémentaires.

Sans oublier que l'on pouvait aussi se battre sur les prix, tout en ayant en tête qu'un centime de variation de l'euro face au dollar représentait 3 millions d'euros par an de marge pure dans un sens ou dans l'autre (l'augmentation de l'euro coûtait alors que sa diminution rapportait). Exercice intéressant d'ailleurs, car si l'euro vient à baisser, ce n'est pas pour autant que l'entreprise a gagné en compétitivité : son activité commerciale si, mais pas sa production. Il faut faire attention à ne pas se méprendre et à ne pas croire à ses propres mensonges dans pareil cas.

40. Investir en temps de crise

Cela peut sembler contre-intuitif, mais dans les industries un tant soit peu capitalistiques, être à même d'investir est un avantage comparatif si le ROI (retour sur investissement) est faible.

Souvent, on est confronté à un vieillissement des outils industriels. La chute de la compétitivité intrinsèque de l'entreprise est due au fait que les concurrents ont des outils plus récents et performants, souvent rationalisés (moins de sites donc moins de frais fixes, des unités plus grandes donc plus rentables avec une meilleure absorption des frais fixes à la tonne), ce qui leur donne un avantage comparatif sur leurs coûts, leur qualité, et donc leur positionnement prix (ils sont souvent moins chers et plus rentables à la fois).

Je ne connais aucun plan de transformation dans des entreprises industrielles qui ait pu se faire sans investissements. Quand je travaille sur une restructuration, sur un plan de transformation ou de retournement, je demande toujours que l'on fasse un plan d'investissement le plus ambitieux possible. Souvent, d'ailleurs, on sait ce qu'il faut faire en interne, mais l'entreprise n'en avait pas les moyens, n'avait pas su les mobiliser, ou n'avait pas réalisé que certains investissements s'autofinançaient.

Il faut prioriser les investissements en les classant selon un double critère :

- impact conditions de travail, normes ou sécurité (priorité absolue) ;
- ROI le plus élevé possible en priorisant tout ce qui est inférieur à deux ans.

En six à vingt-quatre mois (on serait étonné de voir systématiquement le nombre de lignes d'investissements avec ces ROI), on peut autofinancer un investissement entre les modalités de paiement, les impacts BFR et la valeur créée par le nouvel investissement. C'est un simple calcul à faire. Et c'est généralement la durée d'un plan de redressement ou de transformation.

En plein redressement judiciaire de Doux, j'ai convaincu les administrateurs judiciaires qu'il fallait investir un million d'euros par mois pour pouvoir être plus compétitif et donc maximiser les chances de réussite du nouveau business plan qui n'aurait jamais été possible sans ces investissements qui ont créé davantage de marge sur coût variable et donc d'Ebitda et de cash. Certains investissements avaient des ROI de neuf ou douze mois et s'autofinançaient. Au passage – et c'était sans doute l'argument massue –, cela améliorait les conditions de travail, mettait l'entreprise en conformité et améliorait la sécurité. Il ne fallait pas courir le risque d'être la cible de détracteurs malveillants… ou autres vautours prêts à tout pour faire chuter cette entreprise historique jalousée pour ses marques et parts de marché.

L'investissement doit faire partie du chemin critique du plan de redressement et de transformation de l'entreprise. Savoir se fixer parfois des objectifs moins ambitieux mais réalistes et réalisables rapidement est une stratégie pertinente, agile et réactive.

41. Instaurer le dialogue social

Le dialogue social est l'une de mes thématiques favorites car il est d'une puissance incomparable pour retourner une situation.

D'abord et avant tout parce que les salariés méritent un dialogue social et une transparence au sein de leur entreprise. Ensuite parce que, très souvent, les entreprises à la peine sont celles qui n'ont pas su considérer les représentants du personnel comme des acteurs à part entière de l'entreprise. Cela se vérifie chaque fois…

Il ne s'agit pas de cogestion, il ne s'agit pas de mélanger les genres, il ne s'agit pas de mettre en place un socialisme collectiviste, il s'agit tout simplement d'écouter ceux qui savent et sont à la manœuvre dans les usines, dans les différents services, dans les bureaux et de considérer que leurs *inputs* sont importants et ne doivent pas systématiquement être combattus par les managers qui commencent chacune de leurs phrases par « mais non… ».

Je considère que les CE et CSE doivent systématiquement être tenus informés par les mandataires sociaux de l'entreprise (le PDG ou le DG), et non par les DRH souvent envoyés au front par leur direction qui « n'a pas que ça à faire ». Ces comités doivent systématiquement se dérouler en présence des membres du comité de direction, d'une part, pour les « mettre en responsabilité » par rapport aux préoccupations des élus et, d'autre part, afin de répondre aux questions pertinentes et légitimes des élus. Répondre et faire preuve de transparence enraye définitivement la machine à fantasmes et permet d'établir un lien de confiance. Il n'y a rien de pire qu'un DRH (compétent sur sa partie) qui doive répondre à une question sur la machine X de la ligne A qui ne fonctionne jamais, car aucune réponse correcte n'est jamais apportée.

Mais il y a aussi une autre vertu managériale : confronter les managers aux représentants des salariés et aux difficultés réelles du terrain. Il est important qu'ils prennent conscience de ces préoccupations, apportent les bonnes réponses aux problèmes (parfois présupposés) du terrain. C'est pourquoi ces comités doivent être documentés. Pour ma part, je plaide pour une documentation identique à celle d'un conseil d'administration car ce sont bien des « partenaires » sociaux.

Enfin, ces comités doivent pouvoir être assistés de leurs experts à qui des missions doivent être confiées pour qu'ils puissent expliquer, voire « traduire » avec des notions plus simples, à leurs mandants (les élus et les syndicats) ce qui se passe, les risques, les limites.

Le dialogue social est primordial car on transforme « avec » et pas « contre »... Il faut fédérer et savoir fédérer.

Et tous les salariés seront à un moment ou à un autre les acteurs du changement tout autant qu'ils seront impactés par la transformation engagée en termes d'organisation et de process de travail.

J'ai toujours eu une grande admiration personnelle pour les leaders syndicaux des entreprises dans lesquelles je suis passé, que ce soit chez Pleyel à Alès, dans un bassin sinistré, chez Heuliez, où le président du CE était aussi vice-président de la Région Poitou-Charentes, ou chez Doux, bien sûr, avec Nadine Hourmant (pour FO), la tête de proue qui s'est battue bec et ongles pour l'entreprise, Raymond Gouiffès (pour la CGT), un homme original et éminemment cultivé, et Patricia Le Bars (pour la CFDT), une force tranquille au long cours tempérant les débordements. Sans oublier tous les autres de mes autres mandats.

Souvent, les dirigeants ont peur des « grandes gueules », de ces représentants syndicaux qui prennent la parole devant les médias et ont une grosse influence en interne. J'ai pris pour habitude de toujours les respecter, les écouter, car ils sont de grands défenseurs de l'entreprise et la connaissent parfaitement. De plus, je trouve toujours positif d'avoir un leader qui s'impose et est en capacité de parler à la base et de faire admettre à un moment la réalité d'une situation.

RÉCONCILIER L'ÉCONOMIQUE ET LE SOCIAL AU CŒUR DES RESTRUCTURATIONS, PARI IMPOSSIBLE ?

Par Pierre Ferracci
Président du groupe Alpha
et Nadia Ghedifa
Directrice associée du groupe Alpha

Expert auprès des CE et des CHSCT, devenus CSE, notre cabinet est né sur ce marché, à l'aune des lois dites « Auroux », au début des années 1980. Reconnu depuis comme le premier cabinet en taille et en notoriété, Secafi (filiale du groupe Alpha) n'a eu de cesse de se placer comme un acteur facilitateur du dialogue social, par temps calme comme dans la tempête, au service du développement humain.

Facilitateur, mais sans concession sur le diagnostic et les leviers du futur d'une entreprise. En prenant le parti pris de recruter des consultants dans tous les domaines du pilotage d'une entreprise : des consultants engagés pour assister les représentants du personnel par tous les temps. Dans un contexte marqué par de profondes et rapides transformations, et à l'heure où les négociations serrées entre entreprises s'inscrivent dans la pratique, les acteurs doivent s'adapter vite et faire corps pour conduire l'entreprise au plus proche de l'intérêt commun.

Réconcilier l'économique et le social est pour nous une ligne de conduite majeure car nous sommes convaincus que le dialogue, la confiance et la conviction sont des leviers de mobilisation collective et de développement plus forts que la coercition. Les représentants du personnel et les syndicalistes, par la confiance que leur font les salariés et leur connaissance des situations de travail, disposent de compétences précieuses. Mais ils sont dans une position inédite. Ils doivent se forger un avis sur la situation de leur entreprise, alerter sur des situations qui leur sont adressées, mais aussi négocier sur les projets qui leur sont soumis sans disposer de toutes les compétences requises pour la compréhension des enjeux, qu'ils soient économiques, financiers, technologiques ou stratégiques, dans un monde de plus en plus complexe et technique.

Le recours à un tiers de confiance est indispensable. Pour plus de 3 000 de nos clients, nous assistons régulièrement les comités sociaux et économiques, année après année, pour présenter notre analyse de la situation d'une entreprise et des enjeux auxquels elle est confrontée. Ponctuellement, nous intervenons pour éclairer et accompagner les représentants du personnel et les syndicats quand des projets importants ou des risques graves se présentent.

Nous le faisons sans rien dissimuler de ce qui nous sépare du point de vue des représentants du personnel et des différences d'appréciation avec les dirigeants et les porteurs des projets. Nos rapports et analyses sont effectués sans concession mais avec le tact nécessaire pour favoriser le dialogue entre les acteurs, dépasser les antagonismes et encourager des évolutions des situations concrètes quand cela est fondé.

Cela est d'autant plus important quand nous intervenons dans le cadre d'une restructuration, en cas de procédures collectives ou encore de réorganisation au long cours avec des enjeux d'accompagnement ou des changements lourds. Jamais nous ne favorisons le conflit, mais nous tenons par-dessus tout à notre indépendance. Et si nous savons prendre en compte la complexité et parfois le caractère critique d'une situation, il est hors de question que l'approche sociale soit une pure variable d'ajustement.

Nous intervenons chez beaucoup de nos clients depuis très longtemps ; chez certains depuis plus de vingt-cinq ans. Et tandis que les dirigeants, les responsables opérationnels, comme les représentants du personnel changent, évoluent et leurs conseils avec eux, nous restons observateurs des enjeux stratégiques, comme des situations spécifiques de travail. Notre position nous offre une parfaite indépendance et une grande liberté de parole… et d'écrit. Mais aussi une connaissance des arcanes de l'entreprise, de son histoire, de son évolution économique et sociale.

Confrontés à quelques forces… de conviction que nous nous garderons bien de qualifier de pressions ou tout simplement face à nos propres réserves, cet exercice n'est pas toujours aisé. Nos mandants le savent et apprécient cette franchise si elle se base sur des analyses rigoureuses et surtout sur une confiance éprouvée. Cette assistance est formatrice. Elle leur permet de disposer de synthèses autant que d'analyses détaillées sur tous les enjeux auxquels l'entreprise est confrontée. Et nous sommes satisfaits quand ils peuvent s'émanciper de nous sur des sujets de plus en plus complexes. Car, *in fine*, il leur revient de prendre les décisions délicates ; et ils le font souvent avec courage et esprit de responsabilité vis-à-vis des salariés qu'ils représentent.

Plus étonnant mais pas si surprenant : plusieurs directions et leurs conseils apprécient notre rôle, et… nos rapports détaillés, pédagogiques et parfois sévères : Arnaud Marion fait partie de ceux-là.

Est-ce pour que nous écrivions ou disions ce qui leur semble constituer la manière la plus facile d'obtenir le plus vite possible l'aval des syndicats et du CSE ? Des consultants se laissent-ils convaincre ? Cela a pu arriver et résister n'est pas toujours aisé, en particulier quand les enjeux sont lourds ou quand l'entreprise vit des conflits et met sous stress ses principaux acteurs. Mais finalement, c'est aussi parce que nous ne sommes pas dans la position des directions en place qui ont souvent tendance à réécrire l'histoire. Nous sommes des trublions et des agitateurs, car finalement nous défendons la même chose que les chefs d'entreprise : la pérennité des entreprises, mais avec une approche différente. Nous sommes des précurseurs de la RSE. Nous n'imaginons pas une entreprise qui s'inscrive dans la durée sans accorder à la dimension sociale la place qu'elle mérite.

Est-il difficile de dire à une direction « Non, nous ne passerons pas sous silence les difficultés de la filiale X. Nous préférons expliquer pourquoi et challenger ce que vous mettez en œuvre pour l'améliorer… Non, nous ne dirons pas que le plan de suppressions d'emplois est justifié… Nous aurons une présentation sans concession de la situation, mais notre rôle est de présenter des solutions alternatives aux licenciements… Et si dans l'avenir ceux-ci sont maintenus nous aiderons les syndicats à envisager la réindustrialisation et le rebond de l'emploi dans la zone… » ?

Mais est-il plus facile de dire à un responsable syndical « Oui, nous aurions aimé vous dire et écrire que les motivations économiques de cette restructuration étaient infondées, que contrairement à ce que dit votre direction, la trésorerie se porte très bien… Je sais que cela nous aurait rendu la tâche plus aisée à vos côtés… mais peu efficace ni pérenne… » ?

Mais les choses ont bien changé et la tâche est moins difficile qu'auparavant, tant les représentants du personnel que les syndicats ou les directions savent que le développement humain va de pair avec une entreprise performante et vice versa. Notre position nous confère un poste d'observation des comportements et des process et de ce que nous appelons communément le « *travail réel* ». Et quelques exemples, issus de notre expérience, illustrent le rôle que nous tenons.

Pas facile dans une entreprise d'admettre le rôle des représentants du personnel et des syndicats. Et pourtant ils détiennent des expertises et des capacités à fédérer s'ils ont été associés au diagnostic et ont pu contribuer à la recherche de solutions, la construction de projets socialement responsables, et plus justes car plus ancrés dans la réalité de terrain. Quand les syndicats du groupe XY sont informés d'un projet d'ampleur qui impactera lourdement l'entreprise sur plusieurs années, nous les aidons à élaborer une façon de travailler avec leur direction. Les dispositifs mis en place permettront de se forger un avis avec un diagnostic le plus partagé possible. Puis au fur et à mesure que les projets prendront forme, ils travailleront avec les responsables de projets sur leurs fondements et leurs déclinaisons opérationnelles. Et, à la demande des syndicats, ces solutions sont élaborées avec la direction et leurs conseils.

Plus un projet a des conséquences humaines lourdes, plus le secret autour de sa construction est bien gardé et c'est dommage… Très peu de personnes seront dans la confidence… et en particulier les managers de proximité. Cette situation conduit les dirigeants à choisir un des scénarios élaborés, en grande partie, sur la base des reportings existants. Les managers de proximité découvrent trop souvent les projets en même temps que les représentants du personnel ; privant les dirigeants d'analyses et retours du fonctionnement de terrain pourtant indispensables au choix des projets et de leurs déclinaisons opérationnelles. Sans compter les résistances qui peuvent s'ensuivre. Les entretiens et observations nous donnent une visibilité importante sur la capacité des encadrants sur le terrain à conduire les changements en privilégiant la mobilisation de tous. Dans nombre de cas, nous avons révélé des informations essentielles conduisant à revoir les projets ou pour le moins à la façon de les conduire.

Comme quelques cabinets de conseil, nous intervenons régulièrement en situation de crise ou de conflit, alors que les partenaires sociaux que nous rencontrons sont confrontés plus rarement à ces circonstances, bien heureusement. Nous disposons ainsi d'une expérience utile pour tous. Dans ces circonstances, disposer d'un diagnostic rapide et professionnel est essentiel ; comprendre la position des acteurs l'est tout autant, comme la capacité à aider à dépasser les antagonismes sans négliger la conflictualité parfois nécessaire mais qu'il faut gérer. La relation conflictuelle est une façon d'équilibrer les forces et d'exprimer un point de vue, mais aussi d'exprimer sa volonté de prise en compte de l'investissement des salariés, souvent de toute une vie pour eux et leurs familles.

Nous avons rencontré Arnaud Marion sur plusieurs dossiers pour lequel il était conseil du dirigeant ou manager de crise. Nous avons tout d'abord été étonnés par sa capacité d'écoute des syndicats. C'était assez inédit, et, osons le dire, cela le reste très largement. Son mandat était toujours clair et comme il intervenait en situation souvent jugée désespérée et parfois de conflit, son arrivée n'était pas vue d'un bon œil. On a tant vu de managers arrivant avec un mandat de « nettoyeur ». Dans ces contextes, les impacts sociaux sont rarement nuls. Du coup, les syndicats ne lui ont jamais donné leur confiance *a priori* , mais ont apprécié sa volonté d'une « sortie par le haut », en investiguant tous les champs de la gouvernance et les possibilités des marchés.

Œuvrant souvent en situation de crise, nous souhaitons vivement qu'Arnaud puisse mettre ses compétences au service des entreprises en situation de changement profond et sur la durée.

Finalement, nous partageons avec Arnaud la même vision des relations sociales en situation de crise ; accorder à la dimension sociale la place qu'elle mérite, respecter les représentants du personnel, même et surtout lorsqu'il y a des difficultés extrêmes à surmonter, et ainsi assurer quand même la pérennité de l'entreprise. Et au sein de cet ADN partagé, nous considérons avec lui que la confiance établie entre les acteurs est le facteur clé de la réussite.

Chapitre 6

Mettre en place un plan de transformation

La transformation des entreprises n'est pas un phénomène de mode, mais on en parle beaucoup plus aujourd'hui parce que se transformer est devenu une nécessité dans un monde qui bouge. Tout est en transition de nos jours : technologique, numérique, climatique, démographique, énergétique. Même le management devient aussi un « management de transition ».

La transformation des entreprises est la meilleure prévention des crises et des difficultés, car elle permet de remettre en cause les fondamentaux d'une entreprise, de moderniser son approche du marché, des clients, de la structure productive. On a vu des géants mondiaux se remettre en question parce qu'ils n'avaient pas vu des virages s'effectuer venant affecter leur activité principale. Se transformer est une nécessité quelle que soit la taille. Ce qui signifie que la pire des choses est de ne rien faire et de rester tranquille. Se juger (même performant et rentable) n'a d'intérêt que si l'on se compare : avec ses compétiteurs, avec les nouveaux entrants, avec les innovateurs, avec le marché… Transformer, c'est allier une vision et une intention à une stratégie.

La démarche de transformation relève à la fois d'une maïeutique et d'une mise à plat de tous les tabous relevant généralement d'une pensée unique obsessionnelle (parfois transgénérationnelle) ayant valeur idéologique au sein d'une entreprise, surtout dans les entreprises anciennes, avec une longue tradition familiale et une faible mixité managériale (entre les membres de la famille et les managers expérimentés extérieurs qui viennent « oxygéner » l'organisation), ou dans les entreprises dirigées par des patrons fondateurs emblématiques à forte personnalité et qui ont connu le succès sans discontinuer jusqu'au jour où… Souvent les dirigeants de ces entreprises manient à merveille l'anaphore comme pour se persuader eux-mêmes de l'inverse d'une situation dont ils ne veulent pas avoir conscience. Le « ça va s'arranger et ça va repartir » est l'ennemi à combattre, l'idéologie à tuer pour que le réalisme l'emporte sur la croyance. Les entreprises pensent que transformer c'est développer en dehors du *core business* alors que c'est précisément transformer le *core business*.

42. S'adapter pour ne pas être dépassé

Un plan de transformation sert avant tout à faire un arrêt sur image pour comprendre les tendances et les évolutions de la société qui feront les évolutions du marché de demain. Technologie, digital, UX (expérience utilisateur), Design Thinking, éthique permettent de ne pas se laisser dépasser par les autres et ne pas se mettre soi-même hors jeu, que ce soit dans la course à l'innovation qui demande toujours un niveau d'investissement élevé, ou dans tout simplement dans le «*go to market*» (mise sur le marché).

Personne n'est épargné, et on a vu de grandes entreprises bousculées sur leurs propres marchés au cours de ces quinze dernières années.

Le groupe Accor, par exemple, pensait être et rester un des leaders de l'hôtellerie mondiale parce qu'il détenait des hôtels et les exploitait. Son propre marché (comme celui des grandes chaînes mondiales concurrentes) s'est trouvé bouleversé par des acteurs comme Booking.com ou Airbnb qui ne détenaient ni n'exploitaient aucune chambre, mais se contentaient de les commercialiser en offrant une nouvelle façon d'aller à l'hôtel. La révolution digitale était en marche et venait bouleverser l'écosystème.

Le monde du *retail* d'une façon générale et de la grande distribution en particulier traverse depuis dix ans une crise structurelle importante qui s'est trouvée illustrée par le rachat aux États-Unis de Whole Foods par Amazon, par la fusion Fnac Darty en France, par la transformation à marche forcée engagée chez Carrefour, ou par la mise en sauvegarde de Rallye, la holding du groupe Casino, en raison d'un endettement trop fort. Les grands magasins anglais des «*high streets*» BHS, House of Fraser, Debenhams, ont à peu près tous été confrontés à des difficultés et à des restructurations et ont dû fermer pour certain (BHS). Le voyagiste historique anglais Thomas Cook n'a pas résisté à la suprématie digitale. Les assureurs, autrefois citadelles imprenables, ont compris que Google, Facebook et Messenger allaient devenir leurs concurrents. Amazon est en train de capter le marché publicitaire de Google et Facebook en direct car ses clients l'utilisent comme un moteur de recherche. WeChat est passé successivement et en un temps record du statut de messagerie à celui de vendeur en ligne et de moyen de paiement, avec un taux de pénétration de 92 % en Chine. Même les États se sont sentis menacés dans leur souveraineté régalienne de battre monnaie avec l'initiative de Facebook de développer une crypto-monnaie avec le Libra, ce qui sans nul doute provoquera le démantèlement de ces GAFAM à la manière d'ATT en 1984 (année symbole du fait du livre de George Orwell).

Les téléphones sont devenus les objets les plus précieux du quotidien et servent moins à téléphoner qu'à envoyer des messages, jouer, écouter de la musique et, surtout, à acheter, payer et gérer notre vie ou notre maison à travers tout un tas d'applications ou d'objets connectés ; ils sont également des moyens de suivi de la population dans les pays aux régimes autoritaires.

La taille n'est plus un obstacle, le « *too big to fail* » n'est plus la règle… et il ne l'a jamais été à mon avis. Les créanciers reprennent le pouvoir lors de procédures de conciliation, sauvegarde voire redressement judiciaire, comme ce fut le cas chez Vivarte, CGG (anciennement Compagnie générale de géophyisque), Solocal, Bourbon… Ces restructurations financières ne sont pas liées à des caprices des créanciers, mais bien à l'incapacité des entreprises à générer suffisamment de cash-flow pour faire face à leurs engagements financiers. Parfois, c'est le poids historique d'une dette déconnectée de son activité économique comme ce fut le cas chez Solocal ; parfois, c'est le résultat d'une politique d'acquisitions hasardeuses à crédit et au mauvais moment. Parfois, c'est tout simplement l'érosion du modèle économique qui ne permet plus de vivre à crédit. C'est d'ailleurs pour cela que les créanciers transforment leurs créances en capital, précisément pour réduire la charge de la dette ou l'absorption du cash-flow pour rembourser celle-ci, comme on l'a vu chez Vivarte, par exemple, où, de plus, les créanciers devenus actionnaires avaient dû réinjecter de l'argent frais.

Les plus agiles et les nouveaux sur un marché, aussi petits soient-ils, peuvent aussi déstabiliser des acteurs historiques et de référence. En décembre 2019, les sociétés Edenred, Sodexo, Natixis Intertitres, Up sont épinglées pour entente et échange d'informations par l'Autorité de la concurrence et condamnées à de lourdes amendes à la suite d'une plainte d'un nouvel entrant (Resto Flash) qui leur reprochait de verrouiller le marché.

Une entreprise industrielle historique peine à se financer quand une start-up a simplement besoin d'une (bonne) idée sans chiffre d'affaires ou rentabilité pour le faire. Certains mastodontes hégémoniques, comme Uber qui ont bouleversé l'économie traditionnelle des taxis, ne sont toujours pas rentables mais continuent à se financer. Et certaines gloires comme WeWork sont passées de mode en quelques semaines, se sont démonétisées auprès des investisseurs, et ont vu leurs valeurs se diviser par six en quelques semaines, parce que le modèle économique reposait sur un risque maximum (la signature de baux très chers qui sont des charges fixes) et des recettes aléatoires variables (le taux d'utilisation des espaces de co-working). Gloire et décadence des effets de mode et du panurgisme des investisseurs qui peuvent changer d'avis d'un jour sur l'autre.

Cela est également applicable au monde économique traditionnel que nous connaissons. J'avais travaillé pour un grand groupe industriel qui en avait acquis un autre en piteux état, endetté et non rentable. En fait, trois années après, ce groupe perdait beaucoup d'argent, avait un outil industriel vétuste, trop de sites industriels. J'avais mis en exergue que ce groupe était en fait en situation de cessation des paiements et trop endetté au moment de son rachat. La reprise de la dette dans un contexte de génération de cash-flow négatif avait finalement limité les investissements et il n'y avait aucun plan directeur ni de transformation.

Le groupe avait été acheté trop cher. De plus, l'allocation des ressources était inadaptée car ce sous-groupe était trop coûteux pour la maison mère. Priorité avait été donnée au remboursement de la dette colossale qui avait été reprise au lieu d'être donnée à la transformation et à la modernisation de l'outil industriel.

Pendant ce temps, le principal concurrent s'était structuré avec quatre fois moins d'usines (mais toutes ultra-modernes) et un chiffre d'affaires largement supérieur grâce à des coûts très inférieurs, ce qui lui donnait un indéniable avantage comparatif.

Se transformer ce n'est pas se diversifier, c'est bien adapter son modèle économique, le réformer, le remettre en cause pour être pérenne.

43. Impliquer le « top management » de l'entreprise

Une transformation s'appuie sur les femmes et les hommes qui composent le management de l'entreprise. Si, parmi ces managers, certains ne semblent pas aptes à mener une transformation, il ne faut tout simplement pas les garder. Je suis favorable à une évaluation permanente des managers, à une fixation d'objectifs avec un partage de la valeur, mais aussi au fait de savoir se séparer systématiquement des managers les moins performants, des maillons faibles.

Chaque entreprise est différente, et une entreprise de 20 personnes peut avoir besoin de se transformer tout autant qu'une entreprise de 200, 2000 ou 20000 personnes.

Bien évidemment, il faut adapter les propos qui suivent à la taille de l'entreprise et à sa structure managériale. Il faut cependant retenir qu'aucune transformation ne se réussit « par le haut », mais que toutes les transformations doivent impliquer « ceux qui font » (les « *doers* ») à tous les niveaux : toujours cette idée de diffuser et d'infuser.

Selon la taille de l'entreprise, on adaptera, mais la cellule de transformation doit comporter un Top 20 à 50 (dirigeants, managers à la fois opérationnels et transversaux), eux-mêmes devant créer des sous-cellules de transformation.

Par exemple, dans le groupe Doux, qui comptait 2500 salariés et réalisait 500 millions de chiffre d'affaires, nous avions fait un plan de compétitivité avec les 40 principaux directeurs, cadres et chefs de service.

Attention, il ne faut surtout pas raisonner qu'en cadres du siège social : il faut justement impliquer tous les sites industriels (ou les filiales) sans exception et avoir une mixité représentative de l'entreprise et de la valeur produite avec « un homme, une voix ». L'implication de tous et de toutes les fonctions est primordiale, car la compétitivité se trouve « en bas », là où les choses se passent, et ce tout autant que la transformation se passe « en bas », là où il y a la production, les contraintes, la relation client.

Je ne crois jamais aux plans établis par le haut qui sont un mélange de réflexions stratégiques, financières et d'objectifs vus d'en haut qui se confondent souvent avec des vœux pieux et sont imposés. Je crois en revanche aux plans établis « avec » et « partant du bas » : c'est l'approche « *bottom-up* ». L'idée étant de bâtir ensemble avec les personnes concernées. Là aussi, il ne s'agit pas de réunir un comité de cadres ou de dirigeants, mais, au contraire, de faire contribuer le plus grand nombre de collaborateurs maîtrisant une partie de la chaîne de valeur et de ne pas considérer la hiérarchie comme un critère de contribution.

Il en va ainsi, par exemple, de la qualité d'un budget annuel dans une entreprise : s'il est établi par la direction financière, il ne sera pas respecté parce qu'il est davantage représentatif d'un objectif, alors que s'il est établi de façon indépendante par les commerciaux, les industriels et traduit par la direction financière sans aucun objectif « d'affichage », alors il y a une chance pour que ce budget reflète la réalité.

Et c'est là un point crucial : le directeur général est là pour arbitrer, pour mettre en œuvre, pour contribuer au même titre que les autres, mais pas pour censurer, influer et refaire faire une copie qui ne lui plairait pas. Plus la structure est petite, familiale, éponyme, créée par son dirigeant, plus cette équation sera difficile à respecter.

Cela ne signifie pas qu'il faille se contenter d'objectifs sous-estimés et que la direction générale n'a rien à dire. Cela signifie, au contraire, que si un budget/plan ne correspond pas aux objectifs de l'entreprise, il faut bien établir un plan stratégique spécifique pour y parvenir, notamment pour réduire l'écart entre les effets du plan et ce qu'il faudrait pour que l'entreprise soit pérenne, par exemple. Ou bien que les moyens alloués à l'entreprise n'ont pas permis de faire coller à la stratégie.

C'est là où un plan de transformation doit être un plan global, à la fois stratégique, mais aussi financier, commercial, industriel avec des actions précises dans le but de répondre à un objectif précis qui sera celui du désendettement, de la rentabilité, du changement de modèle, etc. La cellule de transformation mise en place sera l'acteur de la transformation et tous ses membres seront les acteurs de la mise en œuvre de cette transformation.

Cela signifie qu'il faut aligner les intérêts des membres et de tous les étages de la hiérarchie avec ceux de l'entreprise pour que la transformation réussisse, ait du sens, et ne se satisfasse pas d'un plan avec un titre digne d'un énième épisode de *Star Wars*, résumé dans un PowerPoint qui sera ressorti une fois par an pour faire la comparaison entre la situation du moment et ce qui était prévu, sans qu'aucun suivi n'ait été réalisé.

44. Donner du sens à l'action

Mettre en œuvre un plan d'action auquel on n'a pas contribué est la pire des erreurs, surtout si, par exemple, cela émane de consultants ou de managers du siège social. C'est voué à l'échec. Si on n'a pas contribué à ce plan, c'est qu'il a été fait sans nous, et donc qu'on n'a pas été considéré comme un acteur du changement, ce qui revient à se sentir exclu du projet, de l'organisation et… du futur.

Mobiliser les différents niveaux de l'entreprise permet de donner un cadre de travail et de réflexion aux niveaux hiérarchiques opérationnels qui devront mettre en œuvre par la suite. Ces niveaux doivent, à leur niveau, se réinventer, revoir leur quotidien et allier le fait de produire et transformer en même temps.

Loin d'être un exercice théorique, c'est souvent un exercice épanouissant car, à tous les niveaux, les collaborateurs ont beaucoup d'idées et souvent la frustration de ne pas les voir se transformer en actions avec l'accord de la hiérarchie. Ils peuvent donc saisir cette occasion non seulement pour partager cette idée, mais aussi pour la structurer, l'étayer, en quantifier les effets et, surtout, la mettre en œuvre, ce qui les propulse au rang d'acteurs de la transformation, de la stratégie, de l'entreprise elle-même.

C'est d'ailleurs ce qui fait la valeur des start-up. Curieusement, cet esprit agile, qui est le cœur du réacteur des start-up, reste confiné dans cet univers, sans doute parce que l'image d'Épinal des baby-foot a occulté les avantages de cet esprit qui est en fait une véritable méthodologie

Au-delà de l'implication, l'idée fondatrice est surtout de partager la même feuille de route globale (*scorecard*) afin qu'elle soit connue de tous et que tout le monde puisse avoir la vision de ce qui se passe en temps réel dans les différents services pour donner une vision globale. Si la feuille de route est individuelle et non partagée, on perd la vision globale, l'émulation, le sens du collectif et le « sens à l'action ».

Donner du sens à l'action est primordial dans une transformation car c'est au cœur des préoccupations des nouvelles générations de managers, principalement la génération Y (née entre 1980 et 1997), qui arrive à des postes à responsabilité, et la génération Z (née à partir de l'an 1997), qui va commencer à arriver dans les organisations.

Si la génération Y a envie d'entreprendre et a une faible résistance au changement, elle a un sens assez relatif de la hiérarchie, un faible engagement collectif et une certaine instabilité. En revanche, la génération Z a pour sa part un grand sens des valeurs, une vision beaucoup plus internationale et mondiale, avec une rapidité de pensée et d'action, mais aussi une grande exigence, impatience et même défiance à l'égard des organisations et des entreprises.

On voit bien combien les classements de la notoriété des entreprises sont actuellement remis en cause par ces nouvelles générations qui intègrent la notion de « ... *for good* » dans leurs aspirations avec la rétrogradation de Facebook et Google pour ces mêmes raisons.

S'il faut qu'une transformation soit bonne pour l'entreprise, pour ses salariés, que celle-ci aligne leurs intérêts sur les siens (à travers la qualité du dialogue social, à travers des accords d'intéressement et de participation, à travers une gestion prévisionnelle de l'emploi et des carrières intelligentes), il faut aussi qu'elle soit bonne pour les conditions de travail, le secteur, la planète, la démocratie, l'éthique, le développement durable...

Transformer, c'est donc se donner non seulement l'occasion de réfléchir sur l'entreprise elle-même par rapport au monde, mais aussi pour mission, en tant qu'acteur (économique, industriel, financier, innovateur...), de contribuer à un bienfait pour l'individu, un secteur ou, pourquoi pas, la planète. Et, à tout le moins, de contribuer à être respectueux de l'environnement, par exemple. Produire sans détériorer, gagner de l'argent avec éthique et respect.

Alexandre Bompard, qui est face à l'une des plus grosses transformations de la grande distribution avec Carrefour, a lancé le « *Act for food* » ; les grands acteurs du digital et de la technologie ont lancé « *Tech for good* »…

Être le meilleur ou le plus rentable n'est plus une finalité en soi, car la performance doit s'accompagner d'une mission, d'une éthique, d'un sens et d'une vision stratégique. Aujourd'hui, les jeunes cadres aiment s'engager derrière un leader qui a une vision, la partage, l'amende et a une approche participative.

Un plan de transformation est réellement l'occasion de rebattre les cartes et de redonner un cadre global à une stratégie et à des objectifs. Sans adhésion des équipes, aucune transformation n'est possible, et les nouvelles générations se feront aussi exigeantes qu'une agence de notation pour une entreprise cotée.

Un plan de transformation n'est pas une liste de tâches sur Excel. C'est le fait que tous les collaborateurs d'une organisation vont regarder dans la même direction avec un partage équitable de la valeur produite.

45. Avoir une approche globale

Une transformation d'entreprise ne peut simplement être partielle ou ne se porter que sur une division de l'entreprise, c'est une approche globale et méthodique qui donnera de meilleurs résultats grâce à une vision globale qui permet aussi une division des risques et une approche diversifiée jouant sur différents leviers.

Quand une entreprise se transforme, ce n'est jamais sur un seul levier mais en intégrant à la fois des notions de performance, de différenciation, de vision, de diversification à l'étranger, d'allocation des ressources, de capacités à investir et à racheter ou céder des activités.

Par le passé (encore récent, mais on ne parle de transformation que depuis quelques années), les transformations étaient uniquement basées sur la productivité : il fallait faire mieux, moins cher et plus rapidement. Mais le développement de la technologie et du numérique ont créé une pression sur les entreprises pour qu'elles puissent déterminer *qui elles sont, ce qu'elles sont* et *ce qu'elles font.*

Ces trois questions simples guident en fait un véritable plan de transformation sur l'entreprise et son devenir, car les organisations sont obligées de bouger parce que le monde environnant bouge aussi, et souvent très vite. Mais au-delà du présent, il faut imaginer le futur, la tendance, les évolutions qui vont avoir un impact sur la création de valeur de l'entreprise.

La question est d'essayer de comprendre vers où la « valeur » se déplace : il ne s'agit pas tant de raisonner en valeur absolue, mais davantage en évolution tendancielle intrinsèquement à l'entreprise, mais aussi comparativement aux entreprises du secteur et à leurs marchés de référence. Cette question est cruciale dans un plan de transformation car il s'agit de comprendre la construction de la valeur ajoutée, les points de détérioration, la vitesse de la détérioration, les points d'inflexion et les actions mises en œuvre pour les dimensionner.

La complexité liée à la notion intrinsèque de valeur et à son évolution en valeur absolue et en valeur relative oblige l'entreprise à avoir une approche globale et à jouer sur plusieurs leviers simultanément.

PERFORMANCE

Traditionnellement, la performance est le premier réflexe, car mécaniquement ce qui touche à la performance a pour but de créer davantage de valeur par une meilleure rentabilité et une meilleure génération de marges.

Cela prend en compte la maîtrise des coûts avec une approche assez large de la chaîne de valeur : chaîne de fournitures (*supply chain*), la productivité, les améliorations qui permettent de se différencier avec l'innovation dans les produits et les services, et donc le positionnement des produits.

Le développement des ventes, tout autant que celui des parts de marché, participe à cette création de valeur. Il faut prendre garde à ne pas développer ses parts de marché au détriment de sa valeur en baissant ses prix par exemple à production égale.

La saturation et l'optimisation des capacités industrielles sont un levier important. On est souvent confronté à une multiplicité de sites industriels qui génèrent autant de charges fixes qu'il y a de sites, sans que ceux-ci ne soient saturés. C'est souvent un héritage d'une stratégie passée de croissance externe sans intégration ni rationalisation.

Les actions de performance sont toujours indispensables dans un plan de transformation car elles permettent de séquencer la transformation et de financer le délai nécessaire aux actions structurelles qui prennent souvent plus de temps et doivent prendre le relai dans une optique de modernisation. Elles sont le terreau fertile d'une transformation ambitieuse.

ALLOUER LES RESSOURCES LÀ OÙ EST LA STRATÉGIE

L'idée plus stratégique en fonction de la réflexion sur la valeur est de travailler sur une adéquation entre l'allocation des ressources et la stratégie.

Il faut savoir stopper les activités non rentables, voire déficitaires (il n'est pas rare de voir des chefs d'entreprise s'acharner à conserver de telles activités sans se rendre compte de la perte de valeur qu'elles représentent), comme le pôle frais du groupe Doux que je donnais en exemple (*cf. p. 167*).

Il faut aussi savoir investir massivement là où l'entreprise veut se développer, là on l'on pense que la valeur est et sera : la réflexion sur la recherche et développement, sur les ressources expertes ou qualifiées, sur les moyens commerciaux ou marketing doit faire partie d'une stratégie. L'investissement fait partie de la stratégie d'allocation des ressources ; aussi ne pas investir crée du retard par rapport aux autres. Même confrontée à des difficultés, l'entreprise doit continuer à investir.

Les entreprises en crise, ou en perte de vitesse, sont toujours celles qui ont sous-investi et laissé leur outil se détériorer. On doit investir sur ce qui rapporte et crée de la valeur dans la tendance ou en avance sur son marché et ses concurrents. On doit accélérer les investissements quand on sent qu'il y a un tournant dans la stratégie, ou bien une évolution dans les habitudes de consommation. Investir sur ce qui a le retour sur investissement le plus court est la règle.

Dans le domaine du digital, où, par rapport aux secteurs plus traditionnels, « on fait trois années en une », un retard d'investissement de six ou douze mois peut être dramatique et laisser l'avantage aux autres. Et comme on est dans le règne du « *the winner takes it all* », on perd la partie au profit de ses concurrents ou, pire encore, de ses challengers plus agiles et plus en pointe.

Les opérations d'acquisition, de fusion et de cession (investissement et désinvestissement) sont également très importantes pour la taille critique et la saisine d'opportunités: une entreprise qui bouge est une entreprise agile, qui se remet en question et s'adapte.

PLANIFIER ET SÉQUENCER

Un plan de transformation n'est ni impossible à écrire ni impossible à réaliser, il demande juste de la rigueur, de la planification, une vision multicanale et dans le temps. Il est normal que certaines actions soient plus faciles à réaliser que d'autres. À l'inverse, il n'est pas anormal que certaines actions soient difficiles à réaliser. Ce qui compte, c'est de garder le cap et de ne pas abandonner certaines actions clés en route.

Chaque action participe au succès global du plan. Abandonner des actions, c'est affaiblir le plan, c'est diminuer la nécessaire division des risques. Il vaut mieux tenter et ne pas réussir que d'abandonner.

Il est fréquent, dans des entreprises familiales, historiques, de taille moyenne ou petite, que les actionnaires dirigeants inscrivent des actions «contre leur volonté» et décident d'y renoncer avant de se rendre compte qu'ils doivent finalement le faire... mais que c'est trop tard. Les occasions manquées participent à la destruction de valeur.

Le séquencement des actions est assez logique car l'horizon de temps des différentes actions est nécessairement différent: les actions les plus faciles permettent ainsi de «financer» le temps nécessaire à la réalisation des actions les plus longues et les plus complexes. On imagine aisément qu'une stratégie d'acquisitions et de croissance externe est plus longue à mettre en place que des actions de performance.

UNE APPROCHE PERMACULTURELLE DE LA GESTION DES CRISES

Par Emmanuel Delannoy
Associé fondateur du cabinet Pikaia,
auteur de Permaéconomie *Wildproject Éditions, 2016*

S'il est une activité dont l'essence même suppose d'être en permanence confronté à l'incertitude, c'est bien l'agriculture. Aléas climatiques, ravageurs et autres « caprices de la nature » sont le lot des agriculteurs depuis que l'idée de cultiver des plantes et d'élever des animaux a fait son apparition, ouvrant par là même une nouvelle ère de l'histoire de l'humanité, qu'on nomme aujourd'hui « néolithique ».

Mais si cette idée a émergé presque simultanément, il y a 6 000 à 8 000 ans, un peu partout dans le monde, force est de constater, en prenant un peu de recul, que la manière dont elle a été mise en œuvre a largement différé selon les continents et les cultures. Car face à ce que dans d'autres domaines d'activité on nommerait « crise », et qui en agriculture peut souvent et de manière totalement imprévisible ravager dramatiquement les récoltes, plusieurs attitudes sont possibles. L'une d'entre elles, qui prédomine dans la pensée occidentale en général, consiste à lutter. S'ensuit une course aux armements contre les insectes, les oiseaux, les vers nématodes, les champignons et autres « nuisibles », contre les sols et les rivières, voire contre la météo : sont alors mobilisés des trésors d'ingénierie et de technologie pour détecter les orages de grêles ou les épisodes de gel tardif et déployer filets de protection et becs de gaz. Si l'on ne s'étonne plus aujourd'hui de l'intensité technologique - et énergétique - de notre agriculture, on oublie souvent qu'elle est le résultat ultime d'un héritage culturel issu de la pensée des Modernes qui avec Descartes prônaient la nécessité, pour l'humanité, de se rendre « comme maîtres et possesseurs de la nature ». Fût-ce au prix d'une guerre sans merci contre cette dernière, et dont les effets collatéraux ne nous épargnent d'ailleurs pas toujours.

Une autre approche, moins répandue et surtout plus discrète, a pourtant fait son chemin jusqu'à nos jours. Actant que l'aléa faisait partie de « la règle du jeu », l'approche n'est plus de lutter, mais de s'adapter, et surtout de se préparer par avance au rebond post-crise, en privilégiant l'agilité et l'aptitude à la résilience. Ainsi, dans certaines pratiques ancestrales, ont pu émerger des pratiques comme la « milpa », consistant pour faire face aux rigueurs imprévisibles des climats andins à semer simultanément plusieurs variétés de maïs, courges et haricots grimpants, misant ainsi sur la diversité et la complémentarité plus que sur la spécialisation et la standardisation. Ailleurs, en Asie, l'association de la pisciculture, de l'élevage de canards et de la riziculture permet à la fois de diversifier les productions tout en réduisant les interventions, les canards et les carpes faisant une partie du travail de désherbage et de désinsectisation à la place du riziculteur. En somme, il s'agit de miser sur la diversité, la richesse fonctionnelle et l'adaptabilité, et donc sur le foisonnement spontané des systèmes vivants, plutôt que de chercher à s'en prémunir par une lutte incessante.

La permaculture, mouvement qui a émergé en Australie dans les années 1970 sous l'impulsion des pionniers que furent Bill Mollison et David Holmgren, s'inscrit dans cette seconde approche. Elle repose sur l'observation patiente des processus spontanés au sein des systèmes vivants et s'inspire de certaines pratiques traditionnelles pour proposer un cadre systémique destiné à la conception et au pilotage de systèmes de productions humains durables. Bien qu'elle prône les vertus de l'observation, de la réflexion et de la patience, la permaculture est une approche orientée action, à la fois empirique et scientifiquement robuste. Reposant sur une structure simple - trois principes éthiques et douze principes pour la conception et l'action -, elle s'avère être, bien au-delà de la seule sphère agricole, un outil puissant pour acquérir et renforcer cette aptitude aujourd'hui indispensable à nos organisations qu'est la capacité de décider et d'agir en situation d'incertitude. De la permaculture à la permaéconomie, il n'y a qu'un pas. Pour rendre à César ce qui est à César et donc à Bill et David ce qui est à Mollison et Holmgren, le cadre systémique de la permaculture englobait nativement des pans entiers de l'économie que sont par exemple l'éducation, l'habitat ou même la finance.

Dans ce monde d'interdépendance à la complexité inouïe, la seule certitude à laquelle nous pouvons encore nous accrocher est que, à l'instar de ce qui se passe dans les écosystèmes pour peu qu'on les observe à la bonne échelle temporelle, le changement est la norme et la stabilité une exception provisoire. Comme les agriculteurs, nous devons tous nous préparer à vivre avec les aléas. Ce que nous nommons « crise » n'est en effet que la manifestation de changements qui, s'ils restent imprévisibles dans leurs temporalités, leurs modalités et leurs amplitudes, n'en sont pas moins inéluctables. Face à ce constat, certains pourraient être tentés de poursuivre cette quête, initiée par les modernes, visant à l'abolition du hasard, quel qu'en soit le prix à payer. Mais les limites du monde et les réalités du vivant se rappellent aujourd'hui avec force à nos souvenirs.

La permaéconomie propose, en toute modestie mais avec détermination, une alternative visant, par un travail sur nos aptitudes, à faire coopérer nos interactions réciproques et notre agilité, à nous préparer en structurant et en mettant en réseau ces « poches de résilience » qui seront comme autant de chances d'élargir le champ des possibles et d'ouvrir les perspectives vers des horizons choisis plus que subis.

46. Imaginer des actions à plusieurs niveaux

Pour élaborer un plan de transformation, il faut diviser l'entreprise en verticales simples, par exemple : ventes, coût des ventes, organisation, frais généraux, productivité, stratégie, production, etc.

Le découpage doit correspondre à une réalité opérationnelle, à une organisation, voire à une organisation projetée pour les transitions de modèle économique.

Chaque collaborateur faisant partie du top management défini doit ensuite s'approprier des actions (on peut en fixer cinq par personne, par exemple) qui seront classées en fonction de leur impact sur l'Ebitda ou le BFR : par exemple, « niveau 1 » d'actions ayant un impact supérieur à 1 million d'euros d'Ebitda par an ; « niveau 2 » d'actions ayant un impact compris entre 0,5 à 1 million d'euros d'Ebitda par an ; « niveau 3 » d'actions ayant un impact de quelques milliers ou dizaines de milliers d'euros par an à 0,5 million ; « niveau 1 bis » ayant un impact non quantifiable financièrement, mais ayant un impact RSE (conditions de travail, sécurité, environnement, bien-être, pénibilité).

Cela signifie qu'avec un Top 50, on va lancer 250 actions par exemple, donc autant d'actions permettant une contribution à changer un modèle économique et à contribuer positivement à la rentabilité et à la trésorerie d'une entreprise. C'est donc une force de frappe très importante qui va vraiment changer la donne, car ce sont 250 leviers différents pour changer à la marge les choses et en masse significativement.

C'est toujours cette même idée des centimes et des millions qui peuvent parfois être tout autant contributeurs : gagner quelques centimes sur beaucoup d'unités peut rapporter autant qu'une idée à un million.

L'approche doit être globale et couvrir autant la rentabilité que les éléments de bilan (trésorerie, besoin en fonds de roulement, endettement, conditions de paiement...). Souvent l'aspect trésorerie/BFR est mis de côté alors que des idées simples peuvent avoir des impacts importants... dans un sens comme dans l'autre. N'oublions pas qu'une entreprise qui a un BFR structurellement négatif et passe d'un cycle de croissance à un cycle de décroissance verra sa trésorerie se dégrader avec un effet de massue.

Le travail consiste à inventorier les actions possibles à les hiérarchiser, tout autant que de s'approprier ces actions et de les mener à bien, en priorisant ce qui rapporte le plus, et le plus rapidement possible. Sans oublier que 10 actions à 50 000 euros produisent 500 000 euros...

Chacun est acteur et contributeur, mais chacun rend des comptes, et tous les acteurs du changement partagent le même chemin critique avec une évaluation partagée de l'avancement de la feuille de route.

Je me souviens, lors d'un plan de transformation d'une grande entreprise, d'être intervenu au sein d'un conseil d'administration, car la modification plus moderne de perception des recettes par une mensualisation inversait dans les faits le BFR qui passait de négatif à positif avec un « effet d'ouverture » important qui se chiffrait en une centaine de millions d'euros d'impact négatif sur la trésorerie.

D'où la nécessité d'une collégialité, avec un directeur financier qui n'a pas le droit de fixer les objectifs des autres en fonction d'un objectif de résultat, mais qui, en revanche, doit apporter une vision financière critique sur chacune des actions, les évaluer, et donner une vision financière globale sur la rentabilité et la structure financière et un « dernier mot » pour juger de la pertinence des actions. Il a bien sûr l'obligation – c'est même son rôle – de critiquer une feuille de route par rapport aux objectifs financiers de l'entreprise et de ses actionnaires.

L'objectif n'est pas tant de « faire des économies » (ça peut en faire partie et ce n'est pas interdit), mais bien de créer de la valeur en faisant différemment, en produisant de façon rentable, en ayant une croissance rentable (car toute croissance ne l'est pas forcément), en modifiant les process, en investissant, en changeant les méthodes, en réorganisant les flux, en travaillant avec ses fournisseurs dans une approche «*lean*», c'est-à-dire en mettant en place une organisation apprenante en recherche continue d'amélioration et de performance, en intégrant dans cette démarche ses propres clients, fournisseurs et sous-traitants.

En faisant des collaborateurs des acteurs de la transformation pouvant imaginer des actions et déterminer des objectifs, il faut prendre garde à ne pas tomber dans le travers de «sous-promettre pour surperformer par rapport aux objectifs»; la tentation est forte mais contre-productive, l'écart entre la promesse et un objectif normatif peut parfois aller de 1 à 3. C'est en fait une sous-estimation de la valeur potentiellement créée par l'entreprise.

Un plan de transformation est bien un plan sur l'analyse de la valeur, sur l'analyse de l'évolution de cette valeur et sur la création de valeur par une meilleure allocation des ressources. On transforme justement parce que la valeur n'est plus la même et que la création de valeur diminue, évolue, change ou s'éteindra. L'évolution de la valeur générée par métier et par produit est donc primordiale.

47. Bien mesurer les objectifs que l'on se donne

La mise en œuvre du plan de transformation doit être mesurée de façon systématique et hebdomadaire. À partir du moment où tout est quantifié et que chaque action participe d'un plan global partagé, il faut mesurer pour évaluer les progressions et la pertinence des objectifs puis partager cette mesure avec tous les acteurs de la transformation.

Chacun doit pouvoir constater sa propre progression, celle des autres et celle de l'organisation, sinon on ne se projette pas. Cela fait partie de la méthode. C'est bien pour cela que le CRO ou le DG de la transformation doit battre la mesure et donner le tempo de la transformation, évaluer ce qui va plus vite et ce qui va moins vite, et dire pourquoi.

La mesure doit être hebdomadaire et indépendante, car, chaque semaine, des progrès doivent être faits à l'intérieur d'un intervalle de temps qui va de quelques mois à dix-huit mois par exemple, notamment quand il y a des impacts sociaux. Les mesures doivent être consolidées par les services financiers et circularisées à tous les acteurs de la transformation : c'est le principe même d'une feuille de route partagée, pour comparer, évaluer, stimuler et s'assurer du tempo de la transformation mais aussi de sa pertinence.

En temps de crise, la mesure est bien évidemment quotidienne, sinon on ne garde pas le rythme et on ne peut réagir.

Mesurer, c'est aussi mesurer la progression des personnes qui sont en charge, et comme elles sont directement intéressées c'est une mesure précieuse de leur performance.

Au-delà des performances individuelles, il est important de reconsidérer en permanence les objectifs que l'on s'était fixés, d'en ajouter de nouveaux et de comprendre pourquoi certaines actions ne se réalisent pas. C'est un point fondamental dans la transition des modèles économiques, cela peut être le signe d'une inertie de la structure, peut-être d'un vieillissement des équipements industriels, d'un manque d'investissement, ou tout simplement de l'inadéquation des responsables ou des équipes. Autant de signaux qui doivent permettre de transformer en profondeur.

Mesurer sert à évaluer le degré d'avancement du projet de transformation, mais aussi à créer un «mode agile» qui permette sans cesse une meilleure redéfinition des problématiques et des objectifs avec une meilleure réallocation des ressources.

Mesurer sert enfin à évaluer les acteurs de la transformation, car trop souvent les dirigeants ont une «indulgence affective» par rapport à des managers sous-performants. Or, il faut savoir réoxygéner une organisation en se séparant des moins bons managers et en en recrutant de nouveaux, venant d'autres horizons, pour aller dans la même dynamique. Certaines entreprises considèrent qu'il faut se séparer chaque année des 10% des managers les moins performants.

J'ai souvent eu cette discussion dans des conseils d'administration dont j'étais membre, où, compte tenu de mon expérience, je détectais des signaux faibles sur des membres du Comex, et où la tentation est souvent de «laisser sa chance». Malheureusement, l'histoire est écrite à l'avance pour des managers sur qui on a des doutes: *in fine*, douze à dix-huit mois après, il faut s'en séparer. En attendant, on a perdu un temps précieux, ce qui a empêché d'augmenter le niveau de performance nécessaire. En temps de restructuration, on n'a pas le temps d'attendre: le temps est soit un allié, soit un ennemi face à qui le combat est déjà perdu d'avance.

48. Passer du *business model* originel à un nouveau *business model*

Se transformer, c'est faire coexister parfois deux modèles économiques : un modèle économique hérité du passé (qui peut d'ailleurs être très rentable, mais n'a pas d'avenir et voir sa contribution diminuer d'année en année) et un nouveau modèle qui devra prendre le relais, parfois aussi avec des rentabilités différentes.

Si on prend l'exemple de Solocal (ex-Pages Jaunes), les annuaires imprimés étaient très contributifs avec des taux de marge brute très élevés. Cependant, non seulement l'enjeu était bien la transformation digitale pour remplacer à la fois le service (celui des annuaires), mais aussi les revenus des annuaires, ceux-ci étant voués à disparaître. Il y a donc eu deux modèles économiques simultanés : le modèle d'origine, rentable, contributif mais sans avenir, et le modèle digital, plus récent, moins contributif, mais appelé à devenir le standard.

On peut aussi faire le parallèle avec le déclin inéluctable de la presse papier (abonnement et vente au numéro) pourtant très contributif et rentable, et la presse digitale. Certains groupes s'y sont mieux préparés que d'autres, comme *Le Figaro*, par exemple, qui tire 75 % de ses revenus en dehors de la vente des journaux.

Les exemples ne sont pas toujours aussi radicaux, mais il faut toujours relier les tendances aux contributions pour bien déterminer ce qu'est le modèle de création de valeur de l'entreprise.

Le groupe Doux tout comme son concurrent français Tilly-Sabco étaient devenus dépendants des subventions européennes dans un modèle où il n'y avait plus de motivation pour être rentable intrinsèquement puisque les subventions venaient combler le déficit et apporter une marge confortable à l'activité export. *In fine,* ces deux groupes, qui étaient les entités privées recevant le plus de subventions en Europe, ont déposé leur bilan ; et si Doux existe encore mais avec de nouveaux actionnaires, Tilly-Sabco a, quant à lui, été liquidé.

Réussir une transformation, c'est savoir faire coexister ces deux modèles, faire vivre le modèle rentable le plus longtemps possible pour, en fait, financer les investissements permettant une évolution du modèle. Et non pas considérer les revenus du *business model* d'origine comme une rente que l'on va essayer de faire durer le plus longtemps possible. Cela avait été le tort de Doux et Tilly-Sabco qui vivaient sur cette rente et n'avaient pas modernisé leurs installations ni opéré leur transition.

Quand la société est cotée, ou bien a des investisseurs ou des banquiers, cela nécessite de bien expliquer où se situe l'évolution de la valeur, car ce qui va compter, c'est bien la croissance de l'Ebitda du nouveau modèle plus que l'Ebitda global, qui comprend une grosse partie de la rente, mais est condamné à disparaître.

DESIGN ET « *BLACK SWAN THEORY* », OU COMMENT GÉRER CRÉATIVEMENT L'INCERTITUDE ET L'INCONNU

Par Annie Gentes
Associate Professor Telecom ParisTech,
Director of the Co-design and Media studies Lab

Quand nous sommes frappés par l'imprévu

Avant la découverte, en 1697, en Australie, de cygnes noirs, on pensait que tous les cygnes étaient blancs. Cette découverte, qui remit en cause les connaissances ornithologiques de l'époque, est un exemple du type d'événements, imprévisibles, qui peuvent transformer de façon radicale un champ scientifique, mais aussi une industrie, une société et l'existence de tout un chacun. Les cygnes noirs ont toujours fait partie des affaires humaines.

Inspiré par cet épisode historique, Nassim Nicholas Taleb, statisticien, ancien analyste de marchés, aujourd'hui professeur d'ingénierie du risque à l'université de New York, a développé la « *black swan theory* » pour décrire l'impact d'événements sans précédent. Il y présente une critique acerbe des extrapolations à partir des variations statistiques basées sur les observations passées, en particulier lorsque ces statistiques sont supposées représenter des échantillons d'une distribution normale. Son livre est ainsi une réflexion sur l'inconnu et sur les façons de s'y préparer[1]. En effet, la mondialisation, l'interdépendance croissante des économies modernes et la croissance explosive des finances, des services et des technologies de l'information ont rendu les cygnes noirs plus fréquents et plus perturbateurs.

« L'interdépendance croissante des économies modernes et la croissance explosive des finances, des services et des technologies ont rendu les cygnes noirs plus fréquents et plus perturbateurs. »

En quoi le design est-il concerné ?

Le design est concerné parce qu'il forme et prépare à l'invention et la production d'alternatives. Il complète ainsi les méthodes classiques de modélisations d'activités en prenant en quelque sorte le problème à l'envers. Plutôt que d'être dans une logique de la parade (à toute éventualité en accumulant les données sur des situations passées), il est dans une logique de la proposition et du test de futurs possibles. Il est dans une forme d'agilité qui part du principe qu'on ne peut pas tout anticiper. « *Shit will happen! How do we deal with it ?* »

1. Nassim Nicholas Taleb, *The Black Swan : The Impact of the Highly Improbable – With a New Section : « On Robustness and Fragility »*, 2nd ed., Random House Trade Paperbacks, 2010.

Comment le design s'articule-t-il au futur ?

Le terme « design », en fait, recouvre deux définitions : la première définition renvoie à l'ensemble des pratiques et des outils que des étudiants et professionnels acquièrent lors d'enseignements de design qui leur permettent de créer de nouveaux objets/services, de nouvelles expériences[1]. La seconde définition est plus large puisqu'elle recouvre la conception sous toutes ses formes à savoir l'invention d'un X, un inconnu, qu'aucun facteur antécédent ne prédétermine absolument[2]. Le terme « design » en ce sens inclut ainsi aussi bien le design au sens restreint, mais aussi la recherche, l'art et l'ingénierie.

Le design organise son rapport à l'inconnu d'au moins trois façons :

1. il est le lieu de réflexion sur les dimensions sociales, techniques et culturelles de nos sociétés : un lieu de *la critique par l'action*. Un designer connaît les normes sociales et esthétiques, les standards techniques et les propriétés émotionnelles des artefacts et des situations pour mieux les questionner et les transformer. C'est assez unique : aucune autre formation ne met l'accent sur l'espace culturel comme réservoir de ressources, de médias pour la conception[3] ;
2. il est le lieu de la maîtrise des instruments d'expression. Comme le disait Paul Valéry, il ne suffit pas d'avoir une idée, il faut surtout savoir comment la travailler, la partager, la faire évoluer. « Quand Degas parlait d'idées, il pensait cependant à des discours intérieurs ou à des images, qui, après tout, eussent pu s'exprimer en mots. Mais ces mots, mais ces phrases intimes

1. Brigitte Flamand (dir.), *Le Design – Essais sur des théories et des pratiques*, Éditions du Regard, 2006.
2. Armand Hatchuel et Benoît Weil (dir.), *Les Nouveaux Régimes de la conception – Langages, théories, métiers*, Éditions Hermann, 2014.
3. Anne-Lyse Renon, Annie Gentes, Julien Bobroff, « How to frame the un-known? Theodd alliance of design and "fundamental physics" in a design school », *in Design and Technology Education : An International Journal*, décember 2017.

qu'il appelait ses idées, toutes ces intentions et ces perceptions de l'esprit - tout cela ne fait pas des vers. Il y a donc autre chose, une modification, une transformation, brusque ou non, spontanée ou non, laborieuse ou non, qui s'interpose nécessairement entre cette pensée productrice d'idées, cette activité et cette multiplicité de questions et de résolutions intérieures[1]. » Pour le dire en termes plus contemporains, il ne suffit pas - à l'instar des méthodes du Design Thinking - de brainstormer pour faire surgir des idées et de penser que la conception se résume à cette activité créative. Elle peut en faire partie mais elle est tout à fait insuffisante. Désolée pour les fans du Design Thinking : le « thinking » ne suffit pas à la conception. Le dessin, la diagrammatisation, la composition, le jeu avec l'agentivité des matériaux, les formalismes des technologies de fabrication coproduisent avec les agents humains, les nouveaux produits, services, écosystèmes ;

3. il est le lieu d'une transformation singulière : celle de la pluridisciplinarité. Suivant les questions présentées au designer, il doit apprendre à travailler avec de multiples compétences dont il ne peut espérer qu'il les maîtrisera toutes. Matériaux, technologies, dimensions anthropologiques, le designer n'est pas le Léonard de Vinci du XXIe siècle, mais il apprend à sous-déterminer les disciplines entre elles pour créer des alternatives inattendues[2].

Le design : répondre à l'imprévisible par la conception

Dans un cas comme dans l'autre, les designers comme les organisations « designantes » ont appris à concevoir avec une grande variété d'outils d'expression et de prédiction : ils peuvent produire des scénarios, des représentations, des modèles, des

1. Paul Valéry, *Œuvres*, tome 1, *Variétés*, Gallimard, coll. « Bibliothèque de la Pléiade », 1957, p. 1324-1326.
2. Annie Gentes, *The In-Discipline of Design : Bridging the Gap Between Humanities and Engineering*, 1st ed. 2017, New York, Springer, 2017.

maquettes, des objets intermédiaires[1] qui permettent un début de prise de conscience et de débat sur des futurs possibles. Ils ont aussi appris à observer et à utiliser les modes de production contemporains qui leur permettent d'implémenter des alternatives à des systèmes : par exemple, refondre les modes de production d'une entreprise pour la faire passer en économie circulaire[2] ou proposer des variations sur un thème, comme la mode[3].

Le design est ainsi un puissant outil proactif de réponse à l'incertitude et à l'inconnu, dans un premier temps, pour explorer des futurs alternatifs. Comme le remarque la designeuse Anab Jaïn[4], à mesure que nous nous dirigeons vers un avenir difficile et volatil, il est important d'essayer de prototyper différents mondes inconnus et invisibles possibles. Et c'est là que le designer peut intervenir, donner forme et rendre tangibles de nombreux futurs possibles dans lesquels nous pourrions nous retrouver[5]. Il intervient aussi dans un deuxième temps pour mettre en œuvre ces futurs systèmes, produits, services et expériences.

On est loin du design de la brosse à dents !

---

1. Annie Gentes, « Science fiction ? Scénarios narratifs et visuels dans les projets d'ingénierie des TIC » *in* Daniel Dubuisson et Sophie Raux (dir.), *À perte de vue – Les nouveaux paradigmes du visuel,* Les Presses du réel, 2015.
2. Mariia Kravchenko, Daniela C. A. Pigosso, and Tim C. McAloone, « A Procedure to Support Systematic Selection of Leading Indicators for Sustainability Performance Measurement of Circular Economy Initiatives », *Sustainability,* vol. 12, n° 3, 28 janvier, 2020.
3. Gilles Lejeune, Annie Gentès et Julien Bobroff, « La « conception ancrée » comme mode d'articulation de l'imaginaire et du monde contemporain : des "personas" aux "organas" », Actes du Congrès de la SFSIC Création, créativité et médiations, 13-15 juin 2018.
4. https://superflux.in/index.php/team/anab/#
5. Annie Gentes et Max Mollon, « Critical Design : A Delicate Balance between the Thrill of the Uncanny and the Interrogation of the Unknown » in *Empowering Users Through Design : Interdisciplinary Studies and Combined Approaches for Technological Products and Services,* Springer International Publishing, New York, David Bihanic, n.d.), p. 79-101.

Le design comme gestion proactive de l'inconnu

En France, design et industrie se regardent encore en chiens de faïence. Le design au sens des arts décoratifs semble occuper tout l'espace de conception : l'industrie du luxe célèbre ses designers, et Philippe Starck entretient notre fantasme de Louis XIV avec ses « *ghost chairs* ». Mais depuis la révolution industrielle, ce sont tous les pans de l'industrie qui ont repensé leurs modalités de production. Au-delà d'une recherche légitime d'enchantement du quotidien, le design aborde toutes les questions contemporaines parce qu'il est la discipline qui articule l'ensemble des enjeux (sociétaux, environnementaux, technologiques), pour accompagner le manager dans sa réflexion sur la création de valeur : éthique, profitabilité, originalité et distinction. Mais de façon encore plus cruciale, de mon point de vue, le design est la discipline de la gestion proactive de l'inconnu. Il transforme ainsi la problématique de la résistance au changement en une dynamique de transformation du changement.

49. Acheter du temps

C'est souvent un souci des transformations : aura-t-on assez de temps ou bien va-t-on mourir guéri ? La question n'est pas futile, elle est d'importance dans les sociétés en difficulté.

Souvent ce sont les actions en matière de performance qui vont donner du temps à l'entreprise pour se transformer, pour incliner les modèles économiques, pour avoir le temps d'investir et d'en attendre les retours sur investissement.

Acheter du temps, c'est réussir à « financer » la transformation par des cessions non stratégiques ou par des économies immédiates, le temps que des actions de plus long terme puissent produire leurs effets. *A contrario*, gagner du temps, c'est souvent avoir la tentation de repousser des échéances.

Le temps est souvent un ennemi dans les transformations car on sait ce qu'il faut faire, mais on n'a pas le temps ou bien on n'a plus le temps. Le contexte des procédures collectives encadre généralement le calendrier, et surtout il n'est pas compatible de financer des investissements sous ces régimes judiciaires. Ni d'engager des frais de restructuration autres que des licenciements et dans le seul but de pérenniser l'activité.

Cependant, il ne faut pas céder à la tentation du temps qui passe vite en cédant trop rapidement des actifs les plus rentables ou vendables, à des prix trop décotés. Le temps ne doit pas s'acheter trop cher… Il n'est pas forcément un allié dans les transformations comme on l'a vu avec la vitesse de détérioration des modèles économiques. Il est un des facteurs de l'équation qui va déterminer ce qui est possible ou ne l'est pas. Dit autrement, c'est lui qui actuariellement va guider les actions, les « *quick wins* » et prioriser les actions de différents niveaux.

Le temps est un facteur actuariel important, car rien ne sert de réussir dans trois ans quand on a des moyens financiers pour un an par exemple : mourir guéri n'est jamais le but.

C'est là, où les procédures collectives aident à jouer sur le facteur temps en donnant de douze à dix-huit mois pour élaborer un plan et en enlevant à court terme la contrainte de la dette, tout en donnant la possibilité de donner une maturité à dix ans pour la dette étalée.

C'est ce qu'a compris Jean-Charles Naouri en mettant sa holding Rallye en sauvegarde. La pression de sa dette est retombée, celle-ci a été étalée sur dix ans avec peu de paiements au début, et 65 % la dernière année, ce qui *ipso facto* a décoté sa dette actuariellement et lui permet à lui, ou à ses chevaliers blancs, de la racheter immédiatement avec décote.

50. Mettre en place une transformation digitale et technologique

Mais oui, bien sûr ! C'est tellement évident et on en parle tellement… Mais pourquoi mettre cette séquence vers la fin de partie consacrée à la transformation des entreprises ? Parce qu'une entreprise mal structurée ne pourra pas mettre en place une transformation digitale réussie qui implique de comprendre l'ADN de l'entreprise, son positionnement sur son marché et par rapport à ses concurrents.

La transformation digitale n'est pas un lieu commun pour faire bien, c'est une évidence, et ce n'est pas parce que c'est une évidence que c'est facile à mettre en œuvre.

Cet ouvrage n'a aucune prétention en la matière sinon d'affirmer que c'est un pan entier d'un programme de transformation, et que c'est une transformation en soi et en profondeur. Quand on parle de réallocation des ressources de l'entreprise au profit de la stratégie, c'en est un exemple criant.

Quand nous visons les questions basiques « Qui sommes-nous ? » « Que faisons-nous ? » (le « *who* » et le « *what* », diraient les Anglo-Saxons), nous visons ce mouvement tectonique qui bouscule les entreprises en raison de la digitalisation et des avancées technologiques qui bouleversent à très grande vitesse des pans entiers de secteurs économiques et industriels et en fait des ordres établis. Les challengers innovants peuvent devenir dangereux et de futurs leaders.

Le plus grand commerçant au monde (Amazon) n'avait pas de magasins (jusqu'au rachat de Whole Foods), le plus grand hôtelier (Booking) n'a pas d'hôtel, la plus grande société de transport de personnes au monde (Uber) n'a pas de voitures… Et pourtant, ce sont leurs concurrents qui ont dû s'adapter à eux car la concurrence s'est faite sur l'usage, et donc sur l'accès aux clients et l'expérience utilisateur (dont nous parlons dans le prochain chapitre).

Les grandes majors de la musique dans les années 2000 ont tout misé sur le contenu tout en négligeant les « tuyaux », et iTunes s'est imposé, puis Spotify et Deezer ont suivi et ont dominé le marché de la musique car ils aspiraient les clients à travers leur plateforme. Netflix a elle-même créé sa plateforme de distribution pour ensuite venir concurrencer les producteurs traditionnels à coup de milliards pour produire en masse du contenu afin d'alimenter la boulimie et l'addiction qu'ils ont su créer chez leurs clients, à tel point qu'elle représente aujourd'hui 25 % de la bande passante internet mondiale.

La transformation numérique et technologique, c'est cela tout à la fois. De plus, elle se caractérise par la vitesse de créativité et d'exécution. J'ai l'habitude de dire qu'on fait trois années en une dans le monde du digital et de la technologie. C'est pour cela que six mois d'arrêt d'investissement ou de transformation peuvent être fatals à l'entreprise, tout autant qu'une transformation technologique bien menée peut être un accélérateur formidable.

Ne pas engager la transformation digitale ou technologique à tout niveau (et à commencer par un simple site internet qui permet de se renseigner et d'acheter les produits), c'est l'assurance de se laisser distancer par des acteurs plus innovants et qui iront plus vite.

L'intelligence artificielle, la robotisation élargissent le champ des possibles, peuvent permettre de s'affranchir de risques de contagion, de sécurité des personnes et de pénibilité du travail, tout en développant l'optimisation des ressources grâce à une organisation apprenante en fonction du passé qui sert à améliorer les algorithmes.

En matière digitale et technologique, la règle est assez claire : « *the winner takes it all* ». Il faut être le premier, le plus innovant, et être le challenger digital parfois bouscule ceux qui se sont mis dans des positions de rentes.

COMMENT LA DIGITALISATION PEUT-ELLE ÊTRE UN OUTIL DE TRANSFORMATION ?

Par Philippe Besnard
Investisseur, associé chez Fast-Up Parners,
Fondateur de Quantum Advertising

Depuis les années 1990, le terme de transformation digitale s'est imposé dans le lexique « corporate », pour s'appliquer à de multiples facettes de l'organisation (marketing, logistique, HR, R&D) puis à l'entreprise dans son ensemble…

Les grandes étapes de cette accélération son connues : avènement de l'ordinateur personnel puis d'Internet (1990-2000), apparition des smartphones, développement du *cloud* et explosion des capacités de traitement de données (2010), fonctionnement en API, réseaux à très haut débit et Internet des objets…

« Une entreprise ne saurait survivre bien longtemps si ses pulsations digitales en venaient à cesser. »

Une partie de cette transformation est visible au quotidien par le consommateur, avec l'utilisation devenue permanente des réseaux sociaux, contenus en streaming, moteurs de recherche et autres achats en e-commerce, influence de la publicité digitale. À l'autre bout du spectre se développent des usines numérisées, où des programmes informatiques assurent la synchronisation automatisée des outils, des postes de travail et des flux, dans ce que d'aucuns appellent la « quatrième révolution industrielle » (Klaus Schwab).

Le digital est donc devenu « pervasif », comme disent les Américains. Il a infiltré tous les pores de l'entreprise pour faire partie intégrante de son organisme. Comme l'oxygène, au point qu'une entreprise ne saurait survivre bien longtemps si ses pulsations digitales en venaient à cesser…

En deux décennies, le digital a profondément rebattu les cartes de l'économie ; 50 % des entreprises du Fortune 500 en 2000 ont tout simplement disparu, les GAFAM représentent une capitalisation boursière cumulée de 4 300 milliards de dollars (décembre 2019), et selon une récente étude de l'Acsel (Association de l'économie numérique), le numérique représenterait 6 % du PIB français (contre 8 % aux États-Unis, 9 % en Chine, 10 % en Corée).

Dans l'immensité des évolutions et révolutions suscitées par le digital, concentrons-nous sur trois points en ligne avec le propos de cet ouvrage :

- le digital transforme les gros davantage que les petits (*size matters*) ;
- le digital transforme la relation au consommateur ;
- le digital transforme la culture de l'entreprise.

Size matters

De multiples études révèlent que le volontarisme digital des entreprises est généralement proportionnel à leur taille ; poussées par leurs actionnaires et leurs conseils d'administration, mieux exposées aux meilleurs pratiques venant de divers continents, les grandes entreprises ont souvent accueilli le digital comme une opportunité de se transformer profondément. Le meilleur exemple est bien entendu Netflix, qui à l'origine n'était qu'un service de location de DVD (1997) avant de s'aventurer dans le streaming (2007) pour devenir en 2019 l'une des plus importantes sociétés de production et de diffusion de films et séries (20 milliards de dollars de chiffre d'affaires, 120 milliards de dollars de capitalisation boursière, quatrième producteur mondial de contenu culturel). L'exemple de Domino's Pizza est également frappant ; l'entreprise a doublé de taille en sept ans (2011-2018) en s'appuyant sur la multiplication des canaux de prise de commande (pas moins de 19 aujourd'hui) qui ont alimenté une data science permettant une gestion exceptionnelle du marketing prédictif et des promotions.

A contrario, en France, si huit Français sur dix achètent régulièrement des produits sur Internet, moins d'une entreprise sur deux ne dispose pas d'un canal de vente internet[1] et nombre de

1. Étude Acsel Ipsos 2019.

dirigeants d'ETI voient encore dans le digital une menace et une contrainte davantage qu'une opportunité.

La relation au consommateur

C'est sans doute cette facette du digital qui a créé la dynamique inarrêtable du digital. Dans un premier temps, il s'est agi d'une relation à l'information, fût-elle pratique, informationnelle, culturelle, avec l'émergence des moteurs des premiers annuaires internet (Yahoo!, par exemple) puis moteurs de recherche (Overture, Google). Le canal d'information dominant est progressivement devenu Internet, par la recherche, puis par les algorithmes des réseaux sociaux. Ainsi sont nées de nouvelles formes de média, le « *paid* » (les points de contact achetés par la publicité et les liens commerciaux), le « *owned* » (le contenu de la marque et de son site), le « *earned* » (la diffusion virale des avis, posts et autres communications des personnes exposées à la marque et ses contenus).

Le poids des réseaux sociaux et des influenceurs a permis l'émergence des DNVB (*digital native vertical brands*) qui ont semé un vent de panique au sein des acteurs établis de la grande consommation, en lançant des marques *ex nihilo*, vendues directement aux consommateurs (disparition des grossistes, intermédiaires, points de vente physiques), spécialisées sur un seul type de produit (cosmétiques, compléments alimentaires, mode…) et promues habilement sur les réseaux sociaux. Les Ipsy, Younique, Away et autres marques sorties de terre en quelques années ont été un puissant aiguillon à l'évolution des géants des secteurs concernés, d'Unilever à LBrands.

Le digital a également transformé la relation au consommateur en ce que celle-ci s'établit dorénavant dans une dimension multilatérale et continue. Les marques sont exposées en 24/7 aux avis et humeurs de leurs clients, pour le meilleur et pour le pire.

Le consommateur peut être amené à co-construire une nouvelle offre, à se prononcer sur telle ou telle évolution d'un produit ; il devient l'un des acteurs du process marketing, à des degrés divers.

Écouté, le consommateur est aussi devenu un objet de prédiction et d'anticipation ; le traitement des données relatives à sa navigation sur les sites internet, à ses interactions avec les services clients, à ses actes d'achat, nourrit des algorithmes de personnalisation permettant a *minima* une publicité ciblée achetée à la performance (le fameux « *retagerting* » de Criteo) et surtout des suggestions de nouveaux achats et de promotion particulièrement adaptées à chaque individu. Le digital a permis l'émergence d'un marketing scénarisé et personnalisé aussi puissant que peu soucieux de l'éthique des données personnelles.

La relation client elle aussi a été profondément transformée par l'avènement du digital ; l'évolution s'est faite au prix d'une certaine déshumanisation. Néanmoins, le traitement des flux comme des anomalies est devenu immensément plus performant dans la plupart des aspects de la vie économique (banque, assurances, voyage, administrations).

La transformation culturelle

On peut épiloguer à l'envi sur l'émergence des algorithmes, du Big Data, capteurs et réseaux haut débit. Le changement le plus profond né du digital réside peut-être dans l'approche nouvelle qu'ont aujourd'hui les hommes et les femmes d'entreprise. « Digital » rime volontiers avec « start-up » ; ces dernières ont propagé un état d'esprit qui, s'il se prête souvent à la caricature[1], n'en a pas moins profondément modifié le regard que les entreprises portent sur l'innovation, le risque, l'adaptation au marché et la structuration de leur stratégie.

Les moyens d'obtenir en quasi-temps réel les retours et appréciations du consommateur, la capacité à modifier tout aussi rapidement les contenus, publicités, promotions, voire les spécifications du produit, ont constitué une révolution sans équivalent. Celle-ci n'est pas uniquement technique, elle a permis un regard différent sur l'innovation et la capacité à prendre des risques.

1. Voir http://www.dirigeant.fr/entreprises/carotte-4-0/

Le fameux « *fail fast* » (savoir tenter et s'arrêter rapidement si les soubresauts de résultat ne sont pas au rendez-vous) a rencontré avec bonheur une autre maxime, attribuée à Mark Zuckerberg (« *Better done than perfect* ») qui tranche avec un ancien monde fait où la propension au risque et la tolérance à l'approximation étaient peu courantes, tout particulièrement en Europe.

Le résultat est heureux : les entreprises de toutes tailles multiplient aujourd'hui les laboratoires d'innovation, partenariats et autres incubateurs leur permettant d'accélérer leur transformation, à tout le moins sur certains axes prioritaires. L'émergence des méthodes agiles, issues de l'innovation digitale, a également profondément impacté le fonctionnement des entreprises, tout particulièrement les grands groupes, il est vrai.

Les organisations restent encore parfois paralysées face au passage à l'acte de certaines innovations digitales ; la croissance externe et l'intégration de start-up constituent une alternative porteuse de changement quoique risquée en raison du taux relativement élevé de rejet de la « greffe ».

La transformation de l'entreprise par le digital n'est finalement que le miroir de celle de l'individu ; les consommateurs et clients deviennent digitaux à des degrés divers, avec leur propres naïvetés, angles morts, et exigences. Imperceptiblement, pourtant, notre rapport transactionnel à l'entreprise et aux pouvoirs publics est devenu profondément digital. La composante physique et matérielle perdure, mais profondément transformée, comme dans le cas de la grande distribution (supermarchés « drive »), de la restauration (plateformes de livraison) ou de la banque (sites et applications d'e-banking).

51. Miser sur l'expérience utilisateur

La culture de l'expérience utilisateur ou client (« *user experience* », soit l'acronyme « UX ») est souvent déficiente au sein d'entreprises pourtant innovantes mais qui se soucient davantage de l'innovation que de son utilisation.

Quand Uber concurrence les taxis, ce n'est pas sur les voitures ni sur les chauffeurs, c'est sur la facilité de commande et de paiement. Les sociétés de taxis ont alors été contraintes d'essayer de se battre avec les mêmes armes, non sans avoir perdu une grosse partie de leur clientèle.

Une expérience client se construit, avant tout, de façon collective au sein de l'entreprise, et c'est un formidable outil de transformation par la convergence qu'elle nécessite entre l'entreprise, ses produits et ses services, sa technologie et des utilisateurs. Comme on l'a vu, on est passé en quelques années d'une culture de la possession à une culture de l'usage.

Les utilisations deviennent de plus en plus intuitives, la patience d'un utilisateur ne se mesure plus en minutes mais en secondes, et l'abandon d'un processus client est fréquent tant l'attention est facilement détournée par un environnement digital envahissant. Les « points de contact » entre un client et un produit sont très nombreux et ont lieu avant l'achat, pendant mais aussi après. La réputation est aussi un facteur clé du succès.

Aujourd'hui, notre vie est « emmagasinée » dans un smartphone. Tout doit pouvoir être fait à partir de lui, si possible en interfaçant l'application avec Apple Pay, par exemple, car on veut aller toujours plus vite. On ne soucie pas d'être fidèle, on veut simplement utiliser un service et être efficace.

Les différentes étapes de la transformation de l'expérience client (et donc de l'entreprise elle-même) sont les suivantes :

- la prise de conscience par le management ;
- la prise de conscience de l'entreprise sur les « irritants » vu du côté du client en priorisant la résolution de ces problèmes le plus vite possible ;
- l'audit et l'analyse critique de l'expérience client ;
- l'élaboration d'un programme de transformation transversal sous la forme d'un chemin critique qui se déroule dans le temps ;
- la mobilisation de l'ensemble des collaborateurs qui deviennent là encore les acteurs de la transformation ;
- l'amélioration continue de cette expérience ;
- la mesure externe de la qualité de l'expérience utilisateur par une notation systématique, ou un sondage quand il s'agit d'un service de masse.

L'expérience client va de pair avec la transformation digitale et technologique, mais elle ne doit pas faire oublier que pour réussir une entreprise doit savoir écouter ses clients, dialoguer avec eux, pour mieux vendre et se développer, faute de quoi sa réputation pourrait être entachée.

L'UX COMME LEVIER DE GESTION DE CRISE !

Par Jérôme Wallut
Associé de K-ciopé (ex-ICP Consulting)

Fin août 2018, Arnaud Marion et moi nous croisons sur un plateau de BFM, invités par Fabrice Lundy à partager nos expertises sur deux sujets de crise (Uber et Apple). Nos échanges convergent rapidement : nous partageons la conviction que l'UX est un levier efficace pour résoudre une crise.

Dès le lendemain, nous poursuivons nos échanges, et, très rapidement, K-ciopé devient partenaire de Smovengo. Nous allons alors mettre à profit notre maîtrise des méthodologies UX pour contribuer à résoudre la crise que l'entreprise traverse.

Il s'agit, après trois mois d'un lancement difficile, de réconcilier tous les acteurs de ce vaste chantier (la réinstallation et l'électrification de 1400 stations tout en assurant la continuité du service Vélib').

Nous avons travaillé avec les équipes de Smovengo sur une vision et une méthodologie à partager avec toutes les parties prenantes ; des partenaires industriels, jusqu'au comité des usagers de Vélib' en passant par le Syndicat mixte de la mairie de Paris.

Avant de vous raconter cette expérience avec les équipes de Smovengo, j'aimerais poser quelques jalons à propos de l'UX. De quoi s'agit-il et pourquoi est-ce un sujet maintenant ?

D'abord, de quoi parle-ton ? L'UX (pour « *user expérience* ») est la prise en compte de l'expérience vécue par les utilisateurs comme socle commun à toutes les compétences réunies autour d'un projet. La démarche UX est à la fois un état d'esprit et une discipline méthodologique. L'UX a quatre effets vertueux car elle permet :

- de formaliser rapidement un objectif unique : l'amélioration de l'expérience utilisateur ;
- de casser les silos et les séquences et de remettre en conversation toutes les compétences de l'entreprise au service d'un projet ;
- d'aller vite ;
- de valoriser et de responsabiliser les équipes par la reconnaissance croisée des expertises.

Ensuite, pour comprendre ce changement de paradigme, il faut regarder ce qu'il s'est passé depuis vingt ans et comment l'UX est devenu progressivement un levier de business.

Les acteurs du marketing avec lesquels j'échange régulièrement résistent à cette approche, arguant du fait que depuis toujours leur discipline s'est attachée à comprendre, identifier et connaître le client : *insight* consommateur, *customer centric*, etc. Mais avec un objectif qui était celui du marketing des années 1980 : « Trouver des nouveaux clients pour leurs produits. » Et c'est précisément cela qui a changé ! Seth Godin résume ce changement de paradigme en une phrase : « Faire vivre des expériences fluides et confortables à ses clients est beaucoup plus performant que d'essayer de trouver des clients pour ses produits. »

Pour comprendre cette révolution des comportements, il faut accepter l'idée que, depuis 2000, grâce au digital, les publics ont pris progressivement le pouvoir par leurs conversations, puis par leurs usages. Ils ont maintenant l'initiative de cette conversation et le choix de leurs usages. Avec une maturité construite sur huit années de pratique (2008-2016), ces publics sont sortis de la fascination des « nouveaux » usages pour définir les fondamentaux de leur relation avec les entreprises et les marques sur le « confort » de leurs usages. Ils ont fait de la qualité de leur expérience vécue la condition de leur fidélité.

« Faire vivre des expériences fluides et confortables à ses clients est beaucoup plus performant que d'essayer de trouver des clients pour ses produits. »

L'enjeu du nouveau marketing est devenu « rester en contact » plus que « trouver de nouveaux clients ! » Pour illustrer ce constat, regardez la place que la « notification » a prise dans nos relations avec les marques. Regardez les circonvolutions que ces entreprises opèrent pour avoir le droit et l'initiative de vous adresser un message.

Pour garder le contact, les entreprises et les marques doivent améliorer en permanence l'expérience fluide et confortable qu'elles vous vous font vivre.

En vingt ans, nous avons basculé d'une économie des produits et des services vers une économie de l'expérience utilisateur.

C'est cette vision et la culture qui va avec que les gouvernances doivent distiller dans leurs entreprises pour commencer à se transformer en « UX business Company ».

Voilà pour le *mindset*. C'est sans aucun doute ce qu'Arnaud Marion a parfaitement intégré dans sa vision et qu'il souhaitait mettre en œuvre pour Smovengo et contribuer ainsi à structurer une feuille de route construite sur la qualité de l'expérience vécue par les usagers de Vélib'.

Et l'UX est aussi une discipline méthodologique, celle que nous avons mise en œuvre pour Smovengo. Cette proposition de méthodologie s'articulait autour de deux étapes :

- une approche anthropologique pour construire le socle de la démarche et apprendre à regarder autrement les douleurs des publics concernés ;
- concevoir et traiter chacun des sujets dans une chronologie logique (l'expérience vécue) et lisible de tous.

Nous avons commencé par formaliser le parcours client, dans le monde physique comme dans le digital. Nous avons recensé de la façon la plus factuelle possible, sans affect, sans pathos, toutes les interactions possibles entre l'usage et l'utilisateur. Le résultat obtenu est un parcours froid et factuel construit autour de 350 interactions allant de la souscription jusqu'à la restitution du vélo en station. L'utilisateur compulsif qui utilise Vélib' tous les jours pour aller au bureau ne va pas vivre ce parcours avec la même expérience que le touriste américain qui l'utilisera pour la première fois.

Ce sont les motivations, les comportements et l'appétence aux différents médias qui vont forger le vécu de ces profils d'utilisateurs. On appelle ces profils types des « personas ». À l'origine, le persona était un masque utilisé dans le théâtre antique pour simplifier la visibilité et aider à porter la voix des acteurs dans un environnement peu favorable. Cette métaphore explique parfaitement le rôle du persona dans la méthodologie UX !

Pour Vélib', les équipes de Smovengo et du Syndicat mixte de la mairie de Paris ont identifiés six personas : le citoyen, le pressé, la sportive, l'économe, le promeneur et le touriste. Tout de suite vous comprenez que les expériences vécues par chacun ne peuvent pas être les mêmes.

Et pour faire partager cette réalité aux équipes, toutes compétences confondues, il fallait qu'ils incarnent ces personas. Nous leur avons fait « interpréter » les expériences de chaque persona afin de faire émerger sincèrement les irritants, les douleurs et les points de fuite dans le parcours de chacun.

Cette approche essentielle pour le projet est également pédagogique. Jouer un persona permet de faire abstraction de sa propre vision souvent influencée par son expertise. Elle permet aussi de rétablir une conversation utile entre toutes les compétences liées au projet.

Il s'est agi ensuite, dans le même sprint, d'identifier, toujours en atelier, les points d'amélioration potentiels qui permettront à Vélib' de « garder le contact » en simplifiant, fluidifiant, enchantant l'expérience. Nous appelons cette étape de formalisation la « cartographie de l'expérience ». Elle est devenue ensuite le référent commun à toute l'équipe Smovengo pour identifier les priorités et formaliser les fondamentaux d'une feuille de route.

La recette du succès de la démarche UX se construit autour de trois ingrédients.

Le premier est la vitesse d'exécution. « 3/3/3 », comme le dit très bien David Leborgne, l'ancien CDO de la SNCF : 3 jours pour cadrer, 3 semaines pour concevoir, prototyper et tester et 3 mois pour réaliser. C'est le rythme de l'agilité. Les corollaires de cette vitesse d'exécution sont la taille du projet et la logique d'amélioration permanente. Pour tenir le rythme, il faut réduire la taille du projet au traitement de la douleur identifiée dans l'expérience de l'utilisateur. La douleur suivante sera traitée ensuite mais rapidement dans la version 2. Pour qualifier cette taille de projet, on parle de création d'un MVP (Minimal Viable Product). Avec Smovengo, nous avons traité en moins de trois mois deux douleurs identifiées : Park+, ce système qui permet de ranger plus de vélos qu'il n'y a de bornes dans une station ; le parcours d'inscription dans l'appli. Le cadrage du MVP peut être rapide parce que la vision de son rôle dans l'expérience globale est claire.

Ensuite, la conception fait appel aux méthodologies du design sprint : en atelier, sur quelques jours, avec toutes les expertises autour de la table. L'objectif est de pouvoir tester auprès des utilisateurs un prototype « jouable ». Je me souviens de l'engagement et de l'enthousiasme des usagers lors du test Park+ et des conversations fructueuses avec les membres de l'équipe. Là encore le verdict des utilisateurs est incontournable. À ce stade, le droit de se tromper n'est pas grave et il est rapidement traité par une itération de l'équipe de conception. C'est le patron de Netflix, Reed Hastings, qui dit : « Le secret du succès n'est pas de demander à vos clients ce qu'ils veulent, mais de regarder ce qu'ils font, ce qu'ils vivent avec l'expérience que vous leur proposez. »

Quant à la réalisation, qu'elle soit digitale ou non, l'agilité, la vitesse et le rythme sont encore de mise. Cela est simplifié par le fait que les équipes en charge de cette réalisation sont en conversation avec le projet dès le début.

La vertu essentielle de cette démarche est de supprimer les silos d'expertises et les séquences entre les expertises.

Vous l'avez compris, l'utilisateur est votre juge de paix et le confort de son expérience votre obsession. Après le très célèbre #Why de Simon Sinek comme point d'accroche de vos stratégies, je vous propose le #Aïe comme fil conducteur de votre démarche UX.

Merci Arnaud pour cette belle expérience.

52. Adopter une approche Design Thinking

Le Design Thinking est une approche de l'innovation basée sur un processus de co-création mêlant à la fois analyse et inuition, valeur économique et expérience, et faisant travailler ensemble des chercheurs, des ingénieurs, des professionnels du marketing et des marques, et des utilisateurs. C'est une autre façon de penser les produits, et donc l'entreprise. C'est ce qui a permis à des entreprises de se développer grâce à la réussite de l'expérience client en raison de produits simples à utiliser, mais aussi par le changement de paradigme qui a substitué l'usage à la propriété.

J'ai pris le parti de laisser la parole dans ce livre à deux spécialistes reconnus en la personne d'Annie Gentes (*cf. p. 219*) et de Dominique Sciamma dans le texte qui suit.

VERS LE DESIGN DE LA DÉCISION

Par Dominique Sciamma
Directeur général Strate École de Design et président de l'APCI

Dans le jardin d'Éden, et grâce à Dieu, l'homme pouvait jouir sans entrave des bienfaits d'un monde où tout n'était qu'équilibre et abondance, harmonie et bienveillance, un monde où la gazelle côtoyait le lion, où l'eau était pure et la nourriture à portée de main. Il a suffi que l'homme goûte au fruit de la connaissance du Bien et du Mal pour que tout se détraque, et qu'il en soit chassé. Il a suffi qu'il soit confronté à la nécessité de choisir, à la nécessité de prendre des décisions.

Car tel est de fait le fardeau de notre espèce : être à chaque instant dans la position de prendre des décisions, petites ou grandes, individuelles ou collectives, dans l'espoir de retrouver le jardin d'Éden et ses insouciances, en se libérant de la nécessité de ne plus jamais en prendre.

Dans le monde rêvé de la modernité, un monde débarrassé de Dieu, l'humanité a plongé dans une autre croyance, celle qu'un savoir en croissance perpétuelle - la science - lui donnait les moyens de lire la mécanique du monde et d'en devenir l'horloger, d'être le lecteur comme le pilote d'un déterminisme dont elle serait le bénéficiaire.

Un monde prévisible, un monde déterminé, un monde sans histoire.

Un monde sans crise.

Si cette illusion moderniste s'est fracassée au XXe siècle (deux guerres mondiales, la Shoah) elle a resurgi au lendemain de la chute du mur de Berlin, les démocraties occidentales et le capitalisme pensant pouvoir enfin atteindre l'homéostasie du jardin d'Éden. Certes, le chemin serait long et parfois chaotique, mais ces chaos ne seraient que l'exception, et même se raréfieraient au fur et à mesure que notre savoir et les outils qu'il engendre croîtraient. Ce serait la fin de l'histoire.

Cette illusion trouve ces racines chez Descartes. Elle est celle de l'analyse. En tant que méthode, cette capacité à résoudre les problèmes - c'est-à-dire d'en révéler les déterminismes - consiste toujours à les découper en sous-problèmes, plus lisibles, plus compréhensibles et plus faciles à résoudre, et d'en articuler ensuite les déterminismes et les solutions. La révolution industrielle est le résultat comme l'amplificateur de la mise en œuvre de cette méthode : séparer, découper, disséquer... puis recomposer, rassembler, assembler. Grâce à Descartes et à sa méthode, le monde devient une grande ligne d'assemblage : les usines bien sûr, mais aussi les villes, les administrations, les services publics, l'État.

Et les écoles.

Dans ce système, nos grandes écoles d'ingénieurs, de management ou d'administration forment l'élite, c'est-à-dire ceux qui seront en capacité et en position de piloter cette grande ligne d'assemblage, et donc de prendre les décisions qui s'imposent.

Nos écoles primaires, nos collèges, nos lycées y préparent, formatant toujours plus les esprits pour entrer dans ce modèle qui aurait tant fait ses preuves (mais que personne ne nous envie). Et qu'elles soient en conquête, en régulation ou en résolution, ces élites si sûres de leur fait préemptent les pouvoirs, politiques ou économiques, académiques ou industriels, et évidemment parce qu'ils sont les meilleurs.

Oui mais voilà. L'illusion cartésienne est en train de se fracasser sur le réel. L'apparente puissance de la méthode a engendré un monde ouvert, globalisé, technique, avec une (sur)population, mobile, nombreuse et consommatrice, aussi avide de bienfaits matériels que de libertés et qui a produit de nouveaux et colossaux problèmes : transformation numérique, crise climatique, crise de la biodiversité, crise démocratique, crise économique.

« L'illusion cartésienne est en train de se fracasser sur le réel. »

Ce XXIe siècle voit donc s'affirmer de très grands défis pour l'humanité, qui définissent de fait autant de grands desseins dont nous pensons qu'ils nécessitent une nouvelle méthode, en rupture avec les anciens modèles et méthodes cartésiennes, sans renoncer pour autant au projet d'émancipation et d'harmonie sociale né des Lumières, et à ses idéaux démocratiques. À bien des égards, le discours sur la complexité d'Edgar Morin, exprimée et structurée elle aussi dans une œuvre appelée *La Méthode*, propose une pensée systémique et holistique, bien plus à même d'embrasser ces défis. Mais au-delà de la pensée, il faut aussi se mettre en action, au travers d'une nouvelle approche. Et cette approche a un nom : le design.

Pas le design du XXe siècle, supplétif du marketing, mis au service de la seule désirabilité des biens, mais bien celui du XXIe siècle, mis au service du vivre-ensemble et du soin.

Plus qu'un métier, plus qu'une méthode, plus qu'une discipline, le design est aujourd'hui un nouveau paradigme, un nouvelle posture face au monde, au(x) vivant(s) et à ses problèmes, portés par des professionnels exigeants, lecteurs de la complexité du monde, qui contribuent à créer des conditions d'expériences de vie réussies.

Tous ces mots ont un sens, précis.

Le mot « design » vient de l'italien *Disegno*, qui veut dire à la fois « dessin » et « dessein », représentation et projet. Il est rattaché à une époque où l'art et la science n'étaient pas séparés, où ceux qui concevaient les basiliques et les duomo étaient aussi ceux qui les décoraient. Un temps léonardesque.

Là où la méthode cartésienne dissout la complexité et la fait disparaître en découpant tout en morceaux (les problèmes, les disciplines, les savoirs, les gens), le design se saisit des problèmes dans leur totalité, comme des systèmes, mais où les enjeux humains sont centraux, c'est-à-dire partout.

Là où les anciennes manières considéraient que le projet était connu (le progrès, la maîtrise du monde par la technologie) et que les seuls enjeux étaient de maîtriser les process pour l'accomplir, les gens étant là pour les mettre en œuvre, la nouvelle approche holistique du design considère que l'enjeu est de réaffirmer le projet humain (l'émancipation individuelle, l'harmonie sociale) en se concentrant sur les gens, leurs projets et leur expérience de vie.

Cela nécessite l'acquisition et l'articulation de multiples savoirs, dont les sciences humaines et sociales, nécessaires pour observer et comprendre la vie des hommes. Cela nécessite donc de collaborer et d'abandonner l'idée même d'homme providentiel ou de créateur solitaire, pour affirmer celle de l'articulation de talents individuels et de la réussite collective.

Cela nécessite de savoir construire des questions avant même d'y répondre, car tout part de la qualité de la question. C'est parce que nous sommes sortis d'un monde où il suffit d'embarquer dans le train du progrès et de se laisser porter, pour entrer maintenant dans un autre plus complexe et changeant, que le projet doit être redéfini et repositionné régulièrement au travers de questionnements de qualité.

Cela nécessite aussi beaucoup de créativité dans la recherche de réponses à ces questionnements. Là où des ingénieurs vont se précipiter sur la première réponse venue, les designers vont en chercher des dizaines, fussent-elles folles ou audacieuses.

Ils explorent sans tabou en invoquant toutes les disciplines et en collaborant avec tous leurs porteurs, croisent et hybrident leurs idées, et, surtout, les illustrent systématiquement, permettant à la pensée de se cristalliser pour mieux l'évaluer et la partager.

Cela nécessite aussi le talent de les matérialiser, autant pour les tester que pour convaincre, autant pour les augmenter que pour les montrer.

Tous ces talents réunis pour construire des questions et pour résoudre des problèmes, souvent considérés ailleurs comme des *soft skills*, sont les *hard skills* des designers, ainsi que l'a si bien dit Frédérique Pain, directrice du campus de Strate Paris.

Ces *soft skills* sont régulièrement listés comme les nouveaux talents des leaders de demain, ces hommes - et nous l'espérons ces femmes - qui prennent et prendront les décisions que les crises et les défis, petits ou grands, économiques ou politiques qui se posent et se poseront aux organisations humaines.

On comprendra alors que celles et ceux qui en sont déjà les porteurs, et depuis longtemps, sont au moins aussi bien armés pour y prendre part, et entrer enfin dans les cercles du pouvoir, dans l'État et ses services publics comme dans l'économie et les entreprises.

Ces cercles du pouvoir sont aujourd'hui préemptés par les seuls énarques, ingénieurs, managers issus de ces fameuses écoles qui forment nos élites qui se cooptent, reproduisant ainsi une forme de pensée unique et hégémonique. La nécessaire entrée dans ces cercles des designers va tout changer, en ramenant et en partageant une méthode systémique efficace et centrée sur l'humain, venant donner du sens aux savoirs de leur pairs ingénieurs et managers souvent déconnectés des réalités humaines.

L'état du monde est aujourd'hui plus qu'inquiétant à toutes les échelles, de la planète entière au seul coin de la rue. Et il y a une forme d'urgence à être efficace et juste dans la résolution des problèmes qui se posent à toutes ces échelles. Pour se concentrer sur toutes les parties prenantes de ces situations et s'assurer de leur bien-être, il est nécessaire de changer de méthode, de passer de Descartes à Morin, de la séparation à la réunion, du pouvoir solitaire à une résolution collaborative.

Il est temps de prendre soin de la planète et des gens. Il est temps de décider autrement. Il est temps de faire du design.

53. Réconcilier capital financier et capital humain

La RSE (responsabilité sociale et environnementale) s'est invitée dans les entreprises avant de s'y imposer par un mouvement irréversible. D'abord source d'image et de bonne conscience, elle est devenue identitaire d'une responsabilité sur le monde. Elle s'est enrichie par une approche environnementale avant d'être propulsée dans l'actualité des assemblées générales des actionnaires puis d'incarner une éthique identitaire de l'entreprise, du dialogue social, d'une meilleure répartition de la valeur ajoutée, et l'expression d'une philosophie et de l'action sociétale de l'entreprise. Comme le dit Larry Fink, président de BlackRock : « Être la meilleure entreprise *pour le* monde et non pas *au* monde. »

Ce mouvement touche de près à la gouvernance dans son ensemble. La RSE est devenue un outil de transformation des entreprises parce qu'elle est devenue une source de performance à long terme avec une valorisation du capital humain qui permet d'impliquer les équipes avec une compréhension des enjeux, de donner du sens à l'action et de créer une culture de l'anticipation et de la réactivité.

Une entreprise comme Danone a évolué sous l'impulsion de son président Emmanuel Faber avec des notions aussi diversifiées que la sécurité alimentaire, le respect (notamment à travers la chaîne des fournisseurs), le marketing responsable (pour une alimentation plus saine), sans parler de l'abandon de sa retraite chapeau en avril 2019. En outre, il revendique dans un article au magazine *L'ADN* du mois d'avril 2019 le fait que les entreprises et « les marques doivent devenir activistes » pour changer le monde. Mais ce n'est possible selon lui que s'il y a une « prise de conscience individuelle » et des patrons qui veulent changer les choses.

On est donc passé en quelques années de timides chartes éthiques à des codes de déontologie stricts et à une action sociétale de l'entreprise avec une vision sur le monde, grâce à un élargissement du champ de conscience. Les dispositifs contraignants mis en place sur les rémunérations des dirigeants sont également un avènement de la souveraineté actionnariale qui est arrivée récemment en France et existait depuis quelques années dans les pays anglo-saxons.

Par exemple, j'ai mis en place par deux fois, dans des entreprises, un financement des permis de conduire par le biais de la formation continue, car c'est un facteur de mobilité et d'employabilité (surtout pour les entreprises en province dans des localités dépourvues de moyens de transport) qui dépasse le seul cadre de l'entreprise.

Lors de chaque plan d'investissement, je débloque symboliquement un budget qui est à la main du CHSCT pour procéder aux petits investissements de détail qui ne sont jamais faits : cela coûte quelques dizaines ou centaines d'euros par investissement, mais cela facilite la vie au travail et diminue aussi les TMS (troubles musculo-squelettiques). Ainsi, à partir d'un tabouret plateforme de 15 centimètres de hauteur (et d'autant d'euros !) qui facilitait grandement le travail d'une personne de petite taille, on pouvait éviter des TMS, de l'absentéisme et on améliorait radicalement ses conditions de travail.

L'éthique repose avant tout sur un comportement : savoir remercier, afficher une gratitude, savoir donner de la chaleur humaine quand il y a des drames personnels, montrer sa compréhension (et la prise en compte !) par rapport aux problématiques sur les mutuelles, les transports, les cantines ou tickets-restaurants... mais aussi les petits matériels qui facilitent la vie des entreprises dans les usines.

Cette vision globale est bénéfique au dialogue social, à l'égalité hommes/femmes, au respect de ces dernières dans l'entreprise, à l'insertion sociale, au partage de la valeur ajoutée...

Beaucoup d'entreprises s'investissent maintenant au sein d'un territoire et agissent en lien avec les autorités locales pour développer des filières d'excellence, des centres de formation, des actions fortes dans le développement durable et responsable.

Une entreprise n'a pas besoin d'être grande pour être un acteur de la RSE, elle a tout simplement besoin de se sentir concernée à son niveau et responsable de ce qui se passe tant aux portes de son entreprise que pour ses collaborateurs.

La RSE conjugue une intention d'un dirigeant et/ou d'une entreprise avec une raison sociale, une stratégie et une organisation pour donner à l'entreprise une pertinence par rapport au monde et aux individus. La RSE doit être pensée comme une source de performance et pas d'image. La RSE trouve sa résonance dans la raison d'être des entreprises, nouvellement consacrée par la loi PACTE (loi relative à la croissance et la transformation des entreprises), et qui sera un tournant dans la prise de conscience collective du monde qui nous entoure. La RSE n'est plus là pour se donner bonne conscience ou comme un outil marketing, elle est devenue un outil de pilotage des organisations et des entreprises et exprime la vertu d'une stratégie qui va rendre attractive l'entreprise pour les générations actuelles de plus en plus exigeantes sur ces critères.

C'est une réconciliation du capital financier et du capital humain. C'est un autre regard porté sur l'entreprise, ses produits et ses clients, avec l'innovation qui devient structurante. La réussite d'une transformation, c'est avant tout un changement de regard qui permet de voir différemment, plus loin aussi avec une identification à la pensée de son temps et l'intégration dans une vision prospective des attentes des clients.

L'intégration de la RSE au cœur d'une stratégie est une approche vertueuse qui donne à l'analyse extrafinancière une valeur ajoutée dans une vision agile de l'entreprise.

Chapitre 7

Savoir sortir de la crise

Sortir de la crise est l'objectif de toute personne confrontée à un tel événement. C'est comme dans une prise d'otages, on attend d'être libéré, sain et sauf. Cela implique toujours de façon consciente ou inconsciente le retour à une situation *ex ante*. Or, il n'en est rien, car on ne sort jamais indemne d'une crise, tout comme d'une prise d'otages. Cela prend du temps, comme pour une guérison ; on hésite toujours à se dire qu'on est guéri, qu'on est libéré ou bien qu'on est sorti d'affaire.

On ne peut éviter les crises qui sont exogènes, mais on peut mettre en place des dispositifs de réaction qui permettront une bonne gestion de la crise, avec réactivité et méthode à travers des plans de continuation d'activité, même s'il est illusoire de tout prévoir. Une bonne gestion de crise tient souvent à la compréhension de ce que la crise est là et que, par conséquent, il faut agir, ce qui implique des dispostifs de veille, de prévention, d'intégration de tous les signaux faibles trop souvent négligés. La meilleure sortie de crise, c'est de ne pas y entrer !

Trop souvent, et notre époque en est certainement le coupable, on glisse trop facilement sur les événements sans prendre le temps de les analyser, de faire un retour d'expérience. Or, c'est à travers ces analyses que l'on devient une organisation apprenante, agile, mature et plus forte. Analyser et comprendre ce qui se passe, c'est une façon de minimiser les crises, de les éviter parfois et, souvent, de bien gérer avec réactivité les crises. Analyser ce qui s'est passé permet de verbaliser une expérience, et donc de comprendre et d'en intégrer les conséquences, pour le futur. On est dans le remède au déni futur, et dans l'acceptation qu'aussi forte soit une organisation, celle-ci peut être vulnérable, et le sera de toute façon dans le cas de l'exogénéité d'une crise ou d'un bouleversement. Autant y être préparé.

54. Sortir de la crise

La sortie de crise est un élément très attendu de toutes les crises ou de toutes les difficultés quand on y est confronté. C'est le fameux « quand ce sera fini... » que l'on a tous en tête, même à titre personnel.

La sortie de crise résume cet instant où les choses redeviennent normales, où le mode « crise » peut être abandonné, où la cellule de crise n'a plus sa raison d'être, où le suivi quotidien ne se justifie plus, où la tension a chuté, etc.

C'est un moment très attendu, mais pourtant il est toujours difficile de dire : « C'est terminé », car il y a plusieurs niveaux de la sortie de crise :

- la sortie des fondamentaux de la crise comme la sortie d'un redressement judiciaire ou d'une procédure de conciliation, la résolution d'un problème sanitaire ou réglementaire, la remise en état d'une ligne industrielle, l'obtention d'une ligne de financement, l'entrée d'un nouvel actionnaire, etc. ;
- la compréhension puis l'acceptation par l'environnement que la crise est finie.

Et il peut y avoir un temps de latence assez long entre ces deux niveaux. On peut avoir résolu ses problèmes financiers, mais ne pas être suivi par ses banques, ni obtenir une réévaluation de sa cotation chez les assureurs crédit, par exemple. On peut avoir résolu un problème sanitaire ou de conformité, mais ne pas avoir retrouvé la confiance de ses clients et donc ne pas avoir de commandes.

La sortie de crise est ce moment où l'on sait que c'est fini, mais où l'on a peur de « crier victoire » trop tôt. On hésite encore entre modération et humilité et de communiquer sur le fait que la crise est derrière nous.

Quand la crise est individuelle, qu'elle ne concerne qu'une seule entreprise par exemple, c'est l'entourage, ce sont les commentateurs qui acteront à un moment que l'on est sorti de la crise. Même si « ça colle à la peau » pendant longtemps. Il y aura toujours ceux qui prendront la crise comme un acquis immuable et une référence qualifiante souvent par facilité, parfois parce que ce sont des détracteurs. Même si, objectivement, tout prouve que l'on n'est plus dans cette situation. C'est ce que le Vélib' a vécu : un article sur deux parle du « fiasco du Vélib' » alors que ce service est bien plus en avance que le précédent et avec des scores très supérieurs, qui plus est dans un environnement concurrentiel alors qu'il ne l'était pas avant.

Quand la crise est collective, la sortie de crise doit être jugée collectivement et objectivée dans son retour à la normale.

On ne sort jamais indemne d'une crise, il y a toujours un arrière-plan de culpabilité, une perte de temps, une part de valeur détruite, le sentiment que cela aurait pu être évité. Il n'est jamais évident de dire : « C'est fini. » Car après la crise, il y a le retour à la normale qui va s'étaler dans le temps, qui va prendre du temps : on ne retrouve jamais la situation *ex ante*. Il y a toujours un décalage, et c'est là où souvent on retrouve ce vieux réflexe selon lequel « ça va revenir comme avant ». Cela fait aussi partie de l'énergie de la résolution de la crise : trouver le chemin de la sortie et d'un retour à la normale.

Sortir de la crise, c'est le but. Mais quand cela arrive, on peine toujours à y croire.

En fait, il faut avoir conscience que, quand on sort d'une crise, ce n'est jamais comme avant, et ça ne doit pas être comme avant, sinon les paramètres seront de nouveau réunis pour qu'une nouvelle crise existe. Il faut sortir de ce paradigme que les choses redeviendront comme avant, car précisément le monde n'est pas comme avant.

Comme on l'a dit, pour se transformer, il faut savoir élargir son champ de conscience, ce qui veut bien dire que l'on va prendre conscience que nous devons changer, que nous devons prendre en considération que le monde a changé et n'est plus le même.

Qui, après la crise du Covid-19, pourra considérer qu'il ne prendra pas en compte les eaux claires des canaux de Venise? Qui ne prendra pas en compte le ciel dégagé de ces mégalopoles industrielles en Chine? Qui se précipitera sur les objets de luxe ou même les automobiles alors que pour la première fois depuis les années 1940, il a eu un sentiment de panique par rapport à la rareté de biens de consommation essentiels?

La crise nous transforme, comme les guerres ont marqué à vie des familles décimées. Aux États-Unis, les rues de la côte californienne regorgent de *homeless* (de sans-abri) qui sont pour la plupart des vétérans partis en opération, blessés physiquement mais surtout traumatisés pour l'essentiel et non soignés car l'État fédéral ne reconnaît pas les maladies mentales.

Ceux qui considèrent qu'une crise, aussi dure soit-elle, a été un avertissement, seront les grands gagnants car ils se remettront en question et feront différemment à l'avenir car « ce qui ne me tue pas me rend plus fort », disait Friedrich Nietzsche.

DU CERCLE VERTUEUX À LA SORTIE DE CRISE

Par Virginie Verfaillie Tanguy
Avocate, Bremond & Associés,
et présidente de l'Association pour le Retournement d'Entreprise

Décrire le chemin parcouru avec un chef d'entreprise et son équipe n'est pas forcément la chose la plus simple. Certes, nous sommes marqués par des rencontres, mais c'est la combinaison de toutes qui nous nourrit. C'est donc après mûre réflexion que j'ai choisi d'évoquer le cas de ce dirigeant, meneur d'hommes, qui par sa grande force de conviction a su rebondir là où d'autres auraient abandonné.

Tout a basculé à la suite d'une opération de croissance externe qui s'est avérée plus complexe et donc plus coûteuse que prévu dans un contexte très concurrentiel.

Le dirigeant, en accord avec ses actionnaires et ses partenaires financiers, avait décidé de reprendre une usine en plan de cession à la barre du tribunal. Sa propre usine, à proximité, était arrivée à saturation et le regroupement des deux sites représentait une réelle opportunité. Les clients communs, informés en amont, avaient marqué leur soutien au projet et l'opération était financée. Ma conviction a été forgée lors de la visite du site avant le dépôt de l'offre de reprise. Le dirigeant, le directeur de l'usine et un certain nombre de personnes clés au niveau opérationnel étaient comme des enfants émerveillés et plein d'attentes.

Cependant, le déménagement d'une usine peut prendre beaucoup de temps et nécessiter un financement plus important que prévu. En outre, il peut y avoir des événements imprévisibles, comme en l'espèce un incendie. Dans un site utilisant des produits hautement inflammables, il est certain que cela entraîne un arrêt d'une partie de l'activité.

C'est dans ce contexte qu'après avoir assisté ce groupe dans la reprise de cette usine, nous l'avons accompagné dans un processus de renégociation de sa dette et de recherche de nouveaux financements.

Dans le même temps, le dirigeant a sollicité un accompagnement sur le plan opérationnel qui s'est avéré fructueux. Tous les services support ont ainsi été associés de même que la direction opérationnelle des usines du groupe.

L'assistance d'un tiers expérimenté dans les négociations, désigné en qualité de mandataire *ad hoc* puis de conciliateur, a joué un rôle essentiel. Le business plan et les prévisions de trésorerie ont été revus par un cabinet d'audit spécialisé dans le retournement et certaines « zones de non-productivité » identifiées.

La direction financière a été non seulement sollicitée pour la préparation des prévisions mais également tenue informée de l'avancée des négociations. Cela l'a aidée à tenir auprès des fournisseurs et à obtenir le maintien de délais de paiement en dépit de la dégradation de la note des assureurs crédit. Il est certain que la transparence dont a fait preuve le dirigeant à leur égard a été déterminante.

Les institutions représentatives du personnel, qui s'étaient adjoint les services d'un expert pour les accompagner, ont été tenues informées que la dette était en cours de renégociation. N'oublions jamais que, dans une entreprise, les salariés sont souvent les premiers à savoir qu'il faut réagir et le font savoir. Le dialogue social est donc indispensable.

Progressivement, le groupe a pu bâtir son plan dans un climat plus propice. Techniquement, l'ouverture de la procédure de conciliation a entraîné de droit la suspension de la procédure d'alerte engagée par le commissaire aux comptes et le remboursement anticipé des CIR (crédit impôt recherche) et CICE (Crédit d'impôt compétitivité emploi). Les dispositifs d'accompagnements publics ont été mis en œuvre avec la saisine du CIRI (Comité interministériel de la restructuration industrielle) et de la CCSF (Commission des chefs de services financiers) afin d'obtenir des délais de paiement des dettes sociales et fiscales.

« Il est impératif d'anticiper les difficultés afin de pouvoir les traiter dans un cadre confidentiel de prévention. »

Le dirigeant, bien que mobilisé dans ces négociations, a entretenu des relations de confiance avec ses clients dans un secteur pourtant très concurrentiel.

Je suis persuadée que c'est grâce à ces mesures que le client a pu retrouver la confiance nécessaire pour convaincre un partenaire industriel asiatique, opérant en partie dans le même secteur, d'investir dans le groupe là où les partenaires financiers étaient plus mitigés.

Il l'a convaincu car les fondamentaux étaient là : la compétence des équipes, la qualité des produits et des clients, la qualité des services de R&D, la complémentarité de l'activité des deux groupes et l'extraordinaire confiance mutuelle des deux dirigeants à la culture pourtant différente.

L'entrée au capital de ce partenaire a permis de négocier des abandons de créances significatifs contre un paiement partiel comptant et de restaurer ainsi les capitaux propres et quasi-fonds propres. Le retard fournisseur a pu être ramené à un niveau classique et le passif social et fiscal apuré dans la durée. De même, des financements publics ont pu être levés au regard des financements privés conformément à la règle de proportionnalité.

En très peu de temps, nous sommes donc passés au cercle vertueux.

Il est certain que la vie d'une entreprise est mouvementée et rien ne garantit l'avenir, mais il est impératif d'anticiper les difficultés afin de pouvoir les traiter dans un cadre confidentiel de prévention comme cela a été le cas.

Ce sont ces mesures que nous promouvons au sein de l'Association pour le Retournement des Entreprises que j'ai l'honneur de présider.

À date, elle compte près de 250 membres, tous professionnels de l'accompagnement de l'entreprise en difficulté. Qu'ils soient avocats, auditeurs, managers de crise, administrateurs judiciaires, conseils en stratégie, banquiers spécialisés dans le financement de la crise, membres des services dédiés au sein des banques au traitement des dettes de leurs clients en situation de crise ou encore investisseurs, ils consacrent du temps au sein de notre association, en marge de leur activité pour promouvoir la prévention au travers notamment de colloques, d'articles ou d'actions de formation. L'ARE noue également des partenariats avec des grandes écoles ou universités afin de sensibiliser les jeunes générations à la nécessaire anticipation des difficultés des entreprises. Elle organise, chaque année, le prix Ulysse récompensant le meilleur retournement ainsi que le prix des lecteurs de notre partenaire média très souvent sous le haut patronage du ministre de l'Économie et des Finances ou, comme ce fut le cas, du secrétaire d'État auprès de ce ministre. Des chefs d'entreprise, devant un parterre de plus de 400 personnes montent sur scène et soulèvent avec fierté le trophée, entourés de leur équipe. Enfin, dans la droite ligne, l'ARE collabore avec les services publics afin d'améliorer le dispositif législatif et réglementaire.

55. Promouvoir des retours d'expérience

Le retour d'expérience (communément appelé « RET » ou « RETEX ») est très développé dans les organisations militaires ou scientifiques. C'est un enrichissement continu de la connaissance, pendant de la démarche d'amélioration continue dans une industrie, par exemple – l'approche *lean* que nous évoquions (*cf. p. 215*). C'est une étape indispensable de toute expérimentation ou de toute gestion de situation exceptionnelle : on fait le lien entre les événements et on compare les résultats avec le plan de gestion de la crise. En d'autres termes, savoir ce qui s'est passé, pourquoi ça s'est passé, comment ça s'est passé, qu'est-ce qui a marché et fonctionné, à quel moment les alertes n'ont pas fonctionné, à quel moment les signaux faibles n'ont pas été entendus, à quel moment la gouvernance a mal fonctionné. Toutes ces questions sont importantes pour que la crise ne se reproduise plus à l'avenir. C'est le principe d'une organisation apprenante, y compris et surtout de ses erreurs. Le REX est la retranscription moderne du doute cartésien, qui agit comme un fondement de la vérité.

En combien de temps au moment du déclenchement de la crise, le management a-t-il considéré qu'on était en crise ? Qui a donné l'alerte et comment ? Pourquoi aucun lien n'a-t-il été fait entre plusieurs signaux faibles ? Comment ensuite la crise a-t-elle été gérée ? avec quelle réactivité ? Quels sont ceux qui sont apparus comme les leaders ? Quels sont ceux au contraire qui sont apparus comme des maillons faibles ? Qui a su s'illustrer à l'extérieur de l'entreprise ? ou en interne ? L'entreprise a-t-elle été résiliente ? Qui l'a soutenue ? Qui au contraire en ont été les détracteurs ? Quelle a été la position des syndicats et des instances représentatives du personnel ? Les salariés ont-ils fait bloc derrière l'entreprise, ou bien y a-t-il eu de l'animosité vis-à-vis des actionnaires, des dirigeants de rang 1, du *middle management* ?

Tout cela doit amener l'entreprise à s'interroger sur les questions fondamentales suivantes : la crise aurait-elle pu être évitée ? La crise aurait-elle pu être mieux gérée ? *In fine*, on en vient à s'interroger sur les points suivants : la crise a-t-elle été une opportunité ? L'entreprise a-t-elle détruit ou créé de la valeur à l'occasion de cette crise ? L'entreprise a-t-elle gagné ou perdu du temps ? L'entreprise s'est-elle renforcée ou affaiblie sur son marché ? L'entreprise a-t-elle su changer et être meilleure, pour elle-même et pour le monde, pour paraphraser Larry Fink, le président de BlackRock ?

Comprendre est la meilleure façon de bien réagir aux crises dans le futur mais surtout d'éviter qu'elles puissent exister, se reproduire.

56. Mieux vaut veiller et prévenir

Quand on a vécu une crise, on n'est jamais plus comme avant, stigmate du stress, des nuits sans dormir, des « ascenseurs émotionnels » entre espoir et désespoir, du fantasme sur des conséquences que l'on imagine toujours plus graves, d'un basique réflexe de survie, etc.

Il est toujours possible d'éviter les crises (individuelles, pas les grandes crises collectives que personne ne maîtrise), de les minimiser par des actions souvent simples, par des process, par des méthodes et par une écoute critique qui ne doit jamais se résumer en un « Mais nooon ! », ou bien par « Nous sommes trop importants pour eux », « Nous sommes le leader », « Ils plieront », « Nous sommes trop gros pour chuter »...

Ne « réinventons pas la poudre » et inspirons-nous des dispositifs militaires qui existent depuis l'origine des temps : la veille, le renseignement, l'information.

Certains dispositifs sont à mettre en place de façon systématique : veille marchés, veille technologique, veille médias, veille réseaux sociaux, veille concurrentielle. Pour que les veilles marchent, elles doivent être confiées à une personne attitrée et circularisée à un public ciblé dans l'organisation mais suffisamment large.

La veille a pour but de faire réagir sur une information sélectionnée : ce n'est pas un envoi de données brutes ou d'informations brutes, ni un envoi d'une grande quantité d'informations, mais au contraire d'informations qualifiées.

Paradoxalement, dans nos économies de marché, ce sont les États qui se sont les mieux organisés sur la veille, notamment à travers les services de renseignement, mais aussi bien en veillant sur ce qui se passe à l'extérieur de nos frontières, que d'un point de vue sanitaire (les épidémies), sismique, sécurité, météorologique, etc.

La veille est un facteur clé de la prévention des risques. La veille est avant tout là pour détecter les signaux faibles, les stratégies agressives, ou alors plus tactiquement les « évolutions tectoniques », qu'elles soient technologiques, stratégiques, réglementaires, transfrontalières.

Rappelons qu'une entreprise leader sur son marché peut se retrouver challenger du jour au lendemain si les numéros 2 et 3 décident de fusionner…

La veille, c'est un ensemble d'informations à collecter, bien sûr, avec les données disponibles (publications, Internet, informations), mais aussi sur le terrain de la part des directeurs de filiales, des agents commerciaux, des correspondants, des clients, des fournisseurs, sur les salons, etc. Tout le monde doit participer à la veille et alimenter la connaissance globale nécessaire à l'environnement concurrentiel.

Les services de renseignements sont eux-mêmes basés sur le renseignement d'origine humaine (HUMINT : *human intelligence*) et le renseignement d'origine source ouverte (OSINT : *open source intelligence*).

Ces notions sont cruciales et peuvent être mises en place à peu de frais, avant tout grâce aux moteurs de recherche, et tout simplement en organisant la concaténation des données, et en y mettant un degré de valeur ajoutée dans leur diffusion.

Souvent les entreprises qui déclinent sont celles qui sont repliées sur elles-mêmes et manquent de sang neuf ou d'oxygène, c'est pourquoi il est essentiel d'avoir un *turnover* (un renouvellement) dans les managers, de ne pas laisser les managers les plus talentueux trop longtemps au même poste pour les motiver, de ne pas garder les managers les moins talentueux et de savoir recruter à l'extérieur car ces nouvelles recrues seront source de nouvelles informations ou tout simplement d'un nouveau regard, voire d'une nouvelle acuité.

Il ne faut pas négliger ni sous-évaluer non plus les stratégies d'influence adverses qui peuvent provoquer la crise sur un secteur ou une entreprise en ayant, par exemple, une avance technologique qui leur donne un avantage en cas de renforcement d'une réglementation.

Comprendre, et comprendre avant les autres, est majeur dans le management dynamique d'une entreprise.

57. Établir un plan de continuation d'activité

C'est, là encore, une notion empruntée à la rigueur de l'informatique, puisque le plan de continuation d'activité (PCA) a pour but de garantir la survie d'une organisation en cas de sinistre important. Autrement dit, comment poursuivre une activité ou la redémarrer le plus rapidement possible avec le minimum de pertes (de données, de clients, de savoir-faire, etc.).

Cela commence évidemment par une analyse et une identification des risques.

Les sociétés les plus grandes, les banques (qui ont toutes des sites de secours en cas de sinistre), les sociétés cotées sont rompues à cet exercice et missionnent leurs services d'audit interne pour identifier ces risques, les classer, évaluer leurs impacts. On parle bien de risques de toute nature : aussi bien les risques d'augmentation des taux d'intérêt quand on a des emprunts à taux variable, que celui des parités en devises quand on est exportateur, que de l'incendie du data center ou de la destruction accidentelle d'une usine, d'une épidémie qui nécessite le confinement d'une partie des équipes, ou encore d'une grève des ports ou d'une défaillance d'un armateur quand on a besoin de transporter des biens…

Mais cela peut aussi concerner le départ, le décès, ou l'« empêchement » d'un homme clé.

La réflexion sur un PCA et sur les risques est un très vaste chantier qui oblige le chef d'entreprise à avoir une réflexion sur la résilience de son organisation :

- créer systématiquement des binômes sur les fonctions clés, avec le recrutement d'adjoints susceptibles de reprendre la relève « plus tard » ou bien « au cas où », y compris pour le directeur général car ça n'arrive pas qu'aux autres ;

- réfléchir sur sa sécurité incendie, industrielle, informatique, data (cyber);
- réfléchir sur sa sécurité technologique;
- réfléchir sur la transférabilité d'une usine A à une usine B;
- avoir des sachants sur les systèmes informatique, industriel, technologique, financier et éviter de n'avoir qu'un seul expert sur des technologies clés pour ne pas dépendre d'une ressource;
- avoir un plan type en cas de sinistre avec une organisation et des personnes déjà identifiées;
- avoir des équipes qui ne se croisent jamais pour ne pas se contaminer entre elles dans des secteurs sensibles comme l'agroalimentaire, l'eau, les médicaments...
- et, bien évidemment, mettre à jour le plan, le challenger régulièrement, faire des exercices de simulation.

Sans oublier que tout est question de bon sens: on peut avoir les meilleurs *firewalls* informatiques, mais s'il n'y a pas d'accueil à l'heure du déjeuner et que tout le monde peut entrer, on a accès physiquement aux ordinateurs de l'entreprise... ou encore on peut ne pas avoir changé la configuration usine (admin/admin) des photocopieurs qui sont sur le réseau et y donnent accès...

La crise du Covid-19 a mis au jour que beaucoup d'entreprises n'avaient pas de plans sérieux. Difficile d'en faire le reproche tant cette pandémie est spectaculaire et mondiale dans son ampleur, et qu'il était difficile d'imaginer un confinement décidé par le gouvernement, la fermeture des commerces dits «non essentiels» et l'arrêt de la majaure partie de l'activité.

Chapitre 8

Réfléchir et interagir avec la gouvernance

La gouvernance d'une entreprise doit être très impliquée et au plus haut niveau dans les périodes de crise et les opérations de transformation. Le chef d'entreprise doit informer sans délai les organes de gouvernance, car il est très utile dans ces moments d'être « challengé », conseillé, de s'appuyer sur l'expérience des membres du conseil d'administration, ou du comité d'audit et, plus généralement, de ses actionnaires. Cela est d'autant plus vrai que dans les sociétés où il y a des actionnaires autres que le chef d'entreprise lui-même, chaque décision, qu'elle soit financière ou judiciaire, devient stratégique et engageante pour l'actionnariat. De toute façon on est toujours plus intelligent à plusieurs.

Une crise soumet la gouvernance d'une entreprise à rude épreuve, car toute rupture implique la recherche d'un coupable, et est souvent un moment d'affrontement avec les mécontents, avec les victimes de la crise, avec ceux qui en subiront les conséquences qu'ils soient salariés, actionnaires ou créanciers. Mais ce combat des uns ne peut pas être celui du chef d'entreprise au moment de la crise, car il doit gérer une situation et solutionner ce qui ne va pas, tout en faisant face aux autres problématiques collatérales.

Loin d'être une contrainte, une gouvernance forte est un atout. Dans un contexte de crise et de transformation, le dirigeant doit s'appuyer sur ceux qui connaissent l'entreprise, en sont les propriétaires, et en ont une projection de ce qu'elle représente et éventuellement doit apporter aux autres.

La vision de ce que doit être une gouvernance a changé au cours de ces dernières années avec la responsabilité sociale et environnementale, avec la démocratie actionnariale et avec une nouvelle approche de ce que doit être l'entreprise grâce au développement de son champ de conscience. L'exemplarité d'une entreprise ne se décrète pas, elle ne s'exprime pas à travers ses produits et son territoire de marque, elle se prouve à travers ses attitudes.

58. S'exposer en tant que mandataire social

Les périodes de crise sont très éprouvantes pour les mandataires sociaux. De plus, les situations complexes, voire critiques, poussent parfois au crime dans le but unique de sauver l'entreprise « coûte que coûte », et ce en toute bonne foi.

Il n'est pas rare de voir des erreurs grossières commises par les chefs d'entreprise dans ces périodes qu'ils n'appellent pas encore « crise » car ils sont encore dans le déni : transfert des disponibilités d'une société A vers une société B, faisant courir le risque d'un acte anormal de gestion ou bien d'un abus de biens sociaux, ou encore d'une confusion de patrimoine si la situation devait empirer et aller vers une procédure collective.

Il faut être prudent et réagir à froid plutôt qu'à chaud et prendre conseil le plus vite possible auprès de son expert-comptable, commissaire aux comptes et conseil juridique.

La bonne intention est souvent mauvaise conseillère. L'urgence crée une pression et un réflexe de survie « à tout prix ». Et il n'y a pas d'héroïsme à vouloir sauver une situation difficile ni de circonstance atténuante.

Le chef d'entreprise confronté à des difficultés financières commet souvent les erreurs suivantes :

- poursuivre une activité déficitaire, ce qui a comme conséquence de générer du passif, retarder la déclaration de cessation des paiements, faire une entrave en n'informant pas les partenaires sociaux quand c'est obligatoire, ou en manquant de transparence avec eux ;
- faire traîner trop longtemps la situation ; ce qui provoque un cas de défaut vis-à-vis des créanciers sans l'avoir anticipé ni être couvert, par exemple par une procédure de conciliation ;

- se mettre en défaut vis-à-vis de son conseil d'administration, en ne respectant pas les limites de sa délégation (en voulant bien faire), ou en ne l'informant pas à temps.

En temps de crise et de résolution de la crise, le dirigeant se trouve exposé et solitaire. Il doit donc savoir agir calmement et se protéger lui-même pour mieux protéger son entreprise. Il doit toujours agir pour défendre l'intérêt social de l'entreprise et pas le sien.

La protection du tribunal de commerce est recommandée, d'autant que les procédures amiables et préventives sont devenues courantes et offrent un cadre juridique protecteur avec des acteurs sachants (juges, présidents de tribunal, administrateurs et mandataires judiciaires) préférant ce cadre à un cadre judiciaire qui atteint toujours la réputation et la marche d'une entreprise.

Le dirigeant a comme responsabilité d'informer ses organes sociaux, de se faire autoriser si nécessaire à engager des procédures auprès du tribunal de commerce, à rendre compte de toutes les étapes, à manier transparence et confidentialité, et à bien veiller à informer le CSE pour éviter les délits d'entrave.

Il doit porter la crise et la résolution des difficultés, il doit donc tenir la distance. Or, c'est souvent un exercice très solitaire du pouvoir, avec le poids des difficultés et la solitude inhérente à sa fonction, tout en devant apparaître comme l'homme fort aux yeux des autres, des collaborateurs et des actionnaires. Et donc comme l'homme des solutions.

Confronté à la crise, il n'a pas d'autre choix que de ne pas être uniquement le porteur de la crise et de la mauvaise nouvelle, il doit surtout être le porteur de la solution, de la sauvegarde de l'intérêt social, de la défense des salariés et du patrimoine de l'entreprise, et par voie de conséquence des actionnaires. Mais c'est toujours là où cela devient complexe quand le dirigeant est l'actionnaire, car c'est bien l'intérêt social de l'entreprise qui passe avant celui de l'actionnaire.

Enfin, on ne peut pas écarter non plus à un moment que le dirigeant soit lui-même à l'origine de la crise ou des difficultés et que la résolution de la crise passe par un changement de management. Ou bien que l'actionnaire créateur dirigeant, devienne uniquement président non exécutif ou administrateur, voire reste uniquement actionnaire. Cela a été le cas chez Uniqlo, Twitter, Tesla, Uber, WeWork...

59. Impliquer les actionnaires

Effectivement, quand on est actionnaire et que l'on dirige son entreprise, on est parfois confronté à la schizophrénie de la situation. En tant que dirigeant on est parfois en conflit d'intérêt avec l'actionnaire, et donc avec soi-même : les intérêts peuvent être divergents, car le dirigeant va chercher à sauver l'entreprise, alors que l'actionnaire peut être tenté de sauver sa mise.

C'est pour cela que dans les entreprises familiales, les PME, les entreprises avec un actionnariat fermé, les situations de difficultés sont très difficiles à gérer. C'est dans ce contexte que (souvent) de mauvaises décisions sont prises, et finalement au détriment de l'entreprise.

Cela signifie qu'en matière de crises et de difficultés, il est fréquent (et pas anormal) qu'un rapport de force s'installe entre le dirigeant et son actionnaire : le dirigeant est bien là pour agir et défendre l'intérêt social de l'entreprise, et pas celui de son actionnaire. Cela ne veut pas dire qu'il doit aller au contraire des intérêts de son actionnaire. Cela veut juste dire qu'il ne doit pas agir de façon anormale et qu'il doit respecter la loi, d'autant plus qu'en cas de procédure collective, tous les actes passés dix-huit mois avant la période dite « suspecte » peuvent être requalifiés.

Être actionnaire, c'est donc assumer ce rôle capitaliste et de risques. On ne gagne pas à tous les coups, et quand on a des dettes, on doit les assumer et les rembourser. C'est dans ce contexte que les créanciers peuvent prendre le pouvoir dans une entreprise en transformant, par exemple, leur dette en capital, et diluer ainsi les actionnaires d'origine (d'autant que quand l'entreprise est en difficulté, sa valeur diminue fortement).

Toutes les grandes restructurations de dettes de sociétés cotées comme Technicolor, CGG ou Solocal ont vu ainsi les actionnaires fortement dilués parallèlement au désendettement de l'entreprise. Encore plus quand ces restructurations financières s'accompagnaient d'augmentations de capital à des prix d'actions très inférieurs au cours coté, ce qui faisait chuter d'autant la valeur du portefeuille d'actions, et augmentait d'autant la dilution. On considère que lors des grandes restructurations de sociétés cotées avec augmentations de capital les actionnaires d'origine se retrouvent avec 7 à 15 % du capital au mieux après dilution. Le prix à payer pour éviter un dépôt de bilan et de tout perdre.

Les restructurations et situations spéciales conduisent donc les actionnaires à œuvrer pour l'entreprise mais à leur détriment. C'est souvent un frein quand il y a confusion des rôles.

En dehors de ce contexte, les assemblées générales d'actionnaires sont devenues au fil du temps de moins en moins « convenues » et de plus en plus un moment important de la démocratie actionnariale. Les actionnaires peuvent poser des questions écrites, orales, interpeller la direction de l'entreprise. Ils se sont rendu compte également qu'ils avaient le pouvoir en tant qu'actionnaires. Celui de voter, de sanctionner aussi, de s'opposer à une direction en place.

Avec le code Afep Medef et le « *say on pay* » (le vote par les actionnaires en assemblée générale de la rémunération des dirigeants), les rémunérations sont devenues le symbole d'une entreprise responsable. Davantage qu'une bonne pratique, le mécanisme contraignant mis en place en France met la démocratie actionnariale au premier plan et permet notamment de lier les éléments de la rémunération à des objectifs non financiers et éthiques.

Le « *say on pay* » a eu cette évolution fulgurante dans l'entreprise d'être devenu un des premiers symboles de la RSE, puis en fait un mécanisme de contrôle des dirigeants en place. C'est devenu un outil de pilotage des rémunérations des dirigeants.

Les actionnaires ont leur mot à dire et il ne tient qu'à eux de l'exprimer, mais ils doivent savoir qu'ils passent après les créanciers et les salariés. Ils sont les propriétaires de l'entreprise, mais doivent en privilégier l'intérêt social avant le leur.

Et quand la crise est sociale, environnementale, éthique, les actionnaires sont au premier plan et se doivent de réagir, au risque de voir leur réputation entachée durablement. Un actionnaire a véritablement une grande responsabilité dans le monde d'aujourd'hui.

La direction d'une société cotée est plus délicate encore dans les périodes de crises, car elle est soumise à la réglementation du régulateur.

Il y a d'ailleurs des crises parfois très inattendues comme celles de la venue d'un actionnaire (ou d'un groupe d'actionnaires) dit «activiste» qui «s'invite» au capital provoquant stupeur et tremblement au sein d'un conseil d'administration, d'une famille détenant le contrôle, ou d'actionnaires jusque-là minoritaires mais qui contrôlaient l'entreprise. Rappelons qu'en anglais *activ* veut dire tout simplement «actif», ce qui renvoie à un actionnaire qui décide de gérer activement sa ligne de participation plutôt qu'en étant «dormant»: il n'y a donc rien de péjoratif dans la terminologie anglaise. Et les prises de parole de ces actionnaires spécialisés sont multiples. À l'origine, les intentions étaient purement spéculatives, puis on a vu se développer un mouvement allant vers des inflexions de stratégie, et également des changements de pratique au niveau de la gouvernance.

Bien évidemment, certains activistes spéculent, vendent à découvert les actions en pariant sur une chute, pour les racheter ensuite à bon compte. Mais, de plus en plus, ces actionnaires prennent des positions d'achats, parfois sur un temps long, pour pouvoir faire évoluer les pratiques de l'entreprise.

L'exemple qui aura marqué les esprits restera certainement l'entrée soudaine en 2011 de LVMH au capital d'Hermès, temple intouchable des familles Dumas, Guerrand et de Seyne. Les actionnaires avaient presque oublié qu'en étant cotés, et donc en externalisant une valeur objective à leur entreprise familiale (au contraire de Chanel qui ne publiait même pas ses comptes il y a encore deux ans), ils s'exposaient aussi à des prises de participations de tiers. Sans parler non plus de la volonté de liquidité de certaines branches familiales…

Les réactions après la déclaration d'un actionnaire activiste sont toujours très surprenantes et parfois naïves, comme si les actionnaires devaient avoir une pensée monolithique et qu'il serait anormal de vouloir bousculer un ordre établi même déficient. Finalement, la lumière mise sur les activistes montre la faible démocratie actionnariale, sous l'influence d'agences de proxys (pour la plupart anglo-saxonnes) ou bien de pratiques de place de la part d'investisseurs institutionnels qui avaient l'habitude de suivre les recommandations du conseil d'administration. Heureusement, cela est en train de changer, finalement grâce à ces activistes mais aussi à des acteurs courageux comme Proxinvest en France.

Longtemps réservé à des fonds anglo-saxons, le monde de l'activisme, comme on aime le définir ainsi, a peu à peu pénétré l'Europe et la France. Finalement, ne devrait-on pas dire « actionnaire actif » par opposition aux « actionnaires dormants » ?

Les sommes consacrées par les fonds pour prendre des positions sont de plus en plus importantes, il s'agit souvent de positions minoritaires et qui ont vocation à le rester. La déstabilisation peut parfois être très brutale avec des positions de ventes à découvert d'actions entraînant une chute du cours de Bourse. Ou encore des positions sur la dette cotée, lors d'une décote par exemple, qui empêche de lever de l'argent, mais pousse aussi les détenteurs à se défaire de leur papier souvent au profit de *hedge funds* qui seront tentés de fragiliser l'entreprise pour échanger la dette acquise par des actions de l'entreprise (« *swap debt to equity* ») quand celle-ci peine à pouvoir la rembourser.

Le jeu inégal entre une entreprise cotée soumise pour sa communication à la réglementation et un actionnaire libre de ses mouvements utilisant les médias et les réseaux sociaux accroît bien évidemment la pression, mais aussi, parfois, la crise de confiance sur une entreprise. Cela dit, il est flagrant de voir combien les réactions des entreprises sont très souvent inappropriées et empreintes de déconnexion, voire de mépris, par rapport à la réalité.

On se souvient du refus de discussion de la direction de Solocal en 2016 vis-à-vis des actionnaires individuels qui pourtant représentaient 80 % du capital et avaient perdu 95 % de leur mise en quelques années, ou encore des cris d'orfraie de Rallye contre un analyste activiste qui avait prédit avec deux années d'avance la fragilité de l'entreprise compte tenu de son endettement excessif et des dividendes excessifs versés pour les rembourser.

On se souvient aussi à l'inverse de la réaction très constructive de Pernod Ricard après les critiques du fonds Elliott. Il y a eu une véritable réflexion interne et refonte de la gouvernance avec la nomination d'un administrateur référent en la personne de Patricia Barbizet, une réflexion sur la profitabilité, une action proactive vis-à-vis des actionnaires de Diageo (concurrent de Pernod Ricard). Un dialogue constructif s'est engagé avec Elliott. Et Bloomberg de titrer en février 2019 : «*Pernod gets the gentle treatment from New York Hedge Fund*» («Pernod a été bien traité par le *hedge fund* de New York») avec comme sous-titre «*activists funds can make money from a gentler approach too*» («les fonds activistes peuvent également gagner de l'argent en étant compréhensifs»).

En fait, il y a beaucoup de confusions dans les terminologies employées concernant l'activisme et les *hedge funds* parce que les situations sont très différentes selon que les fonds d'investissement prennent des positions acheteuses ou vendeuses à découvert pariant sur une chute de l'action, sans compter les stratégies parallèles de spéculation entre les marchés actions et obligataires.

Il y a effectivement des actionnaires actifs, engagés, responsables, soucieux de la création de valeur et qui s'expriment, ce qui n'est pas incongru ; à partir du moment où une société a décidé d'être cotée, il y a *de facto* une publicité (les Anglo-Saxons parlent bien d'une «*public company*» quand elle est cotée).

Trop d'entreprises ont oublié que les conseils d'administration ou les assemblées générales ne sont pas des chambres d'enregistrement, mais que les actionnaires disposent d'un droit de vote. En Europe et en France en particulier, ce pouvoir s'est ressenti d'autant plus que le «*say on pay*» a été mis en place et sacralisé.

Aux États-Unis, les puissants fonds de pension avaient bien compris leur pouvoir depuis longtemps et leurs avis étaient souvent écoutés par les dirigeants des entreprises dans lesquelles ils avaient investi.

À l'inverse, la publicité de l'entrée d'un investisseur au capital d'une entreprise est également souvent positivement accueillie quand il s'agit d'un Berkshire Hathaway (Warren Buffett), LVMH, Kering, Iliad ou autres SoftBank, créant au passage un panurgisme parfois purement mécanique pour aller vers la belle affaire.

Enfin, les actionnaires sont souverains dans leur décision. Aussi, il n'est pas illégitime qu'ils sanctionnent soit une mauvaise gestion ou des résultats décevants, des rémunérations en écart avec la création de valeur de l'entreprise, et qu'ils décident d'un changement dans les organes de gouvernance.

Dans l'article suivant que nous reproduisons (et que nous avions intitulé à l'origine : « Actionnaires, à l'action ! »), rédigé par Valérie Ohannessian et moi-même, nous essayons justement de bien faire cette nuance entre l'activisme et l'actionnaire actif non spéculateur, tout en nous appuyant sur la loi PACTE qui consacre la raison d'être des entreprises.

LA RAISON D'ÊTRE DES ENTREPRISES COURONNE L'ACTIONNAIRE ACTIF

Par Arnaud Marion et Valérie Ohannessian
(Article paru le 4 septembre 2019 dans Les Echos*)*

Le millésime 2019 des assemblées générales d'actionnaires et les positions de plus en plus tranchées des agences en conseil de vote, comme Proxinvest, Glass Lewis ou ISS laissent à penser que l'actionnaire apparaît de moins en moins comme « le gestionnaire passif de l'activité des autres ». Or, si la loi PACTE du 22 mai dernier comme la deuxième directive européenne SRD (*Shareholders Rights Directive*) du 10 juin musclent ses droits, c'est pour mieux lui donner les moyens d'exercer son rôle fondamental. Pas seulement comme gardien du temple, mais aussi comme édificateur de ses colonnes et de l'ouverture de ses portes à la société.

L'actionnaire est ainsi placé au cœur d'une nouvelle approche téléologique de l'entreprise. En introduisant dans le code civil la notion de raison d'être et sa possible inscription statutaire, le législateur français confie à l'actionnaire la responsabilité suprême de définir la finalité de l'entreprise et d'en surveiller la mise en œuvre conforme et durable. Il en fait l'inspirateur créatif de son sens profond, le promoteur d'une gouvernance respectueuse de ses valeurs et missions, l'animateur attentif de ses parties prenantes et l'arbitre ultime de son modèle d'affaires.

Ainsi, Larry Fink, dirigeant de BlackRock, explique que « les profits et la raison d'être ne s'opposent pas, ils sont inextricablement liés. [...]. Il faut envisager une nouvelle génération d'entreprises focalisées sur la raison d'être ». Ainsi, le mouvement « Tech for good » a pour préoccupation l'impact social de l'innovation, sa mise en œuvre au service de l'humain et les enjeux globaux de nos sociétés. Le « Act for food » de Carrefour est devenu la nouvelle ligne stratégique de transformation de l'entreprise. Il ne s'agit plus de « chercher à être la meilleure entreprise du monde mais la meilleure pour le monde ». Il y a bien l'idée d'une transformation dans l'acronyme « PACTE » (Plan d'action pour la croissance et la transformation des entreprises) mais ce passage du « comment » au « pourquoi » bouleverse l'approche traditionnelle de la création de valeur fondée sur la seule recherche du profit.

L'actionnaire devient celui qui donne du sens, mais il comprend aussi qu'il a le pouvoir de sanctionner, de dire non, et donc d'influer sur les valeurs de l'entreprise. La directive SRD précise bien que la politique de rémunération des administrateurs (« *say on pay* ») devra « contribuer aux intérêts et à la pérennité à long terme de l'entreprise ». Le membres des conseils d'administration et de surveillance sont appelés à être les garants exigeants du contrat entre sa société et la société faute d'ailleurs de courir le risque de ne pas être renouvelés.

L'actionnaire passif ne rend finalement pas service à l'entreprise. Les fonds dits « activistes », au-delà des caricatures, ont fait figure de précurseurs dans la demande de prise en compte par les directions générales de leurs souhaits d'actionnaires, certains pour de simples raisons de profits à court terme, d'autres avec une vision de création de valeur par rapport à des concurrents comparables.

Ni passif ni nécessairement activiste, l'actionnaire d'aujourd'hui est encouragé à être actif dans la co-construction de l'entreprise comme communauté de destin. Certains y verront une nécessité morale et le triomphe du bien commun. Mais la logique économique est toujours là, tirée par l'attente des consommateurs et la sanction des marchés, impatients de faire émerger un nouvel actif immatériel, créateur de valeur(s) pour tous…

60. S'appuyer sur le conseil d'administration et le comité d'audit

Le chef d'entreprise doit se conformer à la gouvernance existante et à ses statuts, au risque d'engager sa responsabilité.

Bien sûr, selon la taille de l'entreprise et la composition de son actionnariat, c'est «plus ou moins formel», mais dans une société d'une certaine taille avec différents actionnaires représentés, ou dans une société cotée, cela revêt une importance de premier ordre et une mobilisation des administrateurs pour accompagner le dirigeant et choisir les meilleures options.

Informer les organes sociaux de la société en temps réel et sans attendre fait partie de la responsabilité de base des dirigeants. Le conseil d'administration doit lui-même s'impliquer quand l'entreprise est en difficulté car il fait le lien avec les actionnaires qui peuvent être sollicités pour renflouer l'entreprise ou alors pour donner leur accord pour emprunter.

L'information de tous les membres du conseil avec une égalité parfaite est requise.

Et quand la société est cotée, elle doit, à ses actionnaires, une information transparente et en temps réel de tout ce qui peut affecter la vie de l'entreprise, ses actifs ou son futur. Le conseil d'administration est garant de cette information sous le contrôle des organismes de tutelle.

Le conseil doit s'appuyer sur le comité d'audit qui doit être en première ligne quand il y a des difficultés parce qu'il regroupe le commissaire aux comptes, le directeur financier, l'audit interne et des administrateurs spécialisés, mais aussi parce qu'il est sensibilisé en prévention à une revue des risques souvent trimestrielle faite systématiquement avec un audit interne indépendant. En cas de crise, ce travail de prévention fait tout au long de l'année prend tout son sens.

Le comité d'audit a cette fonction de faire le lien avec le conseil d'administration sur les questions financières et juridico-techniques, d'évaluer l'impact de la crise sur le compte de résultat et sur les prévisions de trésorerie, de se prononcer sur l'éventualité d'un avertissement sur les résultats, de corriger les communiqués de presse.

Toutes les sociétés n'en sont pas pourvues, mais c'est en fait la cellule experte de l'entreprise qu'il est aisé de constituer avec son commissaire aux comptes (qui doit systématiquement être informé des difficultés en temps réel car il peut y avoir des implications juridiques), son expert-comptable, son responsable financier et juridique (s'il y en a un), et son avocat.

De toute façon, le conseil d'administration doit être informé et réuni dès lors que le commissaire aux comptes lance une procédure d'alerte dans laquelle il demande officiellement à la direction de l'entreprise de lui faire un état sur l'étendue des difficultés compte tenu de faits de nature à compromettre la continuité d'exploitation, et des mesures qu'elle compte prendre pour y remédier. Sachant que parallèlement le commissaire aux comptes informe le président du tribunal de commerce.

L'AUDITEUR EXTERNE FACE À UNE CRISE

Par Vincent de la Bachelerie
Expert-comptable et commissaire aux comptes,
partner et senior advisor chez EY

J'ai été souvent impliqué en tant qu'auditeur externe dans des situations de crise dans les entreprises. Le spectre est très large. Un client m'a demandé d'aller voir une micro-filiale de courtage d'assurances qui perdait de l'argent sans explication rationnelle. Un autre m'a demandé de comprendre les marges d'un commissionnaire en transport. Une banque aimerait savoir ce qui se passe dans cette entreprise familiale, fleuron de l'industrie locale. Dans deux cas de *due diligence* d'acquisition, j'ai la surprise de découvrir des fraudes absolument massives. J'ai aussi été fréquemment confronté à des crises de liquidité ou à des problèmes de continuité d'exploitation.

Enfin, j'ai eu l'occasion de vivre une situation extraordinaire de crise financière qui fut celle de France Télécom en 2002, qui fut rendue publique et donna lieu à de multiples enquêtes et à une commission parlementaire.

Comme dans le cas de France Télécom, certaines crises ont trouvé une solution, qui a souvent combiné quatre volets pour réussir :

- un changement radical de management et de gouvernance, bien souvent préalable à toute sortie de crise ;
- une solution financière (reprise ou recapitalisation) ;
- un effort interne ;
- un changement de périmètre des activités.

Même lorsque tous ces ingrédients ont pu être, parfois difficilement, réunis, cela n'a pas toujours fonctionné ou encore, même après sauvetage, l'entreprise est restée fragile.

J'ai deux exemples en mémoire.

L'échec : un distributeur devait être acquis par une grande entreprise. Des *due diligence* ont démarré et permis de découvrir une fraude comptable massive masquant des pertes d'exploitation récurrentes depuis une dizaine d'années. Ces pertes étaient avant tout liées au comportement prédateur de l'entreprise sur ses marchés dont l'objectif était d'asphyxier la concurrence en menant une politique de volume et de prix cassés. L'endettement réel était colossal et les stocks paraissaient aberrants par rapport à l'activité. La fraude a été découverte par revue analytique des comptes, revue de dossiers et, surtout, un inventaire physique. Pour établir la performance réelle du business, nous avons refait l'historique des vrais résultats sur dix ans. Le fonds de commerce était trop dégradé, et la société, même après reprise et relance, est allée au tapis.

La réussite : l'élimination des huiles usagées est un vrai problème environnemental. Leur collecte et réutilisation après raffinage est une solution désormais encouragée par Bruxelles. Au début des années 1990, la crise se matérialise par quatre effets concomitants :

- un site industriel vieillissant requérant des investissements lourds ;
- des incertitudes fortes sur le devenir d'une filière dont l'économie était en péril depuis la collecte jusqu'à la redistribution par les industriels ;
- un tour de table des industriels du pétrole et des lubrifiants en désaccord sur les solutions à apporter ;
- des passifs environnementaux importants et incertains dans leurs montants et leurs conséquences.

Pour mesurer les conditions d'assainissement, nous avons remis à plat les comptes et analysé les conditions de rentabilité, testé le business plan avec le manager de transition et chiffré les investissements - massifs - nécessaires. La solution a été trouvée pour la filière et pour l'entreprise.

Le symptôme commun à toutes mes expériences vécues : l'endettement massif, souvent en partie caché par des montages financiers ou des fraudes comptables.

Une caractéristique bien souvent commune : l'aveuglement des dirigeants et parfois des conseils d'administration ou leur refus d'accepter la situation. C'est le facteur aggravant !

La reconnaissance du problème, la bonne analyse, avec les bons outils de prévision, et l'anticipation sont vitales pour permettre un sauvetage de l'entreprise. Les parties prenantes doivent jouer leur rôle.

« Le temps est souvent compté pour résoudre une situation difficile avant qu'elle ne devienne insoutenable. »

Le commissaire aux comptes a un rôle critique de vigilance pour la protection des intérêts des actionnaires et des autres parties prenantes. Selon la nature et l'intensité des situations de crise, il sera amené à adapter ses travaux et son mode de communication. Il sera surtout attaché à une réaction anticipée du management et des organes de gouvernance. Le temps est souvent compté pour résoudre une situation difficile avant qu'elle ne devienne insoutenable.

La mission du commissaire aux comptes comporte une analyse des facteurs de risques car ceux-ci ont toujours une incidence sur les comptes. Les conflits potentiels résultant de divergences d'intérêts des parties prenantes (management, actionnaires, clients, porteurs de dettes et autres créanciers, personnel…) en font partie. Mais il adapte sa mission de certification des comptes et de revue de l'information financière publiée en fonction de l'acuité des risques et de l'imminence d'une crise de liquidité. Le dialogue continu avec le management est alors essentiel. La liste ci-dessous montre le type de travaux ou de diligences particulières que peut inclure sa mission :

1. vigilance renforcée des situations à risque, de fraude ou de pérennité de l'activité, liées aux pratiques commerciales et aux risques industriels notamment ;
2. analyse critique des modes de financement des opérations, en particulier en cas de recours au factoring, aux contrats de location, aux instruments sophistiqués ou aux entités *ad hoc* ;
3. intervention plus forte sur les communiqués de presse, les présentations aux analystes et plus généralement l'information communiquée au marché lorsque des alertes sur les résultats (*profit warnings*) sont données plusieurs fois ou lorsque la valeur boursière de l'entreprise baisse significativement à la suite de déception des investisseurs ;
4. revue des business plans à l'occasion des tests d'*impairment* (capacité à long terme à faire face à ses engagements et évaluation des actifs *versus* sa valeur comptable), avec une attention particulière sur l'historique récent si l'entreprise n'a pas réalisé ses objectifs budgétaires en revenus ou en cash-flow ;
5. travail sur le *going concern* (continuité d'exploitation) : revue des prévisions de trésorerie à court terme, revue des covenants et tests sur leur possible déclenchement, analyse des solutions de

financement et de leur faisabilité, discussion sur l'information financière en cas de doute sur la continuité d'exploitation ;

6. dialogue approfondi et régulier avec le comité d'audit ou son président, éventuellement intervention en réunion du conseil ;
7. déclenchement et suivi de la procédure d'alerte.

61. Faire des partenaires sociaux une force

Selon la nature de crise, les instances représentatives du personnel doivent être tenues au courant, informées ou consultées selon les cas de figure. Les procédures confidentielles comme la conciliation ou le mandat *ad hoc* le restent et n'ont pas besoin d'être mises à la connaissance du CSE, sauf choix contraire du dirigeant.

Quand la crise est avérée, le dirigeant doit informer ses salariés, *via* leurs représentants, avant d'informer l'extérieur. C'est une question de crédibilité : en aucun cas les salariés ne doivent découvrir dans la presse des nouvelles de leur entreprise sans avoir été informés au préalable.

Aucune transformation ne saurait non plus être mise en œuvre sans une implication forte du CSE, des syndicats et de leurs experts : d'une part, parce que c'est obligatoire et que cela nécessite des informations consultations du CSE, mais, d'autre part, et surtout, parce qu'il faut prendre le temps d'en discuter les modalités en profondeur pour avoir une adhésion au projet de transformation. Sans adhésion, aucune transformation n'est possible. Transformer, ce n'est pas licencier, c'est changer avec les salariés pour être plus performant, adapté et agile.

Et les salariés disposent aussi de prérogatives fortes comme la procédure d'alerte lancée par le CSE lorsque celui-ci a connaissance de « faits de nature à affecter de manière préoccupante la situation économique de l'entreprise ». Le dirigeant doit alors répondre lors d'une réunion du CSE qui peut aussi se faire assister d'un expert qui rédigera des rapports qui seront transmis aux commissaires aux comptes et au conseil d'administration.

Ces prérogatives sont importantes, car, comme on l'a déjà dit, les représentants du personnel et leurs experts sont souvent là sur un temps long et ont une certaine acuité sur la situation. Par ailleurs, les représentants sont plus nombreux pour le premier collège des ouvriers et employés qui sont au contact des forces vives périphériques (fournisseurs, clients, sous-traitants, transporteurs...) qui donnent eux-mêmes un regard sur la situation de l'entreprise («Tiens, ton patron n'a pas payé, c'est la dernière fois que je livre.»)

Malgré les antagonismes logiques, qui font que bien souvent les représentants du personnel ne veulent surtout pas que «l'ancien ne meure», j'ai toujours pu constater une extrême résilience des IRP (instances représentatives du personnel) soumises à rude pression dans les contextes de crise, et un engagement hors norme.

La lutte, le désaccord, la négociation, la dialectique et les antagonismes font partie de cette équation. Il ne sert à rien de les rejeter; au contraire, il faut en faire une force, une des données de l'équation.

Les IRP, comme on l'a dit, sont une courroie de transmission, elles font remonter les revendications, redescendre les propositions. À un moment, loin d'un syndrome de Stockholm, on se retrouve dans une «négociation d'affaires» pour les salariés, mais jamais au détriment de l'entreprise, même si, parfois, dans les entreprises en difficulté, la forte protection sociale française a tendance à faire croire que l'entreprise a toujours les moyens. Et dans ces conditions, il est difficile de «prouver» que l'entreprise ne dispose pas de moyens illimités. C'est là aussi où les actionnaires sont en risque car c'est dans ces moments qu'ils sont sollicités.

UN RÔLE À MULTIPLES FACETTES

Joëlle Obadia
Administratrice salariée,
directrice communication et MICE chez Solocal Group

Administratrice représentante des salariés d'un groupe français coté en pleine transformation et titulaire du certificat d'administrateur des sociétés IFA-Sciences Po, j'ai vécu beaucoup d'événements et différentes crises à l'occasion de mes quatre années de mandat : procédure de sauvegarde, refinancement d'une dette très importante, pas d'actionnaire de référence, beaucoup de petits porteurs, beaucoup de prêteurs, *profit warnings* fréquents et des résolutions très « impopulaires » à présenter au vote des actionnaires qui ont donné lieu à des AG très longues et tumultueuses !

Malgré ce contexte, la dette a été en grande partie écrasée et refinancée et l'entreprise sauvée !

Bien entendu, les administrateurs ont tous été renouvelés, puis nouveau DG, nouveau président et nouveau Comex dans la foulée ! J'ai donc été la seule rescapée de « l'ancien monde » autour de la table quand le plan de sauvegarde de l'emploi, imposé à la fois par la situation de l'entreprise et les nouveaux investisseurs et prêteurs, a dû être étudié, décidé, annoncé, partagé, communiqué, négocié et mis en œuvre.

C'est là que pour l'administrateur salarié le rôle devient cornélien, un questionnement profond de tous les instants vous assaille, la dualité résonne, le doute vous obsède :

- comment concilier l'intérêt social de l'entreprise en toute circonstance et l'avenir des collaborateurs ?
- comment satisfaire les actionnaires et projeter l'entreprise dans une transformation majeure et profonde en protégeant les salariés ?
- comment défendre l'utilité et la profitabilité en imaginant que c'est pour le bien de ses collègues ?
- comment être pertinent pour être entendu sans rompre la confiance de l'ensemble des parties prenantes ? (administrateurs, Comex, instances syndicales, collaborateurs, consultants, etc.) ;
- comment faire preuve d'assertivité et challenger l'exécutif sans crainte des conséquences ?
- comment bien comprendre les enjeux du plan pour pouvoir répondre aux questions tout en conservant la confidentialité ?
- comment répondre au principe de collégialité quand on n'est fondamentalement pas aligné avec un plan qui touche plus de 1000 personnes ?

- comment adopter la posture *gravitas* de l'administrateur en oubliant que l'on est soi-même concerné ?
- comment conserver son libre arbitre quand la manipulation vous menace ?
- … ou comment, d'un coup, on se retrouve seul sous les projecteurs !

Aussi dans l'exécution de cette partition pour le moins « schizophrène », on se rend très vite compte que l'atout majeur, c'est l'INFLUENCE !

Il faut rencontrer les experts, les conseils (juridiques, financiers, sociaux, RH…), les membres du Comex, les personnes clés de l'entreprise, les représentants des organisations syndicales pour se forger une conviction quant aux modèles et aux accompagnements proposés et bien mesurer les impacts et les conséquences sur l'activité économique et sociale de l'entreprise.

« On est un administrateur au même titre que les autres, mais aussi un partenaire pour tous ! »

La maîtrise des enjeux est importante, l'incompréhension n'est pas tolérée. Il faut profiter des comités *ad hoc* pour poser toutes les questions, ne pas hésiter à demander des précisions, orienter les échanges, chercher les failles, les lacunes, comparer l'avant, l'après, l'avenir. On est un administrateur au même titre que les autres, mais aussi un partenaire pour tous !

Toutes les parties prenantes vous sollicitent, personne ne poursuit le même objectif, mais tout le monde a besoin de comprendre, de projeter, de se projeter. Il faut répondre, être présent partout où on vous attend ! Un job à plein temps, que l'on a, plus que jamais, à cœur de bien faire ! Le faux pas, l'erreur, la sortie de route ne sont jamais loin…

Très vite on identifie le réseau car il va falloir l'activer rapidement : on se rapproche de ceux qui vous entendent, de ceux dont les points de vue convergent et qui, du coup, donnent confiance, de ceux qui vous écoutent, de ceux qui comprennent, de ceux qui remettent en cause, de ceux qui arbitrent et savent mettre le curseur, de ceux qui pèsent. On joue un rôle dans la négociation avec une seule obsession : « le mieux pour tous ! » On cherche et on trouve les mots, les arguments chocs, les phrases clés, les leviers, les déclics... Puis un jour le ballon sort de la mêlée, l'essai marqué reste à transformer, mais la fin du match est sifflée ! On a le sentiment du devoir accompli ce qui est toujours gratifiant même si on n'en tire aucune fierté.

Dans ces étapes, qui sont des épreuves, la solitude pèse sur l'administrateur salarié. Aussi je salue ici avec beaucoup de sincérité les auteurs de la loi PACTE , loi qui oblige les entreprises dont les conseils d'administration ont 8 membres ou plus (contre 12 avant la loi) à faire élire non plus un mais deux représentants des salariés au conseil ! Cet alter ego m'a beaucoup manqué...

Chapitre 9

Covid-19 : plonger dans le VUCA world

Ce livre a été écrit avant que la crise du Covid-19 ne devienne planétaire et ne confine au 30 mars 2020 soixante pays regroupant 43 % de la population mondiale[1]. Il n'a donc pas été dénaturé sous ce prisme pendant son écriture et sa relecture, mais il paraissait impossible d'éluder complètement cette crise, car elle contient en elle-même de nombreuses caractéristiques de ce qui a été évoqué tout au long de ce livre.

Il n'est pas dans mon propos de vouloir en faire une analyse complète alors que nous sommes au début d'un confinement qui s'annonce long, ni de tomber dans une analyse journalistique.

En revanche, à l'occasion de cette crise, j'ai été très sollicité par les entreprises, j'ai aussi voulu contribuer au débat public en publiant des tribunes dans la presse quotidienne, en répondant à des interviews, ou encore en échangeant avec certains responsables de l'exécutif ou encore de grandes institutions publiques pour partager ma vision.

Cette crise est globale, car elle est sanitaire à la base, mais elle comporte aussi quatre autres aspects qui en font sa singularité : un aspect économique évident avec les arrêts successifs d'activité ; un aspect social qui en découle avec la mise en chômage partiel de nombreux employés et très certainement des licenciements qui s'ensuivront du fait du probable choc de la demande ; un aspect industriel de redémarrage des unités de production avec une imbrication de la chaîne de valeur ; et aussi un aspect comportemental car les anticipations changeront et de façon durable tant du côté des consommateurs que des salariés ou de leurs employeurs.

La question n'est pas tant de savoir si on peut prévoir une crise de cette ampleur, car c'est la caractéristique des crises d'être soudaines et de surprendre, mais davantage de savoir si on a la capacité à gérer une telle crise au niveau d'un État, d'un secteur ou d'une entreprise. Finalement, ce virus très contagieux sera-t-il à la fois un révélateur de nos faiblesses et un accélérateur de changement ?

1. *Les Echos* du lundi 30 mars 2020.

62. S'interroger sur un déni mondial

Le démarrage fin novembre 2019 de ce qui n'était pas encore considéré comme une épidémie et encore moins une pandémie a laissé le monde dans une indifférence critique mêlée de cynisme et de revanche de l'ancien monde vis-à-vis de ce géant dont on aimerait croire qu'il est aux pieds d'argile…

Le regard du monde était celui d'un phénomène uniquement chinois. Les images des premiers impacts sur la vie quotidienne de la cité industrielle de Wuhan circulaient dès le mois de décembre 2019 sur les réseaux sociaux, et les commentateurs de toute part de s'interroger si la Chine allait faire mieux ou moins bien que ce qu'elle avait fait lors de l'épidémie du SRAS en 2002-2003, et en combien de temps elle se remettrait de cette « crise interne ».

Plus que jamais, le reste du monde se sentait protégé par des frontières politiques fictives dans un monde pourtant interdépendant, à l'image de ce que nous avions vécu lors de la catastrophe de Tchernobyl, dont le nuage ne devait pas passer la frontière française et se confiner en Allemagne. Le premier réflexe de tous les pays était de « sauver » leurs ressortissants nationaux de ces lieux contaminés et de les rapatrier.

Puis d'étape en étape, on s'est soucié, au-delà des voyages des individus, de la dépendance du monde à cette Chine manufacturière, qu'on aime pour ses bas coûts et que l'on hait pour son hégémonie commerciale, surtout quand elle vient déstabiliser des pans entiers de notre économie, symboles de notre histoire industrielle glorieuse mais conjuguée au passé.

Des pays tout entiers ont alors découvert qu'environ un quart de la valeur ajoutée manufacturière occidentale était d'origine chinoise, que le Doliprane n'était pas français, car la poudre de paracétamol était faite en Chine, que bon nombre de pièces assemblées dans un produit venaient de Chine, et que cela allait impacter bon nombre d'industries de notre territoire.

Mais, parallèlement, cela restait paradoxalement un problème chinois, un problème qui n'allait pas se propager, et qui aiderait sans doute à remettre les pendules à l'heure maintenant que ce pays industriel communiste allait être à l'arrêt pendant plusieurs mois dans une stupeur mondiale.

Jusqu'au 20 février 2020, les Bourses mondiales se portent bien, et même très bien, car elles sont au plus haut. On s'inquiète essentiellement des ruptures de pièces détachées, des fermetures temporaires de débouchés pour les géants du luxe qui venaient de publier des résultats et des taux de croissance insolents dans un monde d'inégalités croissantes et de foyers de contestations populistes.

C'est aussi mi-février, au commencement de la propagation du virus, que la ministre française de la Santé démissionne de ses fonctions pour reprendre au pied levé la campagne parisienne des élections municipales, comme si l'enjeu parisien était plus important que l'enjeu sanitaire.

Puis sont apparus successivement le manque flagrant d'équipements de sécurité de base (masques et gants), le manque de protection des équipes soignantes, le manque de moyens, puis la propagation vertigineuse en Italie qui, la première en Europe, prendra des mesures drastiques de confinement dans les régions industrielles mais aussi dans des villes symboles du tourisme (Venise, Milan, Rome).

Et tous les commentateurs de valser entre la tentation de dramatisation d'un côté et celle de la relativité de ce virus. Jusqu'au jour où, le samedi 14 mars, le Premier ministre annonce la fermeture sur-le-champ des restaurants et des commerces non essentiels, avant que ne soit annoncé à compter du mardi suivant la décision d'instaurer le confinement en France, tout en laissant se dérouler le premier tour des élections municipales. Avec un premier message fort de « rester chez soi » qui va mettre la France à l'arrêt en quelques jours, auquel succédera quelques jours plus tard un second message inaudible et brouillé d'appel au travail et au maintien des unités de production.

Ce qui est frappant, c'est que cette crise, planétaire, qui touche tous les continents, illustre parfaitement ce phénomène de déni de la crise décrit au début de ce livre. La crise, c'est toujours les autres ; la crise, ce n'est jamais moi, la crise ne me concerne pas. Cette démonstration se fait collectivement. Qui n'a pas pensé qu'il s'agissait d'une simple grippe, statistiques à l'appui pour relativiser un phénomène qu'on voudrait nous décrire comme dramatique, alors que d'habitude 650 000 personnes en meurent chaque année à travers le monde, dont 8 000 en France ? Mais, surtout, qui n'a pas été éberlué par ces fermetures de villes (rappelons que la municipalité de Wuhan comporte 11 millions d'habitants) puis de pays comme l'Italie ?

Personne en France n'a imaginé que l'on puisse mettre en arrêt le pays, car ce qui est valable pour les autres n'est jamais valable pour soi. Le déni a été à l'ordre du jour, comme nous le rappelle cruellement le manque de masques et de gants qui met en danger les populations soignantes, mais aussi celles des commerces, des activités essentielles, des services publics…

Le déni n'est pas propre à la France, il est propre à l'humanité, c'est une stratégie de défense pour nier une réalité, pour refuser ce qui peut être menaçant. C'est toujours le cas quand un individu ou une entité sont confrontés à une crise. On ne veut pas être différent des autres, on ne veut pas subir ce sentiment d'injustice. Alors, on refuse, ou on minimise, avant d'être contraint de faire face à la réalité.

Ce qui est apparu avec la crise du Covid-19, c'est que le déni a été à l'ordre du jour, pays après pays, jour après jour, pour devenir un sentiment collectif de ceux qui n'étaient pas touchés par rapport à ceux qui l'étaient. La seule perspective d'imaginer ce que pourrait être l'après-crise est effectivement traumatisante : comment va-t-on faire ? Que va-t-il se passer ? Pour les États, les entreprises, les salariés, les indépendants, et pour ceux qui étaient déjà en marge de tout cela ?

Il est frappant de voir combien les personnes âgées qui sont dans le dernier décile de leur vie sont terriblement angoissées par cette crise. Le mot « guerre » a été prononcé, et toutes posent la même question : comment va-t-on payer ? Et quel monde va-t-on laisser à nos enfants et petits-enfants. La perspective d'une ruine, d'une destruction de valeur est traumatisante.

63. Évaluer le coût du « quoi qu'il en coûte »

Quand, le 12 mars 2020, le président Macron s'exprime pour annoncer le confinement et des mesures drastiques pour mettre la France dans un coma artificiel, il prononce deux phrases, censées à la fois rassurer sur le futur et mettre fin au déni : « La santé n'a pas de prix. Le gouvernement mobilisera tous les moyens nécessaires pour porter assistance, pour prendre en charge les malades, pour sauver des vies quoi qu'il en coûte. [...] Nous n'ajouterons pas aux difficultés sanitaires la peur de la faillite pour les entrepreneurs, l'angoisse du chômage et des fins de mois difficiles pour les salariés. Aussi tout sera mis en œuvre pour protéger nos salariés et pour protéger nos entreprises quoi qu'il en coûte, là aussi. »

Cette formule du « quoi qu'il en coûte » est un miroir du « *whatever it takes* », formule désormais consacrée de Mario Draghi, président de la Banque centrale européenne, prononcée à Londres le 26 juillet 2012 pour sauver l'euro : « *Within our mandate, the ECB is ready to do whatever it takes to preserve the euro. And believe me, it will be enough.* » (Dans le cadre de notre mandat, la BCE est prête à tout pour préserver l'euro quoi qu'il en coûte. Et croyez-moi ce sera suffisant).

Plus qu'une simple phrase, tournure rhétorique, ou encore élément de langage, c'est la phrase qui met fin au déni, fait entrer la France dans une économie de guerre, avec la résistance organisée par l'État. On passe en quelques semaines d'une économie de la rigueur budgétaire s'inscrivant dans le sacro-saint pacte de stabilité et de croissance à un « quoi qu'il en soit » pragmatique qui sonne la fin d'un monde et le début d'un autre. Le monde a changé, le vocabulaire aussi.

Les annonces immédiates de soutien à l'économie ont eu comme mérite de montrer une compréhension de l'impact de ce drame planétaire et de délivrer un message important : l'État est là et sera là.

Ce « quoi qu'il en coûte » est à la fois un signal anti-panique, anti-angoisse, mais aussi un signal de mobilisation : il faudra savoir reconstruire ensemble, avec rapidité et agilité. Les milliards tombent chaque jour, avec une inflation de milliards mobilisés dans chaque pays entre la dépense budgétaire (la prise en charge par l'État) et les mesures de soutien à l'économie avec des prêts garantis par l'État en dernier recours. Les grandes banques centrales de tous les pays du monde donnent leur accord sur des sommes colossales destinées à assurer la liquidité des États et des banques.

C'est aussi un nécessaire signal de confiance entre les agents économiques pour éviter une chaîne de défauts de paiement généralisée, chaque entreprise s'acharnant à encaisser des créances tout en étant tentée de ne pas payer ses propres dettes, afin de constituer une épargne de précaution dans la perspective d'une cessation des paiements. D'où cette liquidité injectée par l'État pour précisément favoriser la continuité d'exploitation et permettre la liquidité entre les entreprises (on estimait au 1er janvier 2020 à 300 milliards d'euros le crédit interentreprises).

Cette formulation renvoie aux « 3 T » de l'économiste Lawrence Summers sur les actions de l'État au moment de la crise financière de 2008 : « *Timely, Targeted, Temporary* » (opportunes, ciblées, temporaires). Très vite remplacées par les « 3 S » pour faire face à l'immensité de la crise financière : « *Speedy, Substantial, Sustained* » (rapides, significatives, durables). L'idée maîtresse est de préserver l'emploi et d'aider ceux qui sont impactés à investir pour améliorer leur compétitivité.

Ce que l'on ne sait pas aujourd'hui, c'est combien coûtera ce « quoi qu'il en coûte », quelle sera l'addition finale, quels sont les milliards mis sur la table qui relèvent de la dépense budgétaire (budget de l'État ou budget social de la nation), et ceux qui sont des prêts destinés à être remboursés. Mais qui ne le seront probablement pas. « Comment » on remboursera et « qui » remboursera, telle est la question.

Les entreprises françaises sont petites, éclatées, peu capitalisées et fragiles, avec seulement 5 800 ETI contre 12 500 en Allemagne. Les entreprises déjà fragiles avant ne seront pas moins fragiles ensuite et n'auront pas d'effet d'aubaine ; bien au contraire, elles ont un double problème : celui de surmonter le cœur de la crise et celui de gérer l'après-crise, de pouvoir supporter la nécessaire activité ralentie qui s'ensuivra.

Il y a certes ce qui est mis sur la table aujourd'hui, mais personne ne peut encore imaginer combien de temps il faudra pour revenir à la normale, et donc combien coûtera l'assistance vitale qui devra être mise à la disposition des entreprises. La crise et le confinement ont provoqué un choc d'offres avec une concentration sur les activités dites « essentielles » et la fermeture de beaucoup d'entreprises par principe de précaution. Sans se préoccuper de la nécessaire ouverture des magasins de bricolage pour s'occuper chez soi, ou de la courte saison des horticulteurs qui en deux mois, de mars à mai, réalisent 80 % de leur activité annuelle. S'ensuivra nécessairement un choc de demande, car les besoins des consommateurs ne seront pas les mêmes à l'issue de cette période de confinement, ni leur pouvoir d'achat d'ailleurs, et personne ne sait combien de temps cela prendra.

En fait, la question du « quoi qu'il en coûte » renvoie à la question du « qui payera », et plus certainement du « qui pourra payer ». Comment les entreprises pourraient-elles payer les coûts occasionnés par cette crise et assumer ainsi une perte de plusieurs mois de chiffre d'affaires alors que 5 ou 10 % de dérapage suffisent à les condamner ?

Finalement, la véritable question qui se dessine est bien : « Doivent-elles payer ? » L'État, qui agit comme banquier urgentiste, espère-t-il être remboursé par des entreprises peu capitalisées, souvent fragiles et peu rentables et qui étaient déjà à la recherche de financements ?

Il est probable que ces crédits d'urgence ne seront que les premiers d'une longue série, et qu'ils seront d'une façon ou d'une autre non remboursés ou capitalisés, car, comme toutes les crises, la sortie de crise prendra du temps et ne permettra pas de revenir à la situation *ex ante*.

On met six à douze mois pour se remettre d'une crise individuelle ou d'une restructuration en temps normal. On peut imaginer que la reprise de l'activité sera très progressive et l'occasion d'un état des lieux, et donc d'un ajustement nécessaire des capacités de production et des effectifs. Quand on voit déjà fin mars les besoins des entreprises pour tenir jusqu'à fin juin, puis jusqu'au mois de décembre, on ne peut que deviner qu'il faudra du temps et des moyens, car chaque mois de chiffre d'affaires perdu l'est définitivement. Douze à dix-huit mois semblent le bon étiage pour revenir à la normale, même si l'horizon ne sera pas le même pour tout le monde.

Le paradoxe du «quoi qu'il en coûte», c'est qu'on ne sait pas combien il coûtera justement, mais ce que l'on devine, c'est que les États payeront avec le financement de leurs banques centrales. Ce qui renvoie immédiatement à la question suivante: qui payera en dernier ressort? l'inflation? les impôts de ceux qui seront les plus performants et solliciteront le moins les moyens de l'État? Ou bien est-ce que l'on s'accommodera d'un endettement accru de 30% de PIB dans un accord unanime des États?

N'oublions pas la dernière partie de la phrase de Mario Draghi «*and it will be enough*» (et ce sera suffisant). Personne ne veut savoir quelle sera l'addition, car personne n'en sait rien. Et de toute façon personne ne sait comment on va la régler, mais ce que l'on sait, c'est que l'on fera ce qu'il faut pour maintenir debout notre économie.

64. Se projeter dans un monde qui ne se prévoit plus

Gérer cette crise au niveau de chaque entreprise relève d'une véritable mise en abîme économique : gérer sa propre crise dans un pays en crise au milieu d'une économie mondiale elle-même en crise.

Le confinement décidé par le gouvernement a plongé les chefs d'entreprise dans une première phase d'urgence, qui consistait à fermer les entreprises pour les uns et à s'adapter à la demande pour ceux qui avaient des activités dites « essentielles ».

Ensuite, les dirigeants ont été confrontés à la réalité de cette crise : fermer son entreprise ou maintenir sa production ? Quels risques pour les salariés ? Comment payer les salaires du mois de mars ? Quelle est la trésorerie nécessaire pour « tenir » ? Comment la production va-t-elle redémarrer ? Comment les charges fixes et de structure vont-elles pouvoir être payées ? Comment les ventes vont-elles repartir ? Et, surtout, quelle sera la demande après un confinement dont on ne connaît pas la durée ?

La principale inconnue de l'équation étant l'intensité de la demande et sa remontée en puissance, car les comportements des consommateurs vont changer, mais on ne sait pas encore comment. Le facteur temps sera l'ennemi de l'après-crise.

Le chef d'entreprise doit donc essayer de se projeter dans un monde qui ne se prévoit plus, ce qui lui impose de compter et recompter pour savoir de quels moyens il dispose pour faire face à la situation actuelle et à la reprise d'activité, généralement consommatrice de BFR. Le nerf de la guerre est là encore la trésorerie, le remboursement étant la préoccupation d'après mais pas le souci immédiat.

On retrouve dans ce contexte la solitude du chef d'entreprise pour ne pas dire sa détresse, renforcée par l'éclatement des équipes, par ce malentendu qu'est le chômage partiel qui aurait dû être un travail indemnisé. Ce sentiment de vacances forcées, mais de vacances tout de même (car les enfants aussi sont à la maison et beaucoup de cadres se sont confinés dans leurs résidences secondaires), n'aide pas. La question qui se pose est alors : comment la mobilisation se fera au premier jour de la reprise ?

Les boucles WhatsApp se sont rapidement mises en place, ou encore le recours à Skype ou aux systèmes de vidéo-conférence comme Zoom, pour garder le contact, informer, animer, motiver… Ce lien numérique est un vecteur important du lien social. Il sera utile car le jour où cela reprendra il n'y aura pas de temps à perdre.

La résilience va l'emporter dans beaucoup de cas, mais malheureusement les entreprises fragiles sont confrontées à l'addition de leurs fragilités d'avant avec celles de cette crise.

Le comportement des salariés sera également déterminant. Il est à prévoir une hausse de l'absentéisme après cette démobilisation forcée et indemnisée, après ce traumatisme du confinement sans connaître ni comprendre l'avenir. On a déjà vu les syndicats français appeler à la grève pour le mois d'avril alors que notre pays manifeste déjà depuis deux ans et que le combat est ailleurs.

Seule une chose est certaine : le monde d'après ne ressemblera pas au monde d'avant. Et bien malins ceux qui sont capables de donner la vision du monde d'après.

Les mêmes conseils détaillés dans ce livre s'appliquent : cellule de crise, cellule stratégique, informations, transparence, application des plans de continuité d'activité, acteurs du changement, transformation… Avec une double difficulté, celle de l'éclatement des équipes, et celle d'un arrêt souvent complet d'activité.

Cette crise a mis en évidence le fait que beaucoup d'acteurs économiques, y compris de très grandes entreprises et banques, n'étaient pas prêts pour faire travailler à distance tous leurs effectifs, ce qui pose la question de l'agilité, du plan de continuité d'activité, mais aussi de la maturité de leur transformation digitale.

La reconstruction sera complexe et nécessitera agilité, rapidité et une mobilisation hors du commun entre les salariés et leurs entreprises, car tout le monde est concerné. Les réactions en chaîne seront importantes, et c'est là où l'entreprise en tant que corps social prendra tout son sens.

ÉLARGIR LE CHAMP DE CONSCIENCE

Par Arnaud Marion
(Tribune parue dans Les Echos *du vendredi 20 mars sous le titre « Virus : penser l'après-crise »)*

Le mot « crise » vient de laisser subitement la place au mot « guerre » avec un ennemi invisible mais tellement présent qu'il réussit à paralyser des économies complètes continent après continent. Le scenario qui se déroule sous nos yeux incrédules aurait pu être celui d'une série Netflix. La relecture des articles de journaux d'il y a quinze jours montre à quel point le contexte d'alors appartient au passé.

La saison des annonces de résultats des sociétés cotées à peine bouclée, le monde a plongé dans un chaos. La crise de 2008 semble presque facile rétrospectivement, justement parce qu'elle était financière ! alors que là, les pays se mettent tour à tour dans une hibernation économique et sociale, cessant leur activité productive. Aucune prévision ne devient possible tant le monde entier se confine. Le monde économique est sans repères : les entreprises ferment les unes après les autres, le chômage partiel devient la règle sauf pour ceux qui peuvent se mettre en télétravail, les flux d'exploitation s'arrêtent, les chiffres d'affaires se mettent à zéro, les marchés de capitaux ne permettent plus le financement des entreprises, les valeurs d'entreprises s'effondrent, les référentiels des entreprises disparaissent. La continuité d'exploitation pourtant chère aux auditeurs devient une notion presque surannée dans ce contexte.

Le risque de la perte de confiance entre les agents économiques est très grand : toute une chaîne de défaut de paiement est en train de se mettre en place, chaque entreprise gardant précieusement sa trésorerie plutôt que de payer ses dettes fournisseurs, ou les intérêts de ses emprunts. L'État l'a bien compris, et se substituera et payera, en quelque sorte la solidarité nationale, ou bien nos impôts ou l'inflation de demain si on veut le dire différemment. Indemniser plutôt qu'endetter les entreprises. Les assureurs crédit devront retrouver leur place et les banquiers aussi, puisqu'ils auront été habitués pendant un instant de raison à prêter sans risque…

C'est aussi dans ces moments de crises que les inégalités apparaîtront entre ceux qui sont protégés (comme les salariés des secteurs publics et privés) et ceux qui le sont moins, voire qui ne le sont pas. Le gouvernement ne s'y est pas trompé non plus et ne les a pas oubliés, tant cette économie indépendante, uberisée est maintenant imbriquée dans notre façon de vivre. Finalement, à la faveur de cette crise, un revenu d'activité est en train de se mettre en place…

« Il va falloir penser à l'après et à la vie après la crise. Les actions de court terme devront laisser la place à une véritable reconstruction. »

Pourtant la traduction chinoise du mot « crise » (« *wei ji* ») est composée de deux idéogrammes, l'un voulant dire « danger », et l'autre « opportunité ». Il va falloir penser à l'après et à la vie après la crise. Les actions de court terme devront laisser la place à une véritable reconstruction. Beaucoup d'entreprises s'étaient déjà fragilisées et ont cumulé les conséquences des attentats de 2015, et des manifestations des gilets jaunes de 2018 et des grèves de 2019. Ce sera l'occasion de déployer régionalement des fonds d'intervention pour transformer les avances en capital et (re)capitaliser les entreprises en impliquant le système bancaire et les Régions. L'occasion de structurer, moderniser, transformer, regrouper des entreprises françaises trop petites, trop éclatées, trop fragiles avec des filières non structurées et souvent évanescentes.

Mais le véritable changement sera culturel. Il aura fallu cette crise pour comprendre que la valeur ajoutée chinoise était en moyenne de 25 % dans les produits manufacturés (et le Doliprane fait en Chine), que la chaîne de valeur ne peut plus être dépendante d'un pays et que la relocalisation a du bon, que les entreprises doivent engager leur transformation car les enjeux climatiques, sanitaires, de biodiversité, de peuplement de la terre vont prendre le pas sur des logiques qui jusqu'à présent étaient uniquement économiques.

Et si pendant cette guerre, on faisait un arrêt sur image pour élargir notre champ de conscience, repenser nos modèles et nos entreprises, et les rebâtir avec une philosophie où on se sent concerné par le monde qui nous entoure et que nous léguons à nos enfants.

65. Tirer les enseignements de la crise

S'il est trop tôt pour faire un bilan complet et avec du recul, ce serait, d'ailleurs, imprudent, on voit se dessiner les contours d'un capitalisme responsable comme une issue à la crise.

La crise du Covid-19 a mis en évidence que le monde d'aujourd'hui est plus que jamais un « VUCA *world* » (*cf. p. 12*).

Ce qui était vrai à l'origine pour des théâtres d'opérations militaires l'est devenu pour des pays, pour des secteurs entiers, pour des compétences spécifiques, pour des entreprises et, finalement, s'applique au monde entier.

Le monde actuel est volatil, car il peut basculer du jour au lendemain. Il est incertain, car il est difficile de faire des prévisions et l'inattendu est toujours possible. Il est complexe, car il est interdépendant avec des chaînes de valeur imbriquées. Il est ambigu, car les relations de causes à effets ne sont pas toujours évidentes.

Dans un monde VUCA, les projets et les priorités changent rapidement pour s'adapter aux changements rapides. Compte tenu des incertitudes croissantes sur le monde d'aujourd'hui, de nouveaux facteurs d'influence sont en train de naître comme l'environnement, l'éthique, la responsabilité sociale, les réglementations nationales, et aussi de nouveaux acteurs disruptifs qui bousculent les habitudes et les rentes de situation. Plus que jamais l'ambiguïté de la situation telle qu'on peut la voir en mars 2020 est liée à l'intensité de la reprise de la demande mondiale.

Plusieurs constats et enseignements apparaissent.

Plus que jamais, transformer son entreprise va devenir une nécessité absolue et vitale face au risque létal de cette crise, sans doute avec une pression temporelle qui existait moins auparavant.

Comme on l'a dit, on ne peut pas se transformer seul, il faut transformer en interne avec tout le monde. C'est le moment où le comportement sera clé, le modèle de valeurs va se révéler. Les entreprises qui étaient conscientes de la nécessité de se transformer avaient la pression des grandes transformations climatiques et évolutions de consommation. L'après-crise ira vite, cela signifie que comme toujours ce sera un monde à deux visions : ceux qui vont considérer la crise comme un avertissement et un accélérateur de transformation pour s'en sortir ; ceux qui seront les victimes de la crise. Il est illusoire de croire que l'on sauvera tout le monde, et ce n'est certainement pas la solution, il vaut mieux rassembler les forces, formater des entreprises plus résistantes.

Maintenant, il y a une crise dans la crise, et nul doute que les fonds dispensés pour financer l'après-crise le seront sous conditions. La tentation de conditionner les aides financières à des objectifs de court terme comme l'absence de licenciements devra être écartée d'office alors que la bonne équation sera davantage d'aider les modèles économiques à être pérennes en finançant les nécessaires transformations en cohérence avec les enjeux humains, sociétaux, climatiques et de biodiversité. C'est là où il faudra savoir ne pas se tromper d'objectif ni de combat, car la compétition et la nécessité de se transformer sont à appréhender vis-à-vis de l'extérieur : ne perfusons pas des entreprises fragiles pour les faire perdurer, mais au contraire, engageons une complète reconstruction et modernisation de l'économie. Il ne sert à rien de vouloir sauver le monde d'hier alors que l'enjeu est d'imaginer et de construire celui de demain.

Il est clair que ces centaines de milliards de prêts seront l'occasion d'agir, en transformant ces prêts en participations au capital, en faisant grandir ces entreprises, en les regroupant, en les aidant à se transformer une bonne fois pour toutes, et en incluant les grands enjeux climatiques, digitaux et de biodiversité.

C'est aussi une occasion rêvée pour faire monter au créneau les acteurs régionaux et organiser une réelle implication des acteurs publics et privés en structurant à la façon des Länder allemands un capitalisme régional destiné à bâtir des entreprises moins petites et à faire émerger des ETI. Il est important que les prêts accordés à ces entreprises puissent devenir des fonds propres, et que d'autres financements soient mis en place dans le but de transformer le tissu industriel français. Ces prêts devront être repris par des structures régionales *ad hoc* et capitalisés tout en aidant les entreprises à se transformer et à se regrouper : des fonds experts territoriaux vont devoir émerger regroupant apports en financement, consolidation en fonds propres des avances de trésorerie issue de la crise et accompagnement technique en matière de transformation et de développement, à la manière d'une holding d'investissement.

Le débat sur le versement des dividendes par les entreprises qui seraient aidées par l'État (auquel j'ai contribué, en publiant le 25 mars 2020 une tribune dans le quotidien *L'Opinion* que je reproduis à la fin de ce chapitre), est la preuve même qu'il y a des choix responsables à faire et des priorités au niveau des entreprises et de leurs actionnaires. Quand des entreprises cotées en Bourse publient des communiqués, en écrivant dans le premier paragraphe qu'elles sont dans l'incapacité de faire des prévisions, et dans le second paragraphe, qu'elles vont distribuer un dividende, il y a un hiatus, et certainement un oubli de ce qu'est l'intérêt social de l'entreprise et de celui des salariés à un moment où bon nombre d'entre eux vont devoir subir le chômage personnel. Le ministre de l'Économie et des Finances a tranché le 30 mars 2020 en excluant les entreprises qui versent des dividendes des dispositions des reports de charges fiscales et sociales et des apports de trésorerie, tout en appelant celles qui ont recours au chômage partiel à être exemplaire et à ne pas verser de dividendes.

Certaines grandes entreprises ont également décidé de ne pas avoir recours aux dispositifs légaux de chômage partiel considérant qu'elles pouvaient et devaient assumer cette crise, malgré la fermeture de leurs magasins et leur arrêt de production en payant leurs employés à 100 % comme Chanel. Le sous-entendu est bien sûr qu'elles sont très rentables, et qu'il est normal qu'elles assument. D'autres ont considéré qu'elles devaient solder par avance leurs dettes fournisseurs pour donner de la trésorerie à ces sous-traitants qui font partie de la chaîne de valeur, comme Orange. Ce mouvement responsable est primordial, car il donne également confiance dans l'avenir et montre aussi que les affaires reviendront à la normale. Au-delà de la vertu, il y a une confiance qui est affichée dans l'avenir et une voie qui est tracée.

Beaucoup d'entreprises et les plus prestigieuses d'entre elles ont également réagi, comme dans une économie de guerre pour fabriquer les biens essentiels ou en acheter. LVMH a dédié ses usines de parfums (Christian Dior, Givenchy et Guerlain) à la fabrication du gel hydroalcoolique et commandé des masques en Chine pour les offrir ; Saint Laurent, Gucci, Armani, Balenciaga ou Petit Bateau se sont mises à fabriquer des masques de protection ou des blouses ; Decathlon des masques… Une solidarité des plus grands et des plus riches, de ceux qui ont eu un parcours de succès ininterrompu depuis plusieurs décennies à travers la planète. Et tant d'autres, d'ailleurs, des indépendants aux grands-mères anonymes. Beaucoup de petits acteurs ont également fait leurs fonds de tiroirs en récupérant masques et gants et les ont offert aux personnels à risque, au contact des malades par exemple.

On voit bien que la responsabilité sociale est un vecteur important de réactions face à la crise, que ce soit de l'État vis-à-vis des entreprises, des grands vis-à-vis des petits, des entreprises vis-à-vis de leurs salariés, ou tout simplement des entreprises vis-à-vis du monde extérieur. Les chefs d'entreprise devront transformer en profondeur en mettant des valeurs fortes au cœur de l'évolution de leur modèle pour rassembler autour de projets créateurs de pérennité et donc de valeur. L'exemplarité sera le lien essentiel pour bâtir le monde de demain, dans le respect de l'économie de marché.

DISTRIBUER DES DIVIDENDES EN 2020 EST CONTRAIRE À L'INTÉRÊT SOCIAL GÉNÉRAL

Par Arnaud Marion
(Article paru dans L'Opinion *du 25 mars 2020)*

Le monde économique a toujours été animé par les paradoxes. Le début d'année 2020 restera marqué par la prise de conscience dans le monde occidental d'une crise planétaire au moment où les sociétés cotées terminaient leurs publications annuelles en affichant des records de croissance et de résultats, avant d'aller faire approuver quelques semaines après leurs comptes annuels leurs rémunérations (en vertu du « *say on pay* ») et leurs dividendes devant leurs assemblées générales d'actionnaires. Les entreprises vont devoir résister à un mouvement tectonique économique mondial, inimaginable dans ses conséquences de court et moyen terme, à tel point que les entreprises ont annulé leurs rendez-vous investisseurs, et ne savent plus se prononcer sur leur « guidance » et leurs prévisions de résultats.

Plusieurs questions se posent pour les grandes entreprises et les entreprises cotées, qui vont faire face à une chute d'activité, mettre des salariés en chômage partiel, et peut-être par la suite en licencier avant de retrouver sur le moyen terme un niveau d'activité normatif.

Comment la continuité d'exploitation va-t-elle être appréciée par les dirigeants et leurs commissaires aux comptes dans un contexte où aucune prévision ne peut être sérieusement faite sans une visibilité sur la fin de la pandémie, avec de surcroît une valeur des cash-flows qui s'est effondrée, et une prime de risque qui a bondi du fait d'une forte volatilité ?

Comment la démocratie actionnariale va-t-elle pouvoir s'exercer, sans occulter légalement les débats annuels nécessaires qui rendent responsables les mandataires sociaux de leurs actes de gestion devant leurs actionnaires une fois par an ? Ce virus ne peut pas être un prétexte pour museler la légitimité et le rôle des actionnaires, ni donner une immunité aux mandataires sociaux révocables *ad nutum*.

Comment les entreprises, qui sont dans l'incapacité de faire des prévisions, vont-elles pouvoir maintenir raisonnablement à leur ordre du jour la distribution de dividendes basés sur des résultats passés ?

Ce dernier point est sans aucun doute le point le plus crucial alors que certaines grandes entreprises ont décidé de ne pas verser de dividendes. Il a une double résonance au nom de l'intérêt social. Comment effectivement des dirigeants et actionnaires peuvent-ils soutenir qu'il est dans « l'intérêt social de l'entreprise » de distribuer des dividendes et donc de la trésorerie alors qu'on ne sait pas de quoi est fait le lendemain avec une activité qui est aujourd'hui à l'arrêt à hauteur de 75 % sur le territoire ?

Comment pourrait-on concilier cette équation contre nature de rémunérer les actionnaires alors que dans les mêmes temps on ferait rémunérer une partie de ses salariés par le chômage partiel, voire financer son activité par la puissance publique redevenue État providence ? Ce serait revenir à une économie de la rente.

Comment, enfin, l'intérêt social des salariés, salariés des fournisseurs et sous-traitants, serait garanti avec une rémunération pour les actionnaires aujourd'hui, sans savoir si demain les entreprises pourront rémunérer tous leurs salariés, sous-traitants et fournisseurs ? La responsabilité sociale et environnementale doit être au cœur de ce débat, compte tenu du choc d'offres auquel les entreprises sont actuellement confrontées et du choc de demandes qui s'ensuivra sans aucun doute.

On peut imaginer que le Plan Marshall gouvernemental avoisinera certainement les 10 % du PIB pour indemniser l'arrêt transitoire d'activité et relancer l'économie. La planche à billets n'aura que trois issues possibles : une augmentation des impôts, l'inflation ou un changement radical du monde économique et social. Chacun devra contribuer à l'effort national d'une façon ou d'une

« La planche à billets n'aura que trois issues possibles : une augmentation des impôts, l'inflation ou un changement radical du monde économique et social. »

autre, et la transformation des entreprises devra être le moteur d'une nouvelle vision économique et sociale, moderne et responsable, pour les États, les acteurs économiques et les individus.

Il ne faut pas manquer ce rendez-vous historique de la responsabilité sociale avec l'intérêt social, dans un contexte inédit dont l'histoire s'écrit au futur.

Conclusion

Dans l'absolu, on considère toujours que les crises ne nous concernent pas et que ça concerne les autres. Dans la pratique, c'est ce qui explique que le jour où une crise survient, on est généralement surpris et débordé. On ne pourra jamais éviter les crises, mais on pourra apprendre à les détecter, à comprendre que quelque chose de différent est en train de se passer, à écouter les signaux faibles.

J'ai voulu livrer une vision globale et opérationnelle de la crise et montrer que la transformation des entreprises est un impératif dans le monde moderne qui évolue vite, avec de nouvelles générations qui voient les choses différemment, ce qui impose à l'entreprise en tant que corps social d'évoluer avec une plus grande recherche de sens dans l'action.

Diriger une entreprise, c'est apprendre à la diriger par tout temps, et être prêt à affronter les tempêtes, car il y en aura de plus en plus dans une économie mondialisée et interdépendante.

Les crises nous concernent tous, et personne n'est immunisé. Les changements climatiques et les problèmes de biodiversité seront certainement d'importants facteurs de crise dans les prochaines années, tout autant que le développement d'économies de l'Extrême-Orient autrefois rabaissées à un rôle subalterne par rapport aux économies occidentales, ou encore les évolutions démographiques en Afrique.

Nous devons donc nous préparer à affronter un jour ou l'autre une crise à notre niveau, au niveau d'une région, d'un pays ou du monde entier comme nous l'apprend le début de l'année 2020 avec le Covid-19 qui a paralysé les économies de toute la planète en quelques mois.

Ce livre n'a pas d'autre prétention que de présenter des points de repère tirés de mon expérience opérationnelle pour être utile à tous ceux qui dirigent une entreprise, une filiale ou une entité, et à tous ceux qui se destinent à le faire.

Les crises naissent aussi quand les entreprises ne se transforment pas.

Il ne peut y avoir de transformation sans acteurs de la transformation qui font partie du management et doivent être impliqués pour réfléchir sur l'entreprise et être les relais de cette réflexion auprès des forces vives de l'entreprise.

Ces acteurs sont essentiels pour la réussite de cette démarche, aussi faut-il les former. C'est le sens que j'entends donner aujourd'hui à mon action à travers la création de l'IHEGC (Institut des Hautes Études en Gestion de Crise) pour former les chefs d'entreprise, les dirigeants, les cadres et leaders des grandes entreprises à la gestion des crises et des transformations.

Former pour transformer.

La gestion de crise en 50 mots clés

ACTION

Le silence de l'action par rapport au bruit des déclarations.

CHANGEMENT

« Le changement est une porte qui ne s'ouvre que de l'intérieur » (Tom Peters).

COMPÉTENCES

Il vaut mieux investir sur les compétences plutôt que de subir le coût de l'incompétence.

COMPÉTITIVITÉ

La compétitivité, c'est ce qui ne coûte à personne et rapporte à tout le monde.

CONFIANCE

La confiance n'existe jamais *a priori* dans une crise, elle se construit au fil du temps, plus qu'elle ne se gagne, avec des fondamentaux très profonds, une éthique, une façon d'agir et le respect. Le dialogue social est un ciment formidable de l'édifice de la confiance.

CONSTRUIRE

Voir DEMAIN

COVID-19

Ce virus très contagieux sera à la fois un révélateur de nos faiblesses et un accélérateur de changement.

DEMAIN

Il ne faut pas sauver le monde d'hier, il faut imaginer et construire le monde de demain.

DÉNI

Le déni est dangereux car il fait perdre un temps précieux pour soi, et souvent il en fait gagner aux concurrents.

DÉTÉRIORATION

Dans une restructuration il faut savoir aller plus vite que la vitesse de détérioration du modèle économique.

DIFFICULTÉ

Voir OPPORTUNITÉ

DIRIGEANT

Le bon dirigeant d'entreprise n'est pas un bon dirigeant de crise.

ÉCHEC

L'échec, c'est le brouillon de la réussite.

ENTERRER

« Ils croyaient nous enterrer, ils ne savaient pas que nous étions des graines » (proverbe mexicain).

ENTREPRENDRE

« La difficulté de réussir ne fait qu'ajouter à la nécessité d'entreprendre » (Beaumarchais).

ÉQUIPE

Une équipe, ce n'est pas un groupe de personnes qui travaillent ensemble, c'est un groupe de personnes qui se font confiance.

ESSENTIEL

« À force de sacrifier l'essentiel à l'urgence, on finit par oublier l'urgence de l'essentiel » (Edgar Morin).

FAIRE

« Lorsque tu fais quelque chose, sache que tu auras contre toi ceux qui voudraient faire même chose, ceux qui voudraient faire le contraire, et l'immense majorité de ceux qui ne voudraient rien faire » (Confucius).

FUTUR

Il est plus efficace d'inventer le futur plutôt que de chercher à le prédire.

HIER

Voir DEMAIN

IDÉES

« La difficulté n'est pas de comprendre les idées nouvelles, c'est d'échapper aux idées anciennes » (John Maynard Keynes).

IMAGINATION

« La logique emmène d'un point A à un point B, l'imagination emmène partout » (Albert Einstein).

IMPOSSIBLE

« Tout le monde savait que c'était impossible à faire. Puis un jour quelqu'un est arrivé qui ne savait pas et il l'a fait » (Winston Churchill).

INSUPPORTABLE

Plus un phénomène désagréable diminue, plus l'écart résiduel par rapport à la situation idéale est vécu comme insupportable (paradoxe de Tocqueville).

MONDE

« La crise consiste dans le fait que le vieux monde se meurt et le nouveau monde tarde à apparaître » (Antonio Gramsci).

MUR

Voir PONT

MYSTÈRES

«Puisque ces mystères nous dépassent, feignons d'en être les organisateurs» (Jean Cocteau).

OPPORTUNITÉ

«Un pessimiste voit la difficulté dans chaque opportunité. Un optimiste voit l'opportunité dans chaque difficulté» (Winston Churchill).

OPTIMISME

«Il faut savoir allier le pessimisme de l'intelligence avec l'optimisme de la volonté» (Antonio Gramsci).

OTAGE

Quand un dirigeant est confronté à une crise, il est otage de la situation, et il y a une règle dans les prises d'otages : l'otage ne peut pas être le négociateur.

PERFECTION

«Il vaut mieux viser la perfection et la manquer que la médiocrité et l'atteindre» (Francis Blanche).

PESSIMISME

Voir OPTIMISME

PERDRE

«Je ne perds jamais : soit je gagne soit j'apprends» (Martin Luther King).

PONT

Les ponts sont meilleurs que les murs.

POSSIBILITÉS

« Pour espérer on n'a pas besoin de certitudes, on a besoin de possibilités » (Howard Zinn).

PRÉVISIONS

On ne peut pas prévoir l'avenir mais on peut le permettre.

Les prévisions sont dangereuses surtout quand elles concernent l'avenir…

PRINCIPE DE RÉALITÉ

En matière de crise, le principe de réalité doit l'emporter le plus vite possible sur la chimère d'une situation idéalisée, notamment pour éviter les fantasmes beaucoup plus sombres de ses collaborateurs.

PUBLICITÉ DE LA CRISE

Les impacts de la publicité de la crise sont très souvent plus importants que la crise elle-même.

RÉPUTATION

La crise défait les réputations et la sortie de crise ne les refait pas.

RSE

Une entreprise n'a pas besoin d'être grande pour être un acteur de la RSE, elle a tout simplement besoin de se sentir concernée.

RÉUSSIR

Voir TRAVAIL

Voir ÉCHEC

RÊVES

« Je vous souhaite des rêves à n'en plus finir et l'envie furieuse d'en réaliser quelques-uns » (Jacques Brel).

SAUVER

Voir DEMAIN

THÉORIE

«Un jour j'irai vivre en Théorie, car en Théorie tout se passe bien» (Marc Levy).

TRAVAIL

«Il n'y a que dans le dictionnaire où le mot "réussite" se trouve avant le mot "travail"» (Pierre Fornerod).

TUE

«Ce qui ne me tue pas me rend plus fort» (Friedrich Nietzsche).

URGENCE

Voir ESSENTIEL

VUCA

Volatilty, Uncertainty, Complexity, Ambiguity (US Army War College).

WEI JI

Danger et opportunité: «crise» en chinois.

WU WEI

Ne rien faire de sorte que rien ne soit fait.

Remerciements

À mes parents qui avaient le goût de la lecture et de la culture : je les remercie profondément de m'avoir donné cette passion.

À tous ceux qui m'entourent et m'ont soutenu au cours de ces années, et plus particulièrement ma formidable épouse Damienne (dont je dis souvent qu'elle est la meilleure de mes qualités !) et mes quatre adorables filles (Victoire, Alix, Sixtine, Apolline) qui ont supporté ma disponibilité pour les autres au cours de leur jeunesse. Et à mes frères et sœurs des deux côtés.

À mon ami, Claude Tribolo, qui m'a fait découvrir à l'âge de 10 ans avec admiration le monde des affaires avec son Centre Leclerc de Grasse dans les Alpes-Maritimes.

À mes clients qui m'ont fait confiance depuis 2001,

À mes amis, et à ceux qui le sont devenus, et qui ont travaillé avec moi pour changer le cours des choses.

Je remercie aussi Nicolas Dufourcq pour sa préface et son engagement formidable auprès des entreprises, et tous mes amis qui ont accepté de témoigner dans ce livre pour apporter une contribution opérationnelle.

Parcours d'Arnaud Marion

Cinquante-quatre ans, Lettres, Sciences Po Paris, chevalier de la Légion d'honneur, Arnaud Marion est un dirigeant d'entreprise, expert en gestion des crises, stratégies de transformation des modèles économiques, opérations complexes et restructurations. Il travaille exclusivement pour des actionnaires.

Il fonde en 2020 l'Institut des Hautes Études en Gestion des Crises (IHEGC) pour former les dirigeants à la gestion des crises et des transformations.

Après des débuts chez Arthur Andersen, puis Edmond de Rothschild, il crée sa société, Marion & Partners, en 2001. Il s'est installé à Londres en 2014.

En trente ans, il a acquis une large expérience de toutes les situations complexes dans des contextes judiciaires, *in bonis* ou opérationnels :

- 300 cas différents : entreprises entre 10 millions et 1,5 milliard de chiffre d'affaires ;
- 45 mandats de direction générale ;
- secteurs : industrie, agroalimentaire, banque, luxe, distribution, services, immobilier, distribution, presse, art, musique…

Il reçoit en 2012 le Prix de l'Excellence Française pour son travail sur Pleyel et la Salle Pleyel et, en 2016, le Prix Ulysse des lecteurs de *Challenges* du meilleur retournement d'entreprise par l'ARE.

Il est l'auteur de trois livres sur Pleyel et la Salle Pleyel parus aux Éditions de la Martinière et chez Connaissance des Arts.

PRINCIPALES RÉALISATIONS

Smovengo

En 2018-2019, il est président de Smovengo pour résoudre la crise opérationnelle liée au mauvais démarrage du Vélib'Metropole à Paris qui avait conduit à un quasi-arrêt du système de vélos en libre-service. En deux mois, le système est remis sur pied et Smovengo devient le premier opérateur mondial de système de vélos partagé sur une seule agglomération et le numéro un mondial du vélo électrique partagé.

Solocal Group

De 2016 à 2018, il est administrateur indépendant de Solocal Group (ex-Pages Jaunes), société cotée sur Euronext (800 millions de chiffre d'affaires en 2016) où, comme membre du Comité d'Audit et du Comité de restructuration financière, il mène les négociations pour réduire la dette de 1,2 milliards d'euros à 400 millions d'euros, et pour aider dans le pilotage de la transformation.

Neuhauser

De 2016 à 2017, il restructure pour le groupe Soufflet le pôle de boulangerie industrielle (500 millions de chiffre d'affaires).

Zilli

De 2016 à 2017, il est le conseil de la société familiale lyonnaise Zilli (60 millions de chiffre d'affaires) pour restructurer la dette dans le cadre d'un plan de sauvegarde.

Hersant Media

En 2013, il travaille pour Hersant Media, dont il gère la restructuration financière en lançant aux côtés de Patrick Le Lay la séparation entre *La Provence* et *Nice Matin*.

Doux et Père Dodu

De 2012 à 2016, il a sauvé du redressement judiciaire le groupe agro-alimentaire breton Doux-Père Dodu (900 millions de chiffre d'affaires) en faisant homologuer le plus important plan de continuation jamais réalisé en France, après une transformation complète en dix-huit mois, permettant quatre ans après de le céder à un opérateur agroalimentaire de premier plan.

Heuliez

En 2010, il intervient dans le redressement judiciaire global du groupe aux côtés de l'administrateur judiciaire (Régis Valliot) pour séparer les activités de véhicules électriques, et structurer l'entrée de plusieurs investisseurs aux côtés de la Région Poitou-Charentes.

Lido

De 2004 à 2005, il devient membre du directoire et directeur général du Lido de Paris aux côtés de la famille Clerico.

Pianos Pleyel et Salle Pleyel

De 2002 à 2012, il a travaillé aux côtés d'Hubert Martigny, propriétaire des Pianos Pleyel et de la Salle Pleyel. Il fera revivre les Pianos Pleyel et diversifiera l'activité aux côtés des plus grands designers mondiaux.

De 2002 à 2006, il sera en charge de trouver un avenir à la Salle Pleyel après une négociation avec l'État et une rénovation complète qu'il décrira dans un livre.

Fabre Domergue

En 2002, il est conseil du groupe martiniquais Fabre-Domergue, sur les activités hôtelières.

Il a aussi travaillé confidentiellement pour de nombreux actionnaires de sociétés familiales, pour des fonds d'investissement, et pour des actionnaires de sociétés cotées.

ENGAGEMENTS

Arnaud a été maître de conférences en finance à Sciences-Po Paris de 1993 à 1998.

Il a également été membre de 2006 à 2012 de la commission nationale chargée d'attribuer le label «EPV – Entreprises du Patrimoine Vivant» dépendant du ministère de l'Économie et des Finances.

Il est membre de l'ARE (Association pour le retournement des entreprises).

Il a été ambassadeur de la Fondation Apprentis d'Auteuil jusqu'en 2014, date à laquelle il s'est installé à Londres.

Index

Cinquième tirage 2022

Dépôt légal : octobre 2021
Imprimé en France par Laballery
N° d'impression : 110138

Cet ouvrage est imprimé sur du papier offset 90 g,
papier issu de forêts gérées durablement.